KB137713

명량 10대, **명량 챌린지**

명랑 10대, 명랑 챌린지

초판 1쇄 인쇄 2024년 9월 9일
초판 1쇄 발행 2024년 9월 19일

지은이 강정희
사진·영상 이우철
펴낸이 김승희
펴낸곳 도서출판 살림터

기획 정광일
편집 송승호·조현주
디자인 유나의숲

인쇄·제본 (주)신화프린팅
종이 (주)명동지류

주소 서울시 양천구 목동동로 293, 2215-1호
전화 02-3141-6553
팩스 02-3141-6555

출판등록 2008년 3월 18일 제313-1990-12호
이메일 gwang80@hanmail.net
블로그 http://blog.naver.com/dkffk1020

ISBN 979-11-5930-288-6(03370)

* 책값은 뒤표지에 있습니다.
* 잘못된 책은 바꾸어 드립니다.

학원 대신
순티아고 501 프로젝트

명랑 10대, 명랑 챌린지

강정희 지음 | **이우철** 사진·영상

살림터

전남 의(義) 정신 교육의 소중한 지침서

김대중(전라남도 교육감)

『명량 10대, 명량 챌린지』라는 책이 출판된다는 소식에 기쁨을 가눌 길 없습니다. 요즘 우리 아이들에게 꼭 필요한 역사의식과 도전정신을 길러주는 데 큰 도움이 되리라는 기대 때문입니다. 교육감으로서 학생들에게 가르치고 싶었던 내용이어서 더욱 눈길이 갑니다. 귀한 책을 써 주신 강정희 선생님께 존경과 감사의 박수를 보냅니다.

'명량 10대, 명량 챌린지'라는 제목이 말해주듯, 이 책은 미래의 주역인 청소년들에게 겨레의 영웅 이순신 장군의 숭고한 나라사랑 정신과 불굴의 의지를 가르쳐주는 역사서이자 체험학습 자료입니다. 전남의 역사 선생님들이 진주에서 진도까지 '이순신 길'을 걸으면서 장군의 얼을 생생하게 기록하였습니다. 이순신 장군 관련 내용에 국한하지 않고 곳곳에 스며 있는 문화와 예술, 인문학적 주제들을 다룸으로써 흥미를 더했습니다. '학생들이 배낭에 넣고 걸으면서 답사하면 좋겠다.'는 생각을 합니다.

전남교육청도 '전남 의(義) 정신을 바탕으로 한 역사교육에 공을 들이고 있습니다. 이순신 장군 유적을 비롯한 전남 각 지역에 산재한 '의(義) 정신'의 발자취를 찾아가는 '남도 민주평화 길' 등 체험 프로그램을 운영하고, 관련 교육자료 개발에도 적극 나서고 있습니다.

특히, 대전환의 시대를 맞아 '지역 중심 글로컬 교육'을 통해 전남의 '義 정신'을 선양하고 계승하는 데 온 힘을 쏟고 있습니다. 지난 5월 여수에서 개최한 '2024 대한민국 글로컬 미래교육 박람회'에서도 이순신 장군의 義 정신을 알리는 해양 역사문화 체험 프로그램을 운영해 큰 감동을 준 바 있습니다. 이를 바탕으로 전남의 義 정신을 함양하는 역사교육을 더욱 강화할 것입니다.

『명량 10대, 명량 챌린지』 발간을 거듭 축하드리며, 이 책이 전남은 물론 전국 각지의 아이들에게 소중한 역사교육 자료로 활용되기를 기원합니다.

역사의 길,
아름다움의 길

황광우(사단법인 인문연구원 동고송 상임이사, 작가)

부럽습니다. 진주에서 진도까지 501km의 길을 걸었다니 부러울 따름입니다. 왜 저를 불러주지 않았나요?

그 길은 역사의 길입니다. 저는 『난중일기』를 읽으면서 이순신의 행적을 따라 걷고 싶었습니다. 옥중에서 나온 장군은 고향 아산에 들러 어머니의 별세를 확인합니다. 꿈에서도 그리워하던 어머니였죠. "천지에 나처럼 불행한 이는 없다"며 탄식합니다. 슬픔을 안고 남행길을 걷는 장군은 남원에 와서 곡성을 거쳐 구례로, 진주로 갔다가 되돌아 옥과에 왔던 것으로 기억합니다.

옥과에 이순신의 길을 그려놓은 표지판이 있습니다. 백견불여일행(百見不如一行)이라고, 백 번 보는 것보다 한 번 행동하는 것이 중요하지요. 이순신 길 501km를 걸은 교사들이 있었다지요. 정말 부럽습니다.

그 길은 아름다움의 길입니다. 세계 어디에 가도 남도 해변처럼 아름다운 곳은 없습니다. 이처럼 따스한 빛, 맑은 빛이 또 있던가요? 푸른 바다가 눈부시게 연이어진 고흥 바다, 아기자기한 절벽 길을 따라 멀리 청산도가 보이는 고금도의 약산 바다, 손만 뻗으면 닿을 것 같은 거리에 솔섬들이 떠 있는 이진 앞바다…. 그리스에서도 볼 수 없는 빛과 바다의 길이 남도 해변의 길입니다.

관광(觀光)은 『주역』의 "관국지광(觀國之光)"에서 따온 말이지요. 이순신이 고뇌를 안고 걸었던 역사의 길, 남도의 빛과 바다를 안고 도는 아름다움의 길은 "대한민국의 빛"입니다.

나라의 빛을 보는 청소년들, 이 길 501km를 걷는 청소년들이 있다면 부탁해요.

"저 좀 끼워주세요."

길 위의 교과서

이건상(전 전남일보 편집국장, 광주광역시교육청 협업조정관)

걷기는 길 위의 사색입니다.
디지털, 검색의 시대이지만 교육의 본질은 사색입니다.
지난여름 장장 501km를 걸은 선생님들의
땀과 수고, 대화와 토론, 사색과 명상의 성과물이
오늘 소중한 한 권의 책으로 다가왔습니다.

이 책은 이순신 장군의 수군 재건길을
걸어가는 여행서이자 안내서입니다.
이순신, 걷기, 일기라는 세 콘텐츠가
우리 10대들의 눈높이로
따스한 선생님의 손맛으로 잘 버무려진
풍성한 음식으로 선보입니다.

강정희 선생님 책의 묘미는
고독한 여행자의 순례기가 아니라
선생님들이 직접 걷고 쓴
우리 학생들의 걷기 프로그램과
학교 교육과정으로 운영할 수 있는
길 위의 교과서라는 점입니다.

길 위의 교과서,
『명량 10대, 명량 챌린지』에는
톡톡 튀는 아이디어가 싱싱하게 살아 움직입니다.
이순신을 MBTI로 본다면
어떤 유형일까요? 아이들의 생각이 책에 숨어 있습니다.

강 선생님의 깊은 수고가 담긴
『명량 10대, 명량 챌린지』
일독을 감히 청합니다.

걸으면 보인다

자, 당장 의자에서 일어나 현관문을 열고 집을 나서자. 길을 걷자. 마을길 오솔길 가로수길, 강둑길 논둑길 언덕길, 들길 산길…. 열 갈래 스무 갈래, 길을 걸어 세상으로 나가자. 걸으면 보이고, 잘 보면 사랑하게 된다.

'조선 수군 재건길'을 아는가?

지금부터 430여 년 전 1597년, 정유재란 중 원균이 지휘한 부대가 칠천량 전투에서 일본군에게 크게 패하여 조선 수군은 무너진다. 이에 선조는 백의종군하던 이순신을 삼도수군통제사로 재임명한다. 이순신이 군관 9명, 병사 6명과 함께 군사와 군기, 군량, 군선을 복원하며 구례, 압록, 곡성, 옥과를 지나 해남 우수영까지 나아가는데 이 노정을 고증하여 다듬은 길이 '조선 수군 재건길'이다. 우리 이제 이 길을 걷는다.

백의종군 중 재임명 교지를 받은 이순신의 심정으로, 그를 따르는 장수와 의병의 마음으로 걷는다. 장군을 믿고 무기와 식량과 물자를 조달하는 백성의 마음으로 걷는다. 원조 K-슈퍼스타 이순신, 그와 함께 가는 길이다.

지난 여름방학, 뜻있는 선생님들이 폭염과 비바람 속에 그 길을 걸었다. 22일간 501㎞ 전 구간을 오로지 두 발로 완주했다. 도중에 학생, 학부모, 교사, 언론인, 행정 관계자 등 많은 분이 함께하여 강물을 이루었고, 목적지 우수영에서는 도도한 바다가 되어 명량대첩 축제에 합류했다.(나는 호기롭게 함께 출발했지만 완주하지는 못하고 몇 구간만 걸었다.)

이번 여정에는 고귀한 목적이 있었으니, 학생 걷기 프로그램을 만들어 학교 교육과정으로 운영하자는 것이었다. 우리는 10대의 마음으로 길을 걷고 그들의 눈높이로 토론했다.

길 걷기는 세상 공부다. 한번 걷고 나면 그 전으로 다시 돌아갈 수 없는 진짜 공부다. 22일 여정으로 501㎞를 완보하면, 목적지 명량에서 이전과는 다른 자신을 만날 것이다. 가슴에 강과 산과 바다를 품은 '나', 이순신 정신을 품은 '나'를 만나러 가자. '새로운 나'가 명량에서 우리를 기다리고 있다.

명량 10대, 걸어서 명량까지, '명량하게' 가자. 이 길에 다 있다. 체력, 정신력, 역사, 문학, 예술, 우정, 내 나라와 내 땅에 대한 사랑까지 다 들어있는 종합선물상자다. 학원 대신 명량 챌린지다. 앞서간 이의 발자국 따라, 뒤에 오는 이를 이끌며 길벗이 되어 함께 나아가자.

이 책은 조선수군 재건길 걷기 여행기이자 안내서로, 1장은 이순신 장군에 대해, 2장은 걷기와 읽기, 글쓰기에 대해 말한다. 3장은 선생님들이 걸었던 22구간 여정에 『난중일기』와 의미 있는 지점의 소감을 곁들였다. 간결하고 재미나게 쓰려고 애썼다. 10대들의 생생한 대화도 있다. 몰라도 되지만, 알게 되면 놀라운 퀴즈 '알놀Q'와 토론 주제 'T톡'도 있다. 책 전체의 핵심 키워드는 '이순신, 걷기, 일기'다.

이순신의 조선수군 재건길에 산해진미를 곁들인 남도한정식 밥상이다. 후식과 간식, 야식까지 차린 푸짐한 상이다.

한편 미완의 워크북이다. 플레이리스트, 하자 리스트, 독서 목록, 일기 쓰기, 토론, 퀴즈…, 이 땅의 명랑하고 건강한 10대들이 조선수군 재건길을 걸으면서 빈칸을 채우는 워크북(걷는 책^^)이다. 부디 10대들이 이 길을 걸으면서 재미와 의미로 알차게 채워주기를 기대한다.

끝으로 감사 인사를 드려야겠다.

지난여름 무더위 속에서 조선수군 재건길을 함께 걸었던 '역사문화체험하자' 선생님들! 고생 많으셨어요. 이순신을 닮은 선생님들의 뒷모습은 감동이었어요! 꼴찌로 가는 저를 기다려 줘서 고마워요!

무거운 장비 지고 다니며 촬영하신 이우철 선생님, 힘드셨죠? 선생님 덕분에 언제라도 다시 보기를 할 수 있네요.

'& 생생 톡 10대가 말한다'에 기꺼이 출연해 이야기를 나눠준 K고등학교 10대들, 고마워요. 이 책은 여러분과 함께 썼어요. 우리 곧 조선 수군 재건길, 이순신의 순티아고 길에서 만나요! 토론 톡 진행해 주신 J선생님(J샘'으로 표기)도 감사해요.

차례

제1장 원조 K-슈퍼스타 이순신

제2장 걷기 읽기 쓰기 나누기

제3장 골라 걷는 재미 22

원조 K-슈퍼스타 이순신

★

1
원조 K-슈퍼스타 이순신, 그가 돌아왔다

Do you know BTS?

Do you know 손흥민?

Do you know **이순신?**

이순신! 그는 지금부터 430여 년 전(그리 먼 옛날도 아니다.) 조선 수군 지휘관이다. 우리나라에 쳐들어온 일본군을 바다에서 몰아내 나라를 지켜낸 영웅이다. 전술 전략과 리더십, 전승 기록으로 우리나라뿐 아니라 세계에 이름을 떨친 장군이다.

원조 K-슈퍼스타다. 무신으로서 자신을 단련했고, 성실, 청렴, 행정력을 갖추었으며, 전장에서 일기를 썼다. 일본에서 신처럼 추앙받고, 창의적이고 놀라운 전법으로 가히 세계 해전의 전설이 되었다. 우리는 이순신 보유국이다.

전설의 원조 K-슈퍼스타 이순신이 돌아왔다. 430년 시간을 넘어 책과 영화와 드라마와 뮤지컬로 우리 곁에 다시 살아났다. 살아와서 우리 가슴을 뜨겁게 해주고 우리가 나아갈 길을 알려준다.

사실 그는 늘 우리 곁에 있었다. 광화문, 현충원, 도시의 공원 등 곳곳에 그는 무거운 갑옷을 입고 긴 칼을 들고 우리를 지켜주고 있다. 시골

초등학교 화단 향나무 옆에서 어린이들을 든든하게 지켜주고 있다.

우리는 그를 얼마나 알고 있을까? 어쩌면 너무 거룩하고 위대해서 자세히 알려고 하지 않았거나, 이미 잘 알고 있다고 오해하고 있지는 않을까?

이제 그가 돌아왔다. 우리는 소설을 읽으며 그의 내밀한 고뇌를 상상하고, 영화를 보며 당시 동북아 국제 정세를 입체적으로 살피고 그의 리더십과 결단력과 창의력에 감탄한다.

이순신 장군과 우리나라 역사를 알려면 일본을 알아야 한다. 일본은 누구인가? 일본을 공부하자. 일본 문화에 매력을 느끼는 청소년이 많다. 눈에 보이는 현상 너머 일본 역사와 우리나라와의 관계를 공부하자.

나를 공부하자. 나는 무엇인가? 누구인가? 나를 이루고 있는 것은 무엇인가? 내가 먹은 것, 본 것, 들은 것, 좋아하는 것이 모여서 나를 이룬다. 공부와 경험으로 나를 풍요롭게 살찌우자.

길을 떠나기 전에 책을 읽고 영화를 보자. 최소한의 책을 읽자. 표지를 넘겨 차례와 머리말을 읽기 시작할 때 우리는 벌써 긴 여정을 출발한 것이다.

독서는 앉아서 하는 여행, 여행은 움직여 다니며 하는 독서다. 다소 진부하지만 진리다. 독서와 여행은 반대말처럼 보이지만 비슷한 말이다. 줄임말을 좋아하지 않지만, '여기서 행복, 여행'을 좋아한다. 내일부터나 잠시 후부터가 아닌 지금 여기서 행복해질 수 있다. 비결은 독서와 여행이다. 좋은 책을 읽고 새로운 장소를 여행하는 것은 평생 꾸준히 해볼 만한 멋진 일이다. 독서는 사진이나 영상을 보는 것과는 또 다른 맛이 있다. 장면을 자유자재로 상상할 수 있기에 가슴과 뇌에 저장되어 오래도록 남고 읽은 이의 삶을 바꾼다.

이순신과 임진왜란을 읽자.

친절한 책 몇 권

『쉽게 보는 난중일기 완역본』 이순신 저, 노승석 역, 여해.

이순신의 『난중일기』는 유네스코 세계기록유산이며 우리나라 문화유산이다. 전장에서 깊은 밤에 먹을 갈아 붓으로 썼으리라. 그동안 연구자들이 많은 번역본을 냈다.

이 책은 이순신 전문 연구자 노승석 번역으로 2022년 여해고전연구소에서 출간했다. 한산·명량·노량 등 해전지 중심으로 사진과 해설과 각주를 곁들여 분량은 많지만 쉽게 읽을 수 있다. 기록의 세세함과 솔직 담백한 개인사와 감정 서술에 감동할 것이다. 이순신 개인이 썼으나 조선과 아시아의 역사가 되고 세계 유산이 되었다. 『난중일기』를 읽자. 우리나라 문화유산, 세계기록유산을 읽자.

『이순신길을 걷는 아이들』 김목 저, 현북스.

아이들을 위한 책이다. 쉽고 깊고 선명하다. 방학을 맞아 해남 문내면 집에 찾아온 손주들을 데리고 할아버지가 조선수군길을 걸으며 역사 이야기를 해준다. 할아버지와 두 손주의 대화가 다정하다. '사랑하는 아이들아'로 시작하는 이순신의 음성이 담긴 편지 15편이 귀에 쏙쏙 들어온다. 초등학교 아이라면 이 책을 읽고 마음에 이순신이라는 멋있는 어른 한 분과 아름다운 남도의 들길 산길 바닷길을 품게 될 것이다. 이 책을 읽는 일은 그대로 이순신길을 따라 걷는 일이다. 우리나라 모든 아이, 모든 손자가 읽고 씩씩하게 자라기를 바라며 권한다.(청소년과 어른이 읽어도 좋다.)

『이순신의 바다』 황현필 저, 역바연.

'그 바다는 무엇을 삼켰나', 이 책의 부제다. 전투 장면을 입체적으로 그린 그림은 실감 나고, 조선군과 일본군의 이동 경로와 해전 지점을 표기한 지도는 선명하다. 유적지의 현재 모습을 찍은 사진과 인물 초상화는 고화질 예술작품처럼 감상할 수 있다. 옥포해전부터 노량해전까지 모든 전쟁 결과를 한눈에 알 수 있게 정리해 준 도표는 명쾌하다. 조선군과 일본군 해전 사령관, 함대 및 병력, 피해 및 사상자 수를 비교해서 더 이상 설명이 필요 없는 도표로 보여준다. 임진왜란·정유재란 당시 상황을 생중계하는 듯하다. 저자는 유튜브 채널에서도 인기가 높은 한국사 전문가다. 다만 상당한 두께와 무게로 걷기 중 휴대에는 부담이 될 수도 있으니 미리 읽어야 한다.

『청소년을 위한 칼의 노래 1·2』 김훈 저, 생각의 나무.

소설도 한 권 읽자. 이순신의 내면으로 한없이 깊이 들어가 볼 수 있는 소설이다. 첫 문장부터 독자의 마음을 휘어잡는다. 소설 『칼의 노래』에 화가의 그림과 각주를 더한 청소년판이다. 작가의 독특하고 아름다운 문체로 이순신의 생애와 고뇌와 성취를 그려낸다. 완독 후 경이와 감동으로 한동안 다른 책을 읽지 못할 수도 있다. 제3장에서 두 단락을 인용하여 필사한다.

『남도 임진 의병의 기억을 걷다』 김남철 저, 살림터.

임진왜란과 정유재란 당시 들불처럼 일어나 장렬하게 죽어간 의병장과 의병들을 살려내 우리 앞에 세워주는 책이다. 교과서에 나오지 않아 우리가 알지 못하는, 이름도 생소한 많은 의병의 의롭고 당당한 삶과 죽음을 이 책은 소상하게 알려준다. 순정하고 고결한 그분들의 이야기를 읽고 한 분 한 분 이름을 불러주자.

장엄한 영화 3부작

〈명량〉〈한산-용의 출현〉〈노량-죽음의 바다〉 김한민 감독

영화를 읽자.

〈명량〉에 나타난 이순신 장군

명량해전은 정유재란 때인 1597년 9월 16일 일어났다. 13척의 배로 133척을 물리친, 믿을 수 없는 전설로 우리 역사에 남아 있다. 명량해전의 승리를 생동감 있게 보여준다. 명량해전을 준비할 때 이순신은 주변의 모함으로 심한 고초를 겪은 후, 몸과 마음이 약해질 대로 약해져 있었다. 칠천량 해전으로 전멸 수준의 패배를 겪은 조선 수군도 마찬가지였다. 영화는 패배감과 두려움에 빠진 이순신과 조선 수군의 모습을 잘 보여준다.

우리는 이순신을 용감하고 두려움이라고는 모르는 사람으로 생각하는지도 모른다. 하지만 영화 〈명량〉은 이순신도 우리와 똑같은 인간이며 세상에 대한 원망과 미움이라는 감정이 있음을 보여준다. 이순신을 비롯한 많은 사람이 패배감과 두려움을 어떻게 극복했는지가 관람의 중요 포인트다.

& 생생 톡 10대가 말한다 ❶

영화 <명량>과 <한산>의 이순신

J샘 영화 〈명량〉은 명량대첩을, 〈한산〉은 학익진(鶴翼陣) 전법으로 일본 수군을 이기고 승리를 거둔 한산대첩을 소재로 했다. 영화를 봤나? 본 소감은?

태율 둘 다 봤다. 애국자로서 본 것이 아니라 역사적인 관점에서 봤다. 일본 문화에 흥미가 있어서 보기도 했다. 당시 상황을 일본사 중심으로 이해해 보려 했다. 이에야스와 노부나가는 주변 국가들을 침략하려 하지 않았는데 히데요시는 달랐다.

나경 〈명량〉 봤다. 전투에서 승복 입은 스님이 화살을 쏘았고, 그것이 일본 병사의 눈에 맞았다. 그 장면이 잊히지 않는다.

예슬 둘 다 봤는데 이순신 장군이 부하들을 지휘하고 군대를 이끄는 모습이 멋있고 존경스러웠다. '나라면 저렇게 할 수 있을까?' 생각했다.

윤재 〈한산〉에서 이순신 장군이 학익진 전법을 쓴다. 마지막에 거북선이 대열 속으로 치고 들어오는 장면이 웅장했다. 장군의 전략 전술이 뛰어났고 다른 인물들과의 호흡이 좋았다.

지수 〈한산〉을 중학교 때 봤다. 거북선을 보고 일본군들이 두려워하던 모습이 기억에 남는다. 이런 모양으로 배를 설계하여 만든 것 자체가 대단하다.

하연 〈한산〉, 처음엔 지루했다. 그런데 뒷부분에서 전세가 바뀌어 이길 때 이순신에 대해 많이 생각했다. 집에 돌아와 추가로 자료를 찾아봤다. 이순신이 고뇌하는 장면이 많았는데 최전선에서 군대를 이끌면서 얼마나 힘들었을까, 안타까웠다.

지원 〈한산〉을 먼저 보고 〈명량〉을 봤다. 〈명량〉 도입부에 이순신이 감옥에서 나온다. 그동안 이룬 것을 다 잃고 아무것도 없는 상황에서 처음부터 시작하여 승리를 이루어 낸 것이 대단하다. 특히 전략을 짤 때 사람들의 장점을 하나하나 찾아내어 적절한 역할을 주는 모습이 지도자로서 대단하다.

선주 둘 다 봤는데 〈한산〉이 기억에 남는다. 일단 엄청 멋있다. 특히 일본인 장수 역의 배우가 잘생겨서 집중해서 봤다. 거북선이 등장하여 일본 배의 노를 다 부수는 장면, '아 저거지!'—통쾌했다. 거북선의 생김새, 음향 같은 것이 좋았고, 그에 비해 〈명량〉은 좀 옛날 영화처럼 보였다.

J샘 이순신 영화의 또 다른 재미는 이순신을 맡은 배우에 주목해서 보는 것이다. 〈명량〉, 〈한산〉, 곧 개봉할 〈노량〉에서 이순신을 맡은 배우가 다 다르다. 배우는 감독이 요구하는 연기를 하겠지만 그 인물을 나름대로 해석하고 표현한다. 세 사람이 이순신을 어떻게 해석하고 어떻게 연기하는지를 보는 것도 재미있을 것이다. 그리고 역사적인 인물 이순신이 아닌 '인간 이순신'을 발견할 수 있으면 좋겠다. 그 안에서 이순신의 다양한 모습을 느낄 수 있을 것이다. (* 영화 〈노량: 죽음의 바다〉는 2023년 12월 20일 개봉되었다.)

& 생생 토론 톡 10대가 말한다①~⑧은 K고등학교 학생들과 J샘이 나눈 대화다. 그들의 생생한 목소리가 담긴 대화를 그대로 싣는다.

2
임진왜란과 정유재란
–1592년 한국, 중국, 일본

임진왜란은 1592년에 일어났다. 당시 한반도는 조선, 중국 대륙은 명나라, 일본 열도는 전국(戰國)시대를 통일한 도요토미 히데요시의 시대였다. 임진왜란은 도요토미 히데요시의 침략으로 시작한다. 그는 왜 조선을 침략했을까? 역사 기록은 그가 명나라를 정벌하고자 했으며, 조선에는 명나라로 가기 위한 길을 빌려달라는 요청을 했다고 한다. 하지만 많은 역사가는 이에 의구심을 표한다. 그렇게 무모한 일을 왜 일으켰을까? 다른 이유가 있지는 않았을까? 여전히 많은 논란이 있다.

당시 명나라는 어떤 상황이었을까? 명나라는 '북로남왜(北虜南倭)'로 어려움을 겪었다. '북로'는 명나라 북쪽 몽골 세력을 뜻한다. 명나라는 몽골의 잦은 침략을 받는다. '남왜'는 남쪽 왜구, 즉 일본 해적을 의미한다. 남왜는 1400년대 말부터 명나라를 괴롭혔다. 명나라는 1500년대 중반 몽골 세력과 외교 관계를 맺고 왜구에 대한 대대적인 토벌을 하며 외부의 불안을 잠재운다. 하지만 이러한 활동은 국가 재정 악화로 이어져 명나라는 점차 쇠퇴해 갔다. 그러던 중 한반도 위 만주 지역에서는 여진족이 부족을 통합하고 새로운 세력으로 떠오른다. 여진족의 이러한 움직임은 명나라에 불안 요소가 된다.

조선은 1392년 건국 후 약 200년간 큰 전란 없이 비교적 평화로운 상태를 유지했다. 이로 인해 사회 시스템은 느슨할 대로 느슨해지게 된다. 대표적인 사례가 '군역(軍役)'이다. 군역은 군대에 입대하여 복무하는 것을 말한다. 조선시대에도 지금처럼 남자는 군역 의무를 지는데, 군역은 당시 국가에 지는 의무 중 가장 힘들고 고된 의무였다. 그래서 많은 사람이 이를 피하려 했다. 특히 조선 지배층인 양반도 법적으로는 군역 의무가 있었지만, 양반이라는 이유로 군역을 피했다. (오늘날은 어떤가?) 그렇게 신분이 낮고, 경제적인 여유가 없는 사람들은 실제로 군역을 수행하고 그렇지 않은 사람들은 다른 사람을 대신 보내거나, 경제적인 대가를 치르고 군역을 지지 않았다. 국방은 자연스럽게 느슨해지고 그 틈에 임진왜란이 일어나게 된다.

T톡 **국가에 대한 의무가 특정인들에게만 주어진다면 어떤 일이 일어날까?**

동아시아 국제관계와 임진왜란

전통적인 동아시아 국제관계는 조공-책봉 관계다. 황제국인 중국에 주변국이 '조공'(朝貢, 중국 황제에게 사신을 보내 예물을 바침)을 바치고 그 대가로 주변국 지도자는 해당 지역에 대한 지배권을 형식적으로 인정받는 '책봉(冊封)'을 받았다. 이를 통해 중국은 주변국에 권위를 떨치고 경제적 이익을 얻었다. 반면 주변국 지도자는 자국 내에서의 정치적 정당성과 조공 과정에서 수입하는 문물로 국가 발전을 도모했다.

임진왜란은 이러한 조공-책봉의 질서를 무너뜨리는 일이었다. 도요토미 히데요시 이전 일본 지도자들 또한 중국 황제로부터 책봉을 받기 위해 노력했고, 이는 일본 내에서 자신의 정치 권력에 정당성을 부여하는 일이었다. 하지만 도요토미 히데요시는 명나라 정벌 욕심으로 조선을 침공했으니, 조선뿐만 아니라 명나라 또한 가만히 보고만 있을 수 없는 일이었다. 이에 명나라도 임진왜란에 참전한다. 명나라의 참전, 수군의 활약으로 일본군은 목표 달성이 어려워짐을 알고 강화회담을 하게 된다.

하지만 도요토미 히데요시는 강화회담 중에도 현실성 없는 조건을 내걸고 한 편으로 전쟁을 준비했다. 그렇게 일어난 전쟁이 정유재란이다. 결국 정유재란은 도요토미 히데요시가 1598년 8월 사망한 후 석 달이 지난 11월 노량해전을 끝으로 막을 내린다. 그러나 정말 끝났을까. 1910년 을사늑약으로 시작한 36년간의 강점기가 이어지고, 오늘날에도 분쟁과 갈등은 계속되고 있다.

T톡 현재 우리나라는 주변 나라들과 어떤 관계를 맺고 있나?

T톡 임진왜란 당시 국제관계를 통해 배울 점은 무엇일까?

3
이순신의 지도력과 조선 수군

힘을 숨긴 영웅, 조선 수군.

이순신이 우리의 영웅이 될 수 있었던 것은 그의 곁에 많은 사람이 있었기 때문이다. 그렇다면 그들은 어떤 사람들일까?

조선시대 남자 백성도 현재와 마찬가지로 모두 병역 의무가 있었다. 그것을 '군역(軍役)'이라고 한다. 지금도 그렇지만 군역은 당시 백성에게 너무나 큰 부담이었다. 그래서 양반, 평민 할 것 없이 군역을 피하려 했고 경제적으로 여유 있는 사람은 면포(옷을 만드는 재료)를 내고 군역을 면제받기도 했다. 조선 조정은 백성들이 평소에는 생업에 종사하다 비상시에 군인으로 활동하는 제도를 만들었다.

이런 상황에 임진왜란이 일어난다. 이순신이 지휘하던 수군의 상황은 어땠을까? 임진왜란 발발 1년 전인 1591년 2월, 이순신은 전라좌수사로 부임한다. 당시 조선 조정은 일본과의 교류 과정에서 수상함을 느끼고 전쟁을 준비하고 있었다. 훈련에 동원된 이들은 전라도 연해에 거주하는 백성이었다. 그들은 신분도 직업도 제각각이었고, 다른 이가 기피하는 일에 강제 동원된 사람들이었다. 의욕도 없으며 저마다 사연 있는 사람들을 한곳에 모아 놓고 하나의 목표를 향해 움직이게 하는 것은 쉬운 일이 아니었다. 이순신은 그 일을 해낸다. 그것이 이순신의 뛰어난 리더십이자 위기관리 능력이다. 그렇게 전라도 수군은 완벽한 방비 태세를 갖추게 된다. 그리고 얼마 후 임진왜란이 일어난다.

조선 수군은 일본 수군보다 전력이 뛰어났다. 일본 배는 조선의 바다 환경에 불리하다. 충격에 약한 형태였으며, 조선 대포의 성능은 일본의 화력을 압도했다. 이보다 우리가 주목해야 할 점은 조선 수군이 어떤 사람들이었냐는 것이다. 그들은 평소 전라도 연해에서 바다를 무대 삼아 평생을 살아온 사람들이다. 이들에게 배 타는 일은 일상사였다. 하지만 일본군은 그렇지 않았다. 전쟁에 나온 일본군은 바다에 대해 모르는 사람들이었으며, 전투라고는 육지에서의 전투밖에 해보지 못한 사람이 대다수였다. 이 차이가 바다에서 연전연승을 만들어 낸 요인 중 하나였다.

조선 수군은 숨은 힘을 지닌 영웅이었다. 평소에는 생업에 치여 하루하루를 살아가는 그저 그런 사람들이지만 비상시에는 나라를 지키는 힘을 지닌 특별한 영웅이었다. 우리는 그동안 전쟁 지휘자 이순신 한 명만 바라보진 않았을까? 이순신 옆에는 이름 없는 많은 영웅이 있었다.

조선 수군의 또 다른 큰 힘은 해상 의병이다. 이순신은 1592년 7월 이후 병력 충원을 위해 전라도 내에 격문을 띄워 해상 의병을 모집했다. 이에 전직 관료, 무과 출신 무인, 유생, 승려 등 다양한 신분 계층이 자발적으로 수군에 참여했다. 전라도 등지에서 4백여 유생이 모였으며 향반 층에서도 의병을 이끌고 모였다. 조선 수군은 옥포~한산도 해전에서 일본 수군을 제압하면서 해전에 자신감을 갖게 되었다. 이는 많은 사람이 의병에 참여하는 데 큰 영향을 끼쳤을 것이다. 백성과 정부군의 이런 조화는 이후 23전 23승이라는 믿을 수 없는 전적의 결정적 요인이 되었다.

★의병 이야기는 『남도 임진의병의 기억을 걷다』(김남철, 살림터)에 상세하게 감동적으로 서술되어 있다.

& 생생 톡 10대가 말한다 ❷

조선 수군과 나

J샘 임진왜란~정유재란 당시 조선 수군과 의병은 생업을 버리고 전쟁에 참여했다. 이들은 평소 자신의 힘을 숨기며 살아온 것이다. 이들이 지닌 힘은 무엇일까? 그리고 나 자신은 어떤 힘을 갖고 있을까?

예슬 마음 깊숙한 곳에 조금이나마 애국심이 있었을 것이다. 평소에는 생업에 종사해야 하니까 어쩔 수 없지만, 전쟁이 일어나면 숨은 애국심이 일어난 것이다. 평소 이들을 훈련 시켰다는 점이 다행스럽고 놀랍다.

지원 가족과 이웃을 사랑하는 마음. 당시 사람들이 애국심 때문에 움직이진 않았을 것이다. 국가로부터 받은 것도 없고 마음도 혼란스러웠을 텐데 자신이 나서지 않으면 가족과 이웃이 죽겠기에 나아갔을 것이다.

태율 광기와 자기방어 기제다. 자기 목숨을 지키는 데 필요한 방어기제가 나오려면 광기가 있어야 한다. 그런데 자기방어 기제가 나오면 평소와 다른 모습이기에 이중인격자로 보일 수도 있다.

나경 일반인 중에 '인자강'이 있었을 거다. 소를 도축하는 정육점 사장님 같은 사람도 많지 않았을까. 일반인 중 숨은 능력자들이 많았을 것이다.

지수 삶을 즐길 권리, 자신에게 주어진 권리를 포기하는 용기다, 생업을 버린다는 것은 어려운 일이다. 자신과 가족보다 남을 위하는 마음, 그것이 의병의 힘이다.

윤재 응용 능력이다. 군대에 있다가 생업으로 돌아가곤 했으니, 군대에서 몸을 키우고 생업에서는 군대에서 배운 기술을, 군대에서는 생업의 기술을 응용했을 것이다.

하연 내면의 통제력을 갖추었다. 평상시에는 생업을 하며 그 힘을 통제하다 자신의 힘이 필요한 순간 그 힘을 터트렸다.

선주 용기를 숨겼다. 죽을 수도 있는 전장에 나가서 싸우는 건 큰 용기가 필요한 일이다.

태율 졸렬함을 숨기고 산다. 위급한 상황에선 그 졸렬함이 나올 것 같다.

J샘 솔직한 표현이다.

예슬 사람이라면 누구나 지닌 선함과 악함을 나도 숨기고 사는 게 아닐까. 위급하면 이런 것들이 나올 것 같다.

윤재 강철 마인드! 위급상황이 닥쳤을 때 마인드 컨트롤을 해서 내 기분이 행동으로 바뀌지 않게 할 것이다.

나경 내가 숨긴 힘, 비밀이다. 자잘자잘 할 줄 아는 게 많다. 대처 능력이 있다.

지수 솔선수범 기질이 있는 것 같다. 아무도 하지 않더라도 나는 앞으로 나아가는 힘이 있다.

하연 이기적인 면을 숨기고 있는 것 같다. 평소에는 남을 배려하려고 노력하는데 위기가 닥치면 좀 이기적으로 될 것 같다.

태율 그게 정상이다.

지원 난 줏대가 있다. 일이 커지면 남의 말 안 듣고 내 생각대로 밀고 나간다. 예를 들어, 시험을 망치면 남의 위로도 안 듣는다.

선주 큰일을 할 때 조금 미루는 성격이다. 대신 마감이 코앞에 닥쳤을 때 엄청난 효율을 보인다. 좋게 말하면 끈기도 있는 것 같다.

J샘 자신에게 잠재된 힘을 어떻게 쓸지 궁리해 보자. 그 시대에 태어났다면 어떻게 살았을까? 그들은 누구인가? 그들이 나 자신은 아니었을까?

■ **알놀Q** 인터넷도 휴대폰도 없는 조선시대, 어떤 수단으로 의병을 모집했을까? 어떻게 광고했을까?

4
승승장구 해전, 23전 23승

승리 요인 1 조선의 수군 제도

조선 수군은 평소에 생업에 종사하다가 동원되어 훈련받고 비상시 전쟁에 참여하는 제도로 운영되었다. 임진왜란 당시 전라도 수군으로 동원된 관군은 전라도 연해에 사는 일반인들로, 바다에서의 활동이 매우 익숙했다. 정기적인 군사훈련으로 해전에 대한 이해가 높았으며 전투력 또한 유지될 수 있었다. 바다에서 생활하므로 바닷물의 흐름과 지형지물의 위치에 대해 지휘관에게 많은 정보를 줄 수 있었다.

반면 일본군은 해전 경험이 전무했다. 바다에서의 생활 또한 그들에게는 익숙하지 않았다. 이들에게 익숙한 것은 육상전이며 이들이 해전에서 활용한 주요 전법은 상대의 배에 넘어가 싸우는 육탄전이었다. 이것만 봐도 일본군은 해전에 대한 이해가 부족했음을 알 수 있다.

승리 요인 2 전선(戰船)의 차이

조선과 일본 전선의 가장 큰 차이는 바닥 형태다. 판옥선(板屋船)이라는 조선 배는 밑바닥이 U자 형태로 외부 충격에 강하다. 그래서 화약 무기의 반동을 견딜 수 있었다. 좌우 회전력도 뛰어났다. 그리하여 모든 면에 총통을 설치하고 좌우로 회전하며 총통을 쏘는 전술을 펼 수 있었다. 또한 판옥선은 일본 배보다 선체가 높다. 그래서 일본의 주 전술인

근접거리에서의 육탄전을 어렵게 만들었다.

반면 안택선(安宅船)이라 부르는 일본 배는 밑바닥이 V자 형태로, 속도는 빠르지만 외부 충격에 약하다. 그래서 섬과 암초가 많고 조류가 빠른 조선의 연해에서 작은 충격만 입어도 큰 피해로 이어졌다. 총통 같은 화약 무기의 반동을 버틸 만한 구조도 아니었으며, 규모도 작아 배에 총통 같은 무기를 장착할 수 없었다.

일본군은 해전에서도 조총이 주 무기였으며 육탄전이 특기였다. 그러므로 조총보다 사거리가 긴 총통을 주 무기로 하는 조선 수군을 당해낼 수 없었다.

승리 요인 3 무기 체계

당시 일본은 해전보다 육상 전투를 중심으로 생각했다. 그러므로 해전에 임하는 군사의 무기도 육상 군과 별 차이가 없었다. 더욱이 배의 한계로 총통 같은 화약 무기는 실을 수 없었다. 반면 조선 수군은 다양한 화약 무기를 판옥선에 탑재할 수 있었다.

조선의 대표적 화약 무기는 총통(銃筒)이다. 총통의 종류는 크기에 따라 천자총통, 지자총통, 현자총통, 황자총통, 승자총통으로 나뉜다. '천(天)', '지(地)', '현(玄)', '황(黃)'은 천자문 순서에서 유래했다. 천자총통이 가장 크며 승자총통은 가장 작은 총통이다. 승자총통의 승은 '이길 승(勝)'을 써 앞선 총통과는 다른 유형의 총통임을 암시한다. 크기가 클수록 화포의 사(射)거리가 길고 무거웠다.

조선 수군은 왜선과의 거리에 따라 여러 종류의 총통을 썼다. 조선 총통은 사거리가 왜군의 조총보다 길다는 장점이 있지만 조준 사격은 불가했다. 그래서 정확도가 떨어졌다. 이를 보완하기 위한 무기가 거북선과 다양한 유형의 총통이다. 거북선은 적의 진영에 돌격하여 가까운 거리에서 대형총통으로 공격할 수 있었다. 가까운 거리에서 가볍고 빠르게 사용할 수 있는 화약 무기 '소승자총통'도 있었다. 소승자총통은 승자총통을 개량한 것이다. 승자총통은 개인이 휴대할 수 있는 화기였다. 소승자총통은 조준 사격까지 가능하게 만들었다. 이를 활용해 근거리에서는 적의 지휘관을 직접 노리는 전략을 구사한다. 2012년 진도에서는 '소소승자총통'도 발굴되었다. 소승자총통을 개량하여 사거리를 늘린 것으로, 제조연도와 발굴 위치에 근거했을 때 임진왜란 당시 사용했을 것으로 추측된다. 이처럼 조선 수군은 다양한 화약 무기를 통해 적과 맞섰으며, 이를 통해 전란을 극복할 수 있었다.

승리 요인 4 전술 운용

기본적인 무기 체계와 배의 성능에서 우위에 있지만, 우리에게도 약점은 있었다. 대포의 사정거리는 일본군의 조총에 비해 월등했지만 취약한 명중률을 보였다. 그렇기에 조선 수군은 사거리에서 비교우위를 지녔음에도 근거리 전투를 했다.

이런 약점을 보완하기 위한 전술이 학익진이다. 학이 날개를 펴는 모양의 진으로, 다가오는 적을 부채꼴 모양으로 둘러싸 대포의 목표 지점을 한곳으로 모은다. 이를 통해 대포의 명중률을 높이는 전략이다.

학익진이 성공하려면 적을 유인할 수 있어야 한다. 그리고 전투하는 곳의 지형지물을 훤히 꿰고 있어야 한다. 이러한 전략은 당시 조선 수군의 기본적인 전투 매뉴얼로 보인다. 이는 학익진 운용에 대한 조선 수군의 이해도가 높았음을 의미한다. 이순신이라는 훌륭한 지휘관의 전술과 그에 대한 수군의 높은 전술 이해도가 23전 23승의 주요 요인이다.

—

이런 연구 결과도 있다. 임진왜란 정유재란 중 해전은 47회 있었고, 이중 이순신은 43회 참전하여 38회는 승리했고 5회는 승패를 가릴 수 없다. 즉 47전 중 43전 참전, 38승 5무.

『이순신의 바다』, 황현필, 역바연.

—

5
국보 『난중일기』 자세히 보기

& 생생 톡 10대가 말한다 ③

이순신의 MBTI

※ 일기를 읽고 이 사람에 대해 이야기를 나눠보자.

1) 이 사람의 훌륭한 점은?
2) 이 사람의 성격상 문제점은?
3) 이 사람의 MBTI는? 그 근거는?
4) 이 사람이 삶에서 가장 중요하게 여기는 가치는?

「난중일기」 자세히 보기

» 1592년 1월 16일 맑음

동헌에 나가 공무를 보았다. 각 고을의 벼슬아치와 아전 등이 인사하러 왔다. 방답의 병선 군관들과 아전들이 병선을 수리하지 않아 곤장을 때렸다. 우후(병마도절제사를 보좌하는 무관)와 가수(잠시 대리하는 관리)가 보살피고 점검하지 않아 이 지경까지 이른 것이니 몹시 해괴한 일이다. 제 몸을 살

찌울 것만 생각해 이같이 돌보지 않으니, 앞날의 일을 짐작할 수 있다. 성 밑에 사는 토병 박몽세는 자칭 석공인데, 선생원의 돌 뜨는 곳에 가서 해를 끼치고 이웃집 개에게까지 피해를 입혔으므로 곤장 80대를 때렸다.

» 1592년 2월 18일 흐림, 2월 19일 맑음

순찰 떠나 백야곶의 감독관 있는 곳에 이르니, 승평 부사 권준이 아우를 데리고 기다리고 있었다. 기생도 와 있었다. 비 온 뒤라 산에 꽃이 만발해 그 아름다움을 이루 다 형용할 수 없었다. 날이 저물어서야 이목구미에서 배를 탔다. 여도에 이르니 영주 현감 배흥립과 여도 권관 김인영이 마중을 나왔다. 방비 상태를 일일이 살피고 조사했는데 흥양 현감은 내일 제사가 있어 먼저 갔다.

» 1592년 2월 27일 흐림

아침에 점검을 끝낸 뒤 북쪽 봉우리에 올라 땅의 형세를 살펴보았다. 외롭고 외딴섬이라 사방에서 왜적의 공격을 받을 수 있고, 성과 해자가 매우 엉성해 몹시 근심스럽다. 첨사가 애쓰기는 했지만 미처 시설을 갖추지 못했으니 어찌하겠는가. 새벽에 배를 타고 경도에 이르니 아우 여필과 조이립 그리고 군관들과 우후들이 함께 술을 싣고 마중 나왔다. 이들과 함께 마시고 즐기다가 해가 진 뒤에야 관청으로 돌아왔다.

» 1593년 2월 14일 맑음

증조부 제삿날이다. 이른 아침에 본영의 탐색선이 왔다. 아침 먹은 뒤 3도의 군사들을 모아 작전을 세우려 할 때 경상우수사는 병 때문에 오지 않았고, 전라좌우도의 여러 장수들만 모여 작전을 세웠다. 전라우수영의 우후가 술에 취해 마구 지껄이며 떠드니 그 기막힌 꼴을 어찌 다 말하랴. 어란포 만호 정담수와 남도포 만호 강응표도 마찬가지였다. 이렇게 큰 적을 맞아 무찌르는 일로 모인 자리에서 만취해 이 지경까지 이르다니, 그 됨됨이를 말로 다 표현할 수 없다. 분통함을 이길 길이 없다. 저녁 회의를 끝내고 진을 친 곳으로 왔다. 가덕첨사 전응린이 와서 만났다.

» 1597년 5월 5일 맑음

새벽에 꾼 꿈이 몹시 어수선했다. 아침에 부사가 와서 만났다. 저녁에 충청 우후 원유남이 한산도에 와서 원균의 못된 짓을 많이 전하고, 진중의 장병들이 군무를 이탈해 반역질을 하므로 앞으로 일이 어찌 될지 헤아릴 수 없다고 한다.

오늘은 단오절인데 1,000리 밖 땅끝에서 종군하느라 어머니 영전에 예를 갖추지 못하고 곡하고 우는 것조차 뜻대로 하지 못하니, 무슨 죄가 있어서 이러한 갚음을 당하고 있는가. 나 같은 일은 예나 지금을 통틀어도 없을 것이니 가슴이 갈기갈기 찢어지는구나. 때를 만나지 못한 것을 한탄할 따름이다.

» 1597년 12월 24일 눈이 오다 개다 함

아침에 이종호를 순찰사에게 보내 문안했다. 밤에 나덕명이 와서 이야기를 나누었다. 내가 싫어하는 것을 눈치채지 못하고 계속 머무르고 있으니 한심하다. 밤 10시에 집에 편지를 썼다.

1) 이 사람의 훌륭한 점은 무엇일까?

지수 은근 생각이 깊다. 술자리가 많지만 근심스럽다는 말, 그런 걸 보니 생각이 많은 것 같다.

나경 술을 마시고도 매일 일기를 쓴 걸 보면 성격이 독한 것 같다.

윤재 계획한 일을 다 한다. 감정적이지 않다.

선주 이성에 지배받는 사람이다. 병선을 수리하지 않았다는 이유로 곤장을 때리고, 주변을 돌보지 않고 자기 좋은 일만 하는 사람의 곤장을 때림. 이성적인 사람이다.

예슬 즐길 때는 즐기고, 일할 때는 일한다.

2) 이 사람의 성격상 문제점이 있다면?

선주 술자리가 너무 많다. 만취한 느낌.

예슬 노는 걸 너무 좋아한다.

윤재 문제점은 없다. 자기 할 일 하면서 논다.

나경 맨날 술 마시고 놀면 건강에 안 좋다.

지수 한 가지에 꽂히면 헤어 나오지 못하는 것 같다. 약속하면 무조건 지켜야 하는 사람이다.

3) 이 사람의 MBTI는? 그 근거는?

이순신이 남긴 일기, 이순신과 관련된 글, 영화 등에 나타난 모습을 통해 그의 MBTI를 알아보자. 그리고 그렇게 생각한 까닭은 무엇인가?

-E!

예슬 술과 사람을 좋아한다. 사람들과 어울리고 술에 만취되고.

지수 사람을 많이 만나고 상대하는 업무를 한다.

나경 I는 나가면 기운을 빼앗긴다. E다! 그런 내용이 없다.

윤재 나경과 같다.

선주 해가 진 뒤까지 술을 마시는 것, I인 나로서는 이해가 안 된다.

-S/N!

선주 N, 꽃이 만발한 풍경에 반하는 모습을 보니 관찰력이 좋다.

예슬 S, 다양한 관심사가 있는 것 같진 않다. 주변을 잘 보는 것 같지도 않고, 자신이 해야 할 일과 현실 문제만 이야기한다.

지수 S, N은 일상에서도 상상의 나래를 펼친다. 하지만 이 사람은 그렇지 않다.

나경 S, 곤장 때렸다고 하는데, N은 생각이 많아 이유라도 물어봤을 것이다. S라서 그냥 바로 곤장 행!

윤재 S, N이라면 다양한 상상을 할 텐데, 있었던 일만 간략하게 썼다.

하연 S, 현상에 대한 부연 설명이 없으므로.

-T/F!

윤재 곤장을 80대 때린 것은 너무 이성적이다. 한심하다, 이런 표현, F는 돌려서 말한다. 너무 직설적이다.

지수 감성적인 면보다 이성적인 내용이 많다.

나경 F는 꿈이 어수선했다면 친구한테 이야기한다. T는 혼자 곱씹는다.

예슬 F다. 당시에는 개를 그렇게 소중하게 여기지 않았을 텐데. F는 동물에 약하다. 다른 사람에게 피해 끼치는 것에 민감하다. 그래서 곤장을 80대나 때렸을 것이다. '분통함을 이길 길이 없었다'라는 표현, 남에게 풀 수 없어서 일기에 적은 것이다. 한심하다는 표현도 직접 말로 하지 못하고 일기에다 쓴 것. 밤 10시에 편지를 썼다는 것도…. F다.

선주 상대를 이해하려 하지 않는다. 감정이 보이지 않는다.

하연 T인 척하는 F, 일기는 자기만 보는 것이므로 남에게 직접 하지 못하는 말을 쓴 것이다.

예슬 하나 더! 가슴이 갈기갈기 찢어진다는 표현, T는 그럴 일이 없다.

윤재 감상적인 것과 감성적인 것은 다르다. 이순신은 감상적이다. 그래서 T다.

지수 E이기 때문에 사람들에게 함부로 대하지 못한다. 그래서 T다.

–P/J!

나경 J, 매일 술을 마셔도 일은 계획적으로 한다. 남은 시간에 술을 마시는 것 같다.

지수 J, 게으른 J, 강박이 있기에 일기를 쓴다. 일에 순서가 있고 계획적이다.

선주 이순신이어서 J다. 나라의 중대한 일을 맡은 사람이 P일 수 없다.

윤재 P는 일기를 절대 안 쓴다. 공부도 안 하는데 일기를 쓸까? 곤장 80대도 충동적으로 때리지는 않았을 것이다.

예슬 내가 P다. J가 들어있는 P. 아무리 그래도 일기는 절대 안 쓴다. 아무리 술을 마셔도 일기를 쓴다는 건 냉철하고 계산적이다.

하연 나는 P인데 가끔 일기를 쓴다. 일기 쓰는 걸로는 P인지 J인지 구분이 어렵다. P가 약간 보인다.

4) 이 사람이 삶에서 가장 중요하게 여기는 가치는 무엇인가?

지수 나 자신보다 나라의 안정!

하연 사람을 중요시한다.

예슬 사람을 중시한다. 잘못된 행동을 매우 싫어하고 옳은 행동을 좋아한다. 타인에게 피해 주는 것을 매우 싫어한다.

선주 옳은 것을 지향하는 사람, 선한 사람이라 느껴진다.

나경 일단 나라를 중요하게 생각하고, 생각이 많다. 하루를 계획적으로 사는 것도 모두 오직 나라를 위한 것이다.

윤재 나중에 일기가 발견되었을 때, 자신의 기록이 나라를 위해 쓰일 수 있다고 생각했을 것이다.

★10대들의 톡톡

모두 가졌다. 원조 K-슈퍼스타. 활쏘기와 말타기에 능하여 무과에 급제했으니 체격과 체력도 멋있고, 목소리도 우렁찼을 것이다. 성실, 청렴, 통솔력, 지도력, 감성, 문무를 겸비한 장군이라니. 오늘날이라면 수많은 팔로워를 거느린 인싸에 사생팬클럽 회원을 거느린 슈퍼스타일 것이다.

제2장

걷기 읽기 쓰기 나누기

1
조금만 걷고 올게요

세계 여러 대륙마다 나라마다 이름난 트래킹 길이 있다. 실크로드(12,000㎞)와 스페인 산티아고 순례길(800㎞)을 모르는 이는 없을 것이다. 산티아고 길은 『연금술사』의 작가 파울로 코엘료를 비롯하여 많은 사람이 걸었다. 더 많은 사람이 완주를 버킷리스트로 꼽는 곳이기도 하다. 지금도 그 길 위에 많은 사람이 있다. 우리나라 사람들도 많이 다녀오고, 다녀온 이들이 책으로 엮어 그 감동을 나눈다. 제주 올레길도 산티아고 길을 걷고 영감을 받은 서명숙 제주올레 이사장이 만들었다.

순티아고 길은 어떤가. 오타가 아니다. 산티아고에 이순신의 이름자 '순'을 넣어서 순티아고 순례길이라 불러본다. 라임도 잘 맞다. 아직은 풀숲 우거진 거친 곳도 있지만, 많은 사람이 걸으면 길은 다져지고 다듬어질 것이다. 먼저 걷는 사람이 길을 닦는 사람이다. 그리하여 곧 세계적인 길이 되기를 바라며 조선수군 재건길의 애칭으로 불러본다. 우리에겐 순티아고 순례길이 있다.

세상에 좋은 게 너무 많다. 어떤 것은 많은 돈과 오랜 시간과 노력을 들여야 얻을 수 있지만, 자기 의지만으로 가능한 일이 있다. 길 걷기다.

역사적·철학적·문화적·문학적·생태적 의미도 있는 일이다. 멋있지 않은가?

두 발로 길을 걷는다. 대지에 발을 내디뎌 중력을 이기며 나아간다. 앞에서 불어오는 바람에 맞서서 나는 나아가고 길가 나무들은 뒤로 물러난다. 풀냄새를 맡고, 도랑물 흘러가는 소리도 귀에 담고, 뛰는 심장과 동맥으로 나의 존재를 실감한다. 경사진 길을 올라갈 때는 힘들지만 곧 내리막길이 나오리라는 것을 안다.

고등학교 2학년 때 수학여행을 기억한다. 설악산 흔들바위까지 올라갔다. 우리는 모두 단정한 교복(검정 플레어스커트)을 입었는데, 올라갈수록 치마는 점점 무거워졌다. 정상에 가서 흔들바위를 만지고 발아래로 펼쳐진 단풍 설악산을 내려다보고 왔지만, 그때는 힘들다는 생각뿐이었다.

하지만 나이 들어서도 종종 등산이나 걷기 혹은 힘든 일을 할 때, 정상이나 목적지를 앞두고 숨이 차오를 때는 그때 흔들바위를 만지던 느낌과 성취감이 떠오른다. 그러면 마지막 힘을 더 낼 수 있게 된다. 그게 신기했다. 그런 경험들이 모여서 나를 이루는 것이다. 이번 조선수군 재건길에서도 하루 20㎞를 걸을 수 있었다.

대학 때 지리산 천왕봉 3박 4일 종주 경험으로 교사가 된 후 학교에서 아이들과 금성산, 두륜산, 월출산을 올랐다. 그중 몇은 교실에서 볼 수 없는 모습을 보여줬다. 공부는 교실에서만 하는 것이 아니다.

'관광(觀光)'은 '밝게 빛나는 곳을 구경한다'는 의미일까. 관광도 좋지만, 그렇다면 여행을 하자. 잊혀 가는 역사의 흔적을 공부하는 '다크 투어', 어떤가. 우리 삶의 터전은 모두 현재진행 역사의 현장이다. 전쟁과 학살, 대규모 재난 재해가 일어났던 현장을 답사하고 공부하며 지식과 감동과 깨달음을 얻는 '진짜 여행'이다. 역사는 아픔과 상처와 그늘을 기록하고 기억하는 것이다. 잊혀 가는 현장, 충분히 알려지지 않은 곳을 답사하자. 조금 더 나은 삶, 더 나은 사회를 만드는 데 꼭 필요하다.

자동차 창 너머로 바라보지 말고, 발을 디뎌보자. 도시에 산다면 농촌과 어촌을 유심히 볼 일이다. 논밭과 물에서 사는 생명을 보고 그 생명을 키우는 사람들의 모습을 보자. 농어촌은 도시를 있게 하는 뿌리. 생존의 기본 조건을 우리는 거기서 얻는다. 농어촌에 살고 있다면, 아무래도 도시에 관심이 많을 것이다. 도시 구석구석을 여행하며 매체를 통해 보는 도시와 실제 모습을 비교해야 한다. 도시에도 걷기 좋은 길이 많이 만들어지고 있지만 대체로 관광지에 초점이 맞춰진 느낌이다.

직립보행하는 유일한 생명체가 인간이다. 돌 즈음 첫걸음마를 뗄 때 누구나 부모 친척 친지들에게 경이와 기쁨을 안겨주며 박수를 받았다. 그 후 세상 여러 갈래 길을 걸어 지금에 이르렀다. 세상에 길은 여러 갈래다. 어느 한 길을 가려면 다른 많은 길은 포기해야 한다. 나는 내 뜻과 의지로 어떤 길을 선택했는가? 어떤 길을 버렸던가? 장차 내 앞에는 어떤 길이 나타날 것인가?

인간은 또한 길을 만든다. 길에서 의미를 찾는다. 의미 있는 길이 내 앞에 있고 내가 갈 수 있음은 기적 같은 일이다. 가야 할 방향을 알고 깊게 사유하고 준비한다.

우선 학교 운동장이나 학교 뒤 산책길, 또는 아파트 단지 안을 아무 목적 없이 조금 걸어본다. 잠깐 걷기에서 시작한다. 외국어나 음악, 책 낭독을 들으며 걸을 수도 있다. 아무것도 없이 묵묵히 걷기만 할 수도 있다. 사전 준비운동이다.

역시 두 발로 답사한 것만 내 것이 된다. 걷지 않은 곳, 자료만 찾아본 곳은 온전히 내 것이 아니다. 주마간산이라는 말이 왜 있겠는가. 우리 10대들이 발로 꾹꾹 눌러 걸어야 하는 이유다. 10대의 경험은 평생 간다. 삶의 파도를 헤쳐가는 크나큰 동력이 된다. 자기 철학과 자신감을 가질 수 있는 경이로운 경험을 해야 하는 이유다.

혼자서는 고요해서 좋고, 둘은 다정해서 좋다. 셋이라면 든든하다. 좋은 사람, 좋아하는 사람과 앞서거니 뒤서거니 길을 걷자. 나의 외로움과 너의 걱정거리를 나누고 안아주며 앞으로 나아가자. 걷기는 몸과 뇌와 마음 건강의 첫걸음이다.

'샘, 수군이 뭐예요? 재건이 뭐예요?'

10대에 꼭 한 번, 조선수군 재건길을 걷자. 책이나 학원에서 배울 수 없는 것을 길에서, 특별히 이 길에서 얻게 될 것이다. 순티아고 순례길에 많은 보물이 있다. 모두 알게 될 것이다. 이순신, 일본, 우리 의병을 알고 문학, 역사, 철학, 문화, 자연, 생태를 체득하며 덤으로 우정과 다이어트도 얻게 될 것이다.

조금만 걷고 올게요, 그러나 계속 걷게 될 것이다. 순티아고 순례길, 멈출 수 없는 매력이 있다.

& 생생 톡 10대가 말한다 ④

이순신길 걷기

J샘 이순신의 백의종군길, 조선수군 재건길 걷기, 어떻게 생각하나?

지수 역사적 의미와 과거의 기억을 회상하는 일이다.

윤재 장군님과 함께하는 느낌일 것 같다.

나경 역사적 인물과 사건에 내 발을 맞대어 보는 일이다.

지원 배경 지식을 공부하고 옛 분들의 자취를 느껴보는 것, 좋다.

지수 생각을 정리하는 시간을 준다. 여러 생각을 하게 된다.

J샘 그런 것 같다. 나도 걸으면서 다양한 생각이 떠오른다. 수업 준비나 다른 교육 활동에 도움이 되는 아이디어도 많이 나온다.

태율 몸을 움직여서 하는 일은 정말 힘들다. 내가 이순신이 아니라 부하 중 한 명이라면, 이 길을 걷는 것이 얼마나 힘들었을까? 이런 생각을 할 것이다.

예슬 걷는 것, 진짜 안 좋아한다. 하지만 가끔 걷고 싶을 때도 있다. 천천히 걷다 보면 못 보던 것이 보이고 갑자기 무슨 생각이 떠오르기도 한다. 순례길 같은 것을 걷는다면 많은 경험을 하고, 많은 것을 보고, 영감을 받을 것 같다. 지식도 생기고, 마음에 평화도 찾아올 것 같다. 심란한 일이 생겼을 때 이순신이 한 일을 보면서 해결책을 얻을 수도 있다. 이순신은 자존감이 높은 사람이다. 그런 점도 본받고 싶다.

J샘 이순신 길을 걷는다는 것은 단순한 걷기를 넘어 그 사람을 느끼고 함께하는 행위다. 앉아서 그 어떤 자료를 보는 것보다 그의 길을 걷는 것은 의미 깊게 다가올 것 같다.

마음 자세, 몸 자세, 장비 준비

자, 이제 길을 나설 마음이 생겼나? 자신의 마음을 읽자. 걷기에서도 무엇보다 중요한 것은 꺾이지 않는 마음이다. Before & After는 집 인테리어에만 유용한 게 아니다. 걷기 전과 후 표정과 눈빛과 외모가 어떻게 달라지는지 보기 위해 Before 사진을 찍어서 간직하자.

팔다리에 단련된 근육도 생기고 얼굴선도 뚜렷해지고 눈빛도 달라지리라. 햇볕에 조금 그을렸을 수도 있고, 척추를 곧게 펴고 걸으면 거북목이나 척추측만증이 교정될 수도 있다. 정신력도 강해져서 어려운 문제를 만났을 때 해결하려는 강한 의지와 투지와 인내심이 생길 수도 있다.

출발 전 몸을 조금 단련하자. 일찍 자고 일찍 일어나기(불변의 진리), 식사 습관 점검, 스트레칭, 동네 걷기 등을 할 수 있다.

자세가 중요하다. 늠름하게 걷는다. 런웨이를 걷는 모델처럼 내가 세상의 주인공인 듯 도도하게 발뒤꿈치부터 3박자로 발을 내디딘다. 중력을 이기고 사뿐사뿐 앞으로 나아간다. 커다란 운동장이나 피트니스센터에 가지 않아도 된다. 그냥 우리 동네 골목길을 잠깐 걷는다. 중요한 것은 내가 걷고 있다는 생각을 놓치지 않고 걷는 것이다. 걷기에도 집중력이 필요하다. 마음 자세로 필요한 것은 집중력이다.

장비를 준비하자. 필요한 게 많다. 가장 중요한 것은 바닥이 푹신한 운동화와 발을 보호해 주는 양말이다. 운동화와 양말에는 약간의 호사를 부려서 발에 맞고 품질 좋은 걸로 준비하자. 안 신은 것처럼 편하면서 튼튼한 걸로 장만하면 좋겠다. 맨발 걷기를 할 것은 아니니까.

계절과 상관없이 땀을 흘리게 될 것이다. 흡습성과 통기성이 좋은 기능성 상하의가 필요하다. 데님은 아무래도 무겁고 자유로운 활동에 제한을 주므로 제외한다.

빛과 소음에 예민한 사람이라면 숙면을 위해 안대와 귀마개를 권한다. 겨울이라면 무겁거나 답답하지 않고 기능이 좋은 방한용품들이 필요할 것이다. 나열해 본다.

장갑, 모자, 얼굴 보호 마스크, 손수건, 수건, 햇빛 차단제, 화장지, 텀블러나 물병이나 물컵, 휴대폰(카메라), 메모지, 펜 스케치북, 4B연필(혹은 펜), 읽을 책(가벼운 문고본 시집 등), 저녁에 숙소에서 공부할 교과서나 문제집, 플레이리스트(조용히 자연의 소리에 귀 기울이며 가는 것도 좋지만, 때로는 플리가 필요할 수도 있다.), 간식(견과류, 통곡물 에너지바, 초콜릿 등—과식하면 걷기 힘들 수도 있다), 삼단 휴대용 깔개, 상비약, 비상약, 근육통 완화 크림, 밴드, 소화제, 종합 비타민, 선글라스나 고글. 우산, 비옷(비 오는 날은 비 오는 날일 뿐, 빗속에서도 걷는다).

준비물을 챙기면서 생각한다. 인간은 얼마나 약한 존재인가. 혼자서도 살 수 없고, 물건의 도움을 받아야 살 수 있으니 참으로 미약한 존재다. 겸손해진다.

가장 중요한 점은 역시 내가 감당할 수 있는 무게를 아는 것이다, 여행 갈 때는 '눈썹도 짐'이라는 말이 있다. 가볍게 작게 요긴한 것만 영리하게 준비한다. 머리카락이 길다면 길이를 자르는 것도 지혜다. 여행 예능 프로그램 출연을 앞두고 긴 머리카락을 짧게 자른 여배우를 기억한다.

휴대폰과 충전기, 읽을 책 한 권은 꼭 챙기자. 여행지와 관련 있는 책을 바로 그곳에서 읽는 현장 독서는 맛이 다르다.

즐거움을 위해 임진왜란 당시 장수나 의병 복장을 해보면 어떨까. 고증하고 재현해서 10대의 체형과 취향에 맞게 만드는 것이다. 그 과정에 청소년들이 참여해서 디자인하면 의미도 있겠다. 의상뿐 아니라 모자, 스카프, 수첩, 메모지 등 상품을 디자인하고 제작해 본다.

준비가 미흡했다면 걷는 도중에 살 수 있다. 오지를 걷는 것은 아니다. 가는 길에 농협에서 운영하는 마트도 있고 편의점도 충분히 있다.

준비 과정 역시 동행자들이 공유하며 함께할 수 있다. 준비하고 짐을 싸면서부터 여정은 시작된다.

준비물을 정리해 본다. 신발(트래킹화, 슬리퍼), 양말, 계절에 맞는 옷, 모자, 햇빛 가리개, 마스크, 선글래스, 안대, 귀마개, 텀블러, 읽을 책, 필기구, 노트 2권, 선크림, 밴드, 연고, 근육통 완화 크림, 휴대폰, 충전기, 보조배터리, 좋아하는 간식, 이 책.

노트는 두 권이 필요하다. 필사용 노트와 일기장이다. 우리는 매일 저녁 필사하고 일기를 쓸 것이다. 매일 밥 먹듯이 명문장을 먹을 것이다. 이순신은 전쟁 중에도 일기를 썼다. 우리는 하루를 걷고 그 벅찬 감동이 식기 전에 일기를 적을 것이다.

앗! 이 책도 챙겨야 한다. 매일 그 장소에서 그날그날 해야 할 것과 인터넷 검색으로는 알 수 없는 것들이 이 책에 있다.

완전 중요한 안전

3~4명 정도의 모둠을 정하고 모든 활동을 함께한다. 유사시 휴대폰으로 연락할 수 있지만 모둠끼리는 함께 활동한다. 모둠은 신체 조건과 체력, 친한 정도를 고려하여 정하고 서로 의논하여 필요한 역할을 한다.

여름이라면 풀숲에서 예상치 못한 곤충과 파충류와 양서류와 포유류 동물을 만날 수도 있다. 그럴 경우는 생기지 않아야 하지만, 등산용 스틱의 또 다른 쓰임새를 발견하는 상황이 생길 수도 있다. 제자리에 가만히 있는 듯 보이는 식물도 위험할 수 있다. 풀이나 나뭇가지로부터의 위험에 대비하여 긴 팔 긴바지를 권한다. 여름이라면 모기퇴치제도 필요하다. 같은 이유로 자극적인 향수나 화장품은 제한한다. 안전을 위해서라도 계절에 맞는 옷차림과 준비물을 꼼꼼하게 준비한다. 방학이라면 더위와 추위가 문제다.

호흡을 일정하게 하고, 일정한 속도와 보폭을 유지하며 차분하게 걷는다. 외부의 위협이나 몸의 이상을 느끼면 바로 인솔자에게 알린다.

다이어트는 덤^^

우리 몸과 마음은 별개가 아니다. 마음을 맘으로 줄이면 몸과 맘은 별개가 아니라는 말이 되는데, 몸과 맘은 원래 한 단어에서 분화된 것이 아닐까. 길을 걷는다면 몸만 걷는 게 아니라 마음도 함께 걷는 것이다. 그래서 함께 건강해지는 것이다.

청소년 우울증이나 패션 우울증 증세도 사회 문제가 되고 있는데, 걷기는 여러 가지를 쉽게 해결하는 답이 될 수도 있다. 걸으면서 신체적 한계를 극복하려 노력하며 자긍심과 자존감도 생길 것이다.

걷기의 미덕 중 건강은 기본이고 살 빼기는 덤이다. 명량 챌린지, 순티아고 501 프로그램을 완주하면 장롱 아래 칸에 넣어두었던 옷을 다시 입게 될 수도 있다. 체육 시간에 안 되는 자세가 수월하게 될 수도 있다. 자신 있게 사진을 찍고 싶어질 수도 있다.

평균적으로 1㎞ 걷기에 걸음 수는 약 2천 걸음, 시간은 15분, 소모 열량은 50kcal라고 한다. 하루 20여㎞면 5시간 동안 4만 걸음을 걷는 셈이다.

우리를 걷게 만드는 또 하나의 재미는 기록이다. 『난중일기』처럼 우리도 걷기를 기록할 수 있는 걷기 앱을 준비하자. 정말 다양한 걷기 앱이 있다. App Store나 Play Store에서 '걷기'라는 키워드로 검색해 자기 취향에 맞는 어플을 받자. 걷기 앱은 걸음 수, 소모 칼로리 기록뿐 아니라 앱에 따라 걸음 수에 따른 캐시 적립도 가능하다. 그렇게 적립된 캐시는 다양한 제휴처에서 현금처럼 사용할 수 있다. 걷기, 많은 것을 얻을 수 있다.

앱의 공유 기능을 통해 SNS에 기록을 남기자. 우리 여정에 또 다른 재미가 될 것이다. 명량 챌린지, 순티아고 501 프로젝트! 혼자서는 어려운 일도 모여서 같이 하면 해낼 수 있다.

2
최소한의 읽기, 영화와 책

● **영화** 〈걷기왕〉〈나의 산티아고〉〈엘 카미노〉
● **책** 『와일드』『나는 걷는다 1~3』
『청소년 토지 1~12』 박경리 저
『청소년 태백산맥 1~10』 조정래 저

독서와 여행은 반대말 같지만 닮은 말이다. 육체와 정신을 풍요롭게 한다는 점에서 비슷한 활동이다. 진부한 표현이지만, "독서는 앉아서 하는 여행, 여행은 걸어 다니며 하는 독서"라고 하지 않던가. 물리적 공간 이동 없이 제자리에 앉아서 우주보다 넓은 세상을 유영하는 것, 앞서간 거인의 발자국을 따라가는 여행이 독서다.

영화

영화를 자세히 보는 것은 책 읽기와 비슷하다. 다 못 보면 검색해서 예고편이라도 보자. 아니, 그래도 다 보자. 앞의 둘은 2016년 개봉작인데, 좋은 영화는 오래되어도 좋은 법.

〈걷기왕〉 백승화 감독

심은경·박주희 주연, 2016년 10월 개봉, 12세 이상 관람가, 러닝타임 93분.

4세에 자신이 선천성 멀미증후군이라는 걸 알게 된 주인공 이만복, 지금 강화고 학생. 집에서 학교까지 등교에 2시간, 하교에 2시간 하루 4시간을 걸어서 다니다가, 초긍정 마인드 담임샘의 권유로 육상부에 들어가 걷기도 뛰기도 아닌 경보를 하게 된다는 내용. 유쾌 발랄하고 주제도 잘 살려져서 뭉클하고 자신을 돌아볼 수 있게 하는 영화. 다음과 같은 명대사가 자꾸 곱씹게 된다.

"조금 느려도 괜찮지 않을까?"

"중요한 건 꿈을 향한 열정과 간절함"

"힘들어 죽겠는데 왜 참아야 돼요?"

주인공 이름 '이만복'은 걷기에 만 개의 복이 들어있다는 뜻일까. 일만 보가 아니고 이만 보 걷기의 어감을 주려고 지은 이름인가.

〈나의 산티아고〉 줄리아 폰 하인츠 감독

데이비드 스트리에소브 주연, 2016년 7월 개봉, 12세 이상 관람가, 독일. 러닝타임 92분.

800여㎞를 42일간 걸은 주인공 하페, 그를 설명하는 말은 36세, 예술가, 흡연가, 코미디언, 시청자, 독자, 이제 순례자가 된다. 원제는 I'M OFF THEN. 소위 잘 나가던 코미디언 하페, 그는 과로로 병이 나서 큰 수술을 받고, 회복을 위한 긴 휴가 동안 산티아고 순례를 하기로 한다. 영화는 그 42일의 여정을 보여준다. 자연경관이 아름다운 화면을 보는 것만으로도 마음이 푹 놓인다. OFF 된다.

주연을 맡은 주인공이 쓴 책을 바탕으로 영화는 제작되었다.

〈엘 카미노〉 손미나 감독·출연

다큐멘터리, 68분, 전체 관람가, 2023년 3월 개봉.

방송인 손미나가 산티아고 길을 걸으며 출연하고 감독했다. 제작도 했다. 손미

나의 영화다. 그 길에서 각기 사연을 안고 걷는 사람들을 만나 희망과 위로의 메시지를 발견하여 담았다.

스페인, 저는 자유다. 괜찮아, 그 길 끝에 행복이 기다릴 거야. 이 길을 걷기 전과 후의 내가 같을 수 없다.

책

읽을 책을 고르는 가장 좋은 방법은 도서관이나 서점에 가서 책을 조금 읽어보는 것이다. 작가, 제목, 목차, 머리말, 출판사 등을 보고 앞부분 몇 장을 읽어보고 정한다. 걷기에 관한 책이 대단히 많은데, 몇 권 추천한다.

『와일드』 셰릴 스트레이드 저

저자의 가감 없는 자서전. 저자는 가난과 폭력적인 아빠 때문에 불행한 어린 시절을 살았다. 갑자기 찾아온 엄마의 죽음에 절망하여 모든 것을 포기하고 스스로를 파괴하는 생활을 하다가 PCT(퍼시픽 크레스트 트레일) 4,285㎞를 걷는다. 걷고, 삶을 되찾은 과정을 글로 썼다. (제목이 같은 영화가 있다. 리즈 위더스푼 주연, 장 마크 발레 감독으로 2014년 제작, 2015년 개봉했으나 청소년 관람 불가 등급이라 소개를 미룬다.)

『나는 걷는다 1~3』 올리비에 베르나르 저

저자는 세계 최초 실크로드 12,000㎞ 도보 여행자다.

★ 명랑 10대는 인터넷의 바다에서 검색한다.

검색 키워드: 쇠이유 재단, 나는 걷는다, 올리비에 베르나르.

『걷기의 인문학』 리베카 솔닛 저

주변 사람이 권하는 책을 믿고 결정해도 되지만, 제목이나 표지가 마음에 들어 책을 펼쳤는데 아니다 싶으면 어떻게 해야 할까? 참고 끝까지 읽어야 한다? 아니다. 앞부분 한 절이나 열 장 정도를 읽고 계속 읽기 어려우면 바로 책을 덮고 다른 책을 읽는다. 세상은 넓고 읽을 책은 넘쳐난다. 책은 운명적으로 만나는 것. 그래도 몇 권 추천한다. 읽으면 좋지만, 꼭 읽지 않아도 괜찮다.

길에서 만나는 대하소설

『청소년 토지 1~12』 박경리 저

각 권 180쪽 이내로, 쉬운 말로 썼다. 현재 절판이니 도서관에서 대출하여 읽어야 한다. 물론 원본을 읽으면 더 좋다.

『토지』는 다산책방에서 2023년에 전 20권으로 다시 출간되었다. 집필 기간 25년, 원고지 31,200장, 구성 5부 25편 362장(챕터), 등장인물 600여 명, 큰물이 장대하게 흘러가는 대하소설을 우리는 박경리 선생 덕분에 앉아서 읽을 수 있다. 최참판댁과 평사리 사람들이 한국 근대사의 격랑을 헤쳐나가는 파란만장한 삶의 여정을 읽는다. 세대와 국경을 아우르는 대작을 완독하고 나면 누구나 가슴 속에 애틋하고도 장대하게 출렁거리는 강물 하나 품게 되리라. 일찍이 인류의 생명과 생존을 염려하는 혜안을 지녔고 일본 문화에 대해서는 시종 반대 비판하는 의견을 견지했다.

하동 평사리에 드라마 〈토지〉 촬영지, 최참판댁과 토지마을이 있고 가까이에 박경리문학관이 있다.

『태백산맥 청소년판 1~10』 조정래 저

벌교에 태백산맥 문학관이 있다. 『태백산맥』은 다행히 청소년판이 있으니 읽고 가자. 청소년판이 어렵다면 만화 『태백산맥』(1~5)도 있다. 읽고 가면 더 알고 싶다. 많이 보인다. 오래 머물고 싶어진다.

★ 최소한의 책을 더 소개한다. 영리한 10대들은 먼저 검색한다.

『걷기의 말들』 마녀체력 이영미 저

『걷기의 즐거움』 존 다이어 외 33인 저

★ 걷기 명언

목적지 도착이 목적이라면 달려가면 된다.

그러나 여행을 하고 싶다면 걸어서 가야 한다.

-장 자크 루소, 『에밀』에서

& 생생 톡 10대가 말한다 ⑤

독서와 나

J샘 독서가 중요하다는 것은 누구나 안다. 나에게 독서는 어떤 의미인가? 독서의 이점은 뭘까?

예슬 책을 읽으려면 처음엔 조금 귀찮지만 읽기 시작하면 집중이 된다. 정신적으로 산만할 때 다른 사람의 인생 이야기나 진로 관련 책을 읽으면 차분해지고, 배우는 느낌이 있다. 또 꿈을 이루는 데 한 발 다가갈 수 있다. 나는 목수 쪽을 진로로 생각하고 있는데 목수에 대해 새로운 걸 알게 됐다.

태율 책을 많이 읽는다. 나에게 독서는 예습과 복습이다. 우리 사회와 주식 관련 책을 읽으면 그것은 인생 예습이고, 역사책은 복습이다.

나경 만화책을 좋아한다. 만화를 읽으면 과부화된 머리가 정리된다. 세상이 날 힘들게 하고 내가 운이 없다고 생각될 때 책을 읽으면 마음이 정리되는 느낌이다. 문해력이 좋아지고, 시험 볼 때 지문 읽는 속도가 빨라진다.

태율 책을 읽으면 남들 앞에서 아는 척할 수 있어 좋다. 남들에게 도움을 줄 수도 있다. 마음이 평온해진다. 심심함을 달래는 수단이기도 하다.

지수 많이는 아니지만, 인간에 관한 책을 읽으며 나의 단점에 대해 생각해 보게 된다. 책은 행복감을 준다.

윤재 반에서 똑똑한 애들이 책을 많이 읽는 것 같다. 말할 때 어휘 같은 것을 보면 느껴진다. 책에는 작가의 생각이 담겨 있는데 이걸 서로 나누는 게 좋다.

하연 그냥 좋다. 좋은 영향을 많이 준다. 올해 들어 책에 흥미가 생겼다.

예전이랑 달라졌다. 나를 돌아보고 다른 사람의 입장을 생각해 보게 되더라. 일단 생각이 많아졌다. 작가의 말 한마디에도 많은 것이 담겨 있다. 지식, 생각 두 측면에서 많이 도움이 되더라. 자기 계발과 철학에 흥미가 있어서 많이 읽는다. 문해력, 어휘력이 나아진 것이 느껴진다. 여러 분야에 흥미가 생겼다.

J샘 하연이를 보면 실제로 많이 성장한 것이 보인다. 1년 동안 역사 토론을 하면서 가장 많이 성장한 친구는 나경이랑 하연이다. 그 원동력이 책 읽기에 있었던 것 같다.

지원 독서를 많이 했지만, 지금은 썩 안 좋아하게 됐다. 어렸을 때 시골 할아버지 집에 살았는데 책밖에 없었다. 할아버지가 TV도 못 보게 했다. 그래서 책을 읽을 수밖에 없었다. 두꺼운 책도 하루 만에 읽었다. 요즘은 따로 살게 되면서 인터넷에 뇌가 절여지는 기분이다. 독서의 좋은 점은 어휘력 향상과 공부에 많은 도움이 되는 것이다.

J샘 할아버지께 감사해야겠다.

선주 초4 때 연평균 독서량 50권, 초5 때 사춘기가 와서 책을 멀리함. 중1 되니까 '큰일남'을 느낌. 읽는 속도가 떨어졌다. 문장을 여러 번 읽어야 이해가 되더라. 지금은 좋아졌다. 그래도 예전보다 독해력이 떨어졌다. 주로 소설을 읽는데, 등장인물들을 보면서 생각이 넓어진 것 같다. 다른 사람을 받아들이는 폭이 넓어졌다.

J샘 우리는 커가면서 책을 안 읽게 되는 것 같다. 아쉬운 점이다. 지금 여러분은 문제 하나 더 푸는 것이 미래에 도움이 된다고 생각하는 것 같다. 길게 멀리 보자.

T톡 **나만의 독서 방법이 있는가? 책 읽는 학급이나 가족, 사회를 만들 수 있는 비법이 있을까?**

3
(도움이 안 되는) 일기 쓰기 비결

인간은 문자를 읽고 쓴다. 글을 읽고, 글을 쓴다. 종이가 없던 먼먼 옛날에는 단단한 바위에 그림과 문자를 새겼다. 갈대 줄기와 대나무 조각에 글을 썼다. 인간에게 글을 읽고 쓰지 못하게 한다면 견디기 어려운 고통이 되리라. 문자 없는 세계, 책 없는 세계는 상상할 수 없다.

자기 이야기를 말로 하거나 글로 쓰는 것은 본능이다. 말하기와 글쓰기는 별개가 아니니, 글은 말하듯이 쓰고 말은 글 쓰듯이 하면 된다. 그러면 글은 쉽고 읽고 싶은 글이 되고, 말은 정돈되고 듣고 싶은 말이 된다.

말하기나 글쓰기는 자신의 숨결로 비단을 짜는 일과 같다. 씨실과 날실로 때로는 툭툭한 무명이나 거친 삼베를 짜고, 때로는 부드럽게 감기는 비단을 짜기도 한다.

시를 많이 읽다 보면 시를 쓰게 될 것이다. 노래를 부르다 보면 가사를 쓰고 싶고, 곡조를 붙여 노래를 짓고 싶어질 것이다. 인간은 무엇이든 만들어 내고 싶은 창작의 본능을 지닌 호모 루덴스, 글도 놀이처럼 쓰면 된다. 장군의 일기를 읽다 보면 일기를 쓰게 될 것이다.

모든 조직은 어떤 형식으로든 매일 일지를 쓴다. 학교도 학교일지에 하루를 기록한다. 조직의 공적인 기록, 그것이 역사가 되고 변화와 발전의 토대가 된다. 『난중일기』는 이순신 장군이 전란 중에 쓴 일기로, 유네스코 지정 세계기록유산이다. 청소년이 읽기 좋게 번역하고 보기 좋게 편집하는 노력과 시도가 계속되고 있다.

하루를 기록하자. 하루가 모여 일생이 된다. 나만의 역사를 기록하자. 22일 걷기 여정인 '순티아고 501 프로젝트' 중에는 누구나 기록을 남기고 싶어질 것이다.

일기를 쓰자. 내일부터? 아니, 오늘부터 쓰자. 노트북이나 아이패드에 써도 되고 얇은 스프링노트에 볼펜으로 써도 된다.

자신에게 가장 맞는 도구와 방법으로 쓰자. 중요한 것은 중단하거나 포기하지 않고 계속 쓴다는 마음이다.

■ 알놀Q 세계적으로 유명한 '안네의 일기'의 일기장 이름은 무엇인가?

도움이 될지 모르지만 일기 쓰기 비결이다.

- 매일 같은 시간에 쓴다. 언제라도 좋다. 휴대폰 알람을 맞춰놓으면 된다. 저녁 9시, 10시. 60일만 꾸준히 쓰면 습관이 되어, 쓰지 않으면 이상한 상태가 될 수도 있다. 아침 일기도 좋다. 머리맡에 일기장을 두고 눈 뜨자마자 어젯밤의 꿈을 기록한다. 잊기 전에 기록해 두고 프로이트의 꿈의 해석과 견주어 분석해 보기도 한다. 나를 더 잘 알게 될 수도 있다. 잘 자고 일어난 아침에 영감이 떠올라 오랜 과제를 해결할 수도 있다.

- 제1일: 생각나는 단어 3개를 쓴다. 더 쓰고 싶어도 참는다.
- 제2일: 한 문장을 쓴다.

- 제3일: 세 문장을 쓴다.
- 제4일: 한 단락을 쓴다.

- **분량이 아니라 시간을 정해놓고 써도 된다.** 타이머를 맞춰놓고 3분간 또는 5분간 쓴다. 점점 익숙해지면 잠들기 15분 전에 알람을 맞추고 15분 이내에 마친다.

- **일기장은 얇은 스프링노트가 적당하다.** 일정 기간 한두 달 정도 습관이 될 때까지 조금만 쓰고 점점 분량을 늘려 간다.
  일기 쓰기처럼 시작은 쉽지만 꾸준히 지속하기 어려운 일들은 친구들과 함께하면 좋다. 일기 쓰기 챌린지!

■ **알놀Q** 운동 독서 일기 쓰기 등, 계획을 세워도 지속적으로 실행하기 어려운 일이 많다. 그런데 일정 기간 노력하여 고비를 넘기면 습관이 될 수 있다. 이 기간은 얼마쯤일까?

& 생생 톡 10대가 말한다 ⑥

일기와 나

J샘 이순신의 일기는 현대에도 국가와 세계 기록유산으로 남아 우리에게 많은 메시지를 남기고 있다. 일기를 쓰고 있는가? 일기 쓰기의 좋은 점은 무엇일까?

태율 특별한 날 쓴다. TV 방송에서 특별한 내용을 보면 정리한다. 방송 타임라인을 정리해 두면 하이라이트를 찾기 쉽다. 좋은 점은 뭐든 기록해 놓으면 나중에 다시 찾아볼 수 있다는 점, 비슷한 일을 할 때 응용하기 좋다. 감성에 젖기 좋다. 단점은 시간이 걸리고 잘 펼쳐보지 않는다는 것.

나경 안 쓴다. 일기는 하루 동안의 일을 글로 표현하는 건데, 하루를 돌아보고 싶지 않다. 나의 하루는 힘든 일투성이다. 그래서 쓰지 않는다.

윤재 안 쓴다. 시간도 부족하고 그걸 쓸 시간에 자기 계발을 하는 게 낫다고 생각한다. 일기 쓰기의 장점은 생각을 정리하고 반추하며 반성하는 것일 텐데 나는 쓰지 않는다.

예슬 석 달에 한 번 정도 쓴다. 가끔 쓴다. 힘들거나 기쁜 추억이 있으면 내 입장에서 쓴다. 감정들만 쓴다. 누군가에게 말하기는 어렵지만, 일기장에는 다 털어놓을 수 있다.

하연 일기를 쓰긴 쓰는데 1주일에 3~4번, 특별한 일상이 있다면 쓴다. 쓰면 하루를 돌아보는 것. 말로 하기는 좀 그렇지만 기록으로 남겨놓고 싶을 때 좋다. 단점은 그날 하루가 우울했다 싶으면 쓰는데, 쓰고 있으면 더 슬퍼진다는 점이다. 기록을 좋아하는데 20분이면 쓴다. 모아서 읽어보는 재미가 있다.

지수 예전에는 살짝살짝 썼다. 우울할 때가 많았는데 그럴 때 아무 생각 없이 썼다. 일기를 쓰면서 성격이 긍정적으로 변했다. 일기가 나에게는 거울이 됐다.

지원 우리 집에서는 일기를 쓸 수 없다. 우리가 세 자매인데 일기에 비밀을 적으면 털린다. 하지만 남의 일기 보는 건 좋아한다. 할머니가 쓰신 육아일기를 보면 마음이 따뜻해진다. 이순신도 자기 일기가 털렸는데, 죽어도 죽은 게 아닌 느낌일 것 같다.

J샘 그럼 남의 비밀을 터는 장본인이 바로 지원이구나.

선주 안 쓴다. 초딩 때까지는 썼다. 중딩 때도 써봤다. 일기 쓰면서 너무 감정적으로 변한다는 것을 느꼈다. 일기 쓰면서 기분이 안 좋았다. 그래서 안 쓰려는 편이다. 써도 처다보지 않았다. 시간 낭비라는 생각이 들었다. 좋은 점은 반성할 수 있다는 것.

J샘 우리가 올리는 인스타 게시물, 스토리도 일기가 될 수 있다. 일기를 너무 어렵게 생각할 필요는 없다. 그런 기록이 여러분에게 어떤 영향을 주는지 생각해 보자. 나는 싸이월드 세대다. 싸이월드에 쓴 일기가 지금도 남아 있다. 그거 생각하면 조금 부끄럽지만, 그 시절을 기억하게 해주는 소중한 기록이더라.

4
나누면 많아진다

SNS에 진짜 나를 올리자. 나는 무엇인가? 나는 누구인가? 나의 본질은, 나를 이루고 있는 것들은 무엇인가? 내가 소유하고 소비하는 물건과 포토존에서 찍은 사진들이 나인가? SNS에 진짜 나를 올리고 공유하고 함께 성장하자. 기록은 나누기 위한 것이다.

SNS의 위대함은 작은 개인이 큰 무언가를 만들어 낼 수 있다는 것이다. SNS가 없었다면 그레타 툰베리(Greta Thunberg)는 그저 작은 시골 소녀로 살아갔을지도 모른다. 여러분의 손에는 가공할 만한 무기가 있다. 그것을 어떻게 사용할지는 여러분의 마음에 달려있다. 여러분은 이 챌린지를 통해 무엇을 남기고 싶은가?

우리는 무엇을 할 수 있을까? 순티아고 순례길을 걷는 많은 사람이 즐길 수 있는 챌린지를 만들어 보자. 챌린지는 여러 가지 방법으로 만들 수 있다.

이순신 챌린지, 내가 만든다, SNS는 간단한 노력으로 사람들에게 큰 영향을 미칠 수 있다. 그 특징을 살린 활동이 챌린지다. 챌린지(Challenge)의 사전적 의미는 '도전'이다. 최근에는 사회·문화적인 용어로 많이 쓰이는데, 다양하게 창조한 콘텐츠를 많은 사람이 함께 즐기는 방법이다. 문화콘텐츠의 단순한 소비자를 넘어 새로운 콘텐츠 생산자로의 역할이

가능해졌다. 나아가 챌린지는 문화콘텐츠를 즐기는 방법뿐만 아니라 공익 목적의 다양한 활동에서도 활용된다.

우리 여정을 여러분의 SNS에 남겨보자. 공개하고 싶지 않다면 나만의 특별한 공간에 남겨도 좋다. 그 기록은 『난중일기』만큼 소중한 자료가 될 것이다. 여러분이 남길 기록에 아래 요소를 담아보자.

- 이순신을 상징하는 노래를 배경으로 춤을 만든다.
- 이순신을 연상하는 손 모양을 만들어 사진으로 인증한다.
- 걷기 어플로 '순티아고 순례길 걷기 22' 챌린지를 만든다.
- 연극 뮤지컬 영상 만들기: 대본 쓰기, 배역과 스태프 정하기, 연습, 공연 영상 촬영 및 편집, 감상 후 소감 나눔.
- 유적지와 문화재의 현재 모습을 관람하고 아쉬운 점이나 대안을 토론하고 의견을 나눈다.
- 여정 장소를 스쳐 지나가는 곳이 아닌, 머물러 살펴보고 사색하는 곳으로 만드는 아이디어를 모은다.
- 유적지 주변 가꾸기 의견 모으기: 읽고 싶은 안내문, 벤치, 나무 그늘, 꽃, QR 코드 해설 연결, 방문 스탬프 등을 주제로 토의한다.
- 자신의 풍경 스케치와 시 작품을 공유한다.
- 디지털 디톡스, 휴대폰 없이 걷기에 도전한다.
- 비석의 비문을 탁본하고 풀이해서 공유한다.
- 주제 토의-질문과 주제 만들기
- 굿즈 디자인 대회: 걷기에 필요한 용품을 디자인해서 심사하고 우수작은 시상한다.
  분야: 모자, 마스크, 스카프, 팔토시, 장갑, T셔츠, 수건, 손수건, 텀블러, 수첩, 일기장 등

시상: 아름다운 디자인상, 창의적 아이디어 상, 인기상

- 오늘 노정 중 가장 예쁜 SPOT! (사진, 글)
- 오늘 노정 중 눈에 띄는 가게는? (사진, 글)
- 오늘 걷기 중 얻은 영감. (글, 웹툰, 영상)
- 내가 만든 이순신 22일 챌린지 (사진, 영상)
- 영상 촬영: 자연 풍경 원경과 근경, 마을 건물 포함 풍경, 이정표와 표지판, 유적지 안내판, 걷는 사람들의 표정과 전체 분위기
- 블로그 페이스북 인스타그램 게시물 만들어 공유
- 이순신 게임 만들기

게임 스토리 예시

우리가 자주 즐기는 게임에는 저마다 스토리가 있다. 스토리는 사실에 기반해 작가의 창의성을 가미한 것으로, 게임의 재미를 극대화하는 요소가 된다. 게임을 좋아하는 우리가 게임을 만들어 보는 것은 어떨까?

내가 느낀 이순신은 어떤 사람이며, 그의 인생 목표는 무엇이며, 이순신을 가로막는 것은 무엇일까? 그리고 이순신을 도와주는 존재는 무엇일까? 위 요소를 고려해 이순신을 주인공으로 한 게임 스토리를 만들어 보자.

〈구성〉

1. 이순신의 성격

이순신은 참군인으로, 융통성은 없지만 원리 원칙을 철저하게 지키려 한다.

2. 이순신의 인생 목표

이순신은 평화로운 나라에서 가족과 행복하게 살고 싶다.

3. 이순신을 가로막는 것

원균, 선조, 일본군, 그의 강직한 성격

4. 이순신을 도와주는 존재

배, 책, 활쏘기 실력

5. 게임 스토리

왜적의 침입을 막고 있는 이순신, 그의 꿈은 단 하나, 가족과 행복하게 살아가는 것이다. 그러기 위해서는 왜적을 모두 쫓아내야 한다. 하지만 원균, 선조는 이를 도와주기는커녕 방해만 한다. 이순신의 성격도 한몫한다. 현실과 조금만 타협하면 쉽게 갈 수 있을 텐데. 이순신은 자신의 실력을 쌓는 데 집중한다. 책 읽고, 활쏘기 실력을 키우고, 바다에서 싸우기 위한 전선을 만든다. 그렇게 이순신의 여정이 시작되는데….

〈나만의 이순신 게임〉

1. 이순신의 성격
2. 이순신의 인생 목표
3. 이순신을 가로막는 것
4. 이순신을 도와주는 존재
5. 게임 스토리

& 생생 톡 10대가 말한다 ❼

이순신길과 바다 만들기

J샘 이순신길, 이순신 바다를 만드는 것을 어떻게 생각하는가? 찬성하는가? 반대하는가?

태율 반대. 남해를 이순신 바다로? 이순신의 상징성을 경제적으로 이용하려는 듯하다. 남해는 너무 넓다. 상징성을 띠려면 면적이 어느 정도 좁아야 한다. 행정력 낭비가 될 것이다. 애국정신을 일깨우려는 것은 좋다. 정치적으로 표 얻기 위한 목적인 것 같다.

지수 반대. 이순신이 대단하고 위대한 분 맞다. 하지만 길, 바닷길에 장군의 이름을 붙인다는 것은 뭔가 기준을 해친다. 원래 지명이 있는데 이런 식으로 바꾸면 여기저기 다 바뀌지 않을까?

윤재 나는 찬성. 이순신 장군의 업적을 기리는 것이기에 장군님도 행복하고 보람 있게 여길 것이다. 외국인들이 관광 왔을 때 이순신이라는 키워드로 우리 역사를 알릴 수 있다.

선주 반대. 이순신이라는 이름을 붙이면 상업적으로 이용될 것 같다. 오히려 이순신으로 빙의해 봤을 때 원하지 않을 것 같다. 옳은 일이 아니라고 생각할 것 같다.

지원 찬성. 외국인들이 관광 온다면 보통 이런 도시는 안 오는데, 지역경제 개발 목적으로 그런 사업이 필요하다. 외국인들이 관심 갖고 여행 올 수 있을 것이다. 역사적으로도 널리 알릴 수 있는 키워드가 될 것 같다.

예슬 찬성. 우리나라가 역사를 그렇게 중요하게 여기지 않는 것 같다. 하지만 이런 계기로 역사의식을 기를 수 있다. 상업적 이용이긴 하다. 하지만 이를 통해 지역 경제가 발전할 것이다.

나경 찬성. 우리 역사를 외국인에게 알릴 수 있다. 자랑스럽다.

윤호 잘 모르겠다.

태율 난 반대했는데 찬성하는 이유도 있다. 세계의 해전 영웅으로 이순신과 넬슨이 있다. 이순신의 이름으로 길과 바다를 만든다면 밀덕들에게는 성지가 될 것이다.

지원 이미 상품화가 많이 되어 있을 것이다. 다른 나라에서도 그렇게 한다.

예슬 상품화해야 유명해진다. 바다와 연결됐으니 얼마나 예쁘겠냐?

지원 요트, 크루즈로 연결하면 예쁘겠다.

선주 하지만 이렇게 발전되면 자연환경에 지장이 있을 것이다. 개방하는 것인데, 추가적인 자연 파괴가 있을 것.

태율 상품화는 옳을 수 있다. 범위를 어디까지 할 것인지가 문제다.

예슬 굵직굵직한 곳을 상품화하면 되지 않나!

태율 거북선 모형을 몇억 들여 만들었는데 상품 가치가 없어져서 처치 곤란한 상황이 되었다는 이야기를 들었다. 처음에는 유행처럼 좋아할 수 있다. 그런 점이 문제다.

윤재 역사는 기억되어야 한다! 그러니까 이런 사업을 해야 한다.

지수 역사를 기억하기 위해 이순길 길과 이순신 바다를 만들고자 하는데, 본질적 목적을 생각해야 한다. 길, 바다는 엄청 길다. 이순신만 보고 다른 것은 못 볼 것이다.

지원 산티아고 순례길을 보면 많은 사람이 다니더라. 우리도 그렇게 할 수 있을 것이다. 역사적 유물을 길에 배치하면, 이를 관리하기 위해 청소도 하니까 환경이 더 좋아지지 않을까?

태율 상품화되면 또 문제가, 나쁜 사람들이 나온다는 것이다. 그런 걸 관리하기 힘들다. 나라의 위상이 떨어질 수 있다.

윤재 이순신 바다라는 키워드를 만들면 한국인의 열망이 커지면서 일본의 오염수 방류 문제에도 의견이 모아질 것 같다.

태율 일본에 이순신을 거대한 괴물로 만들어 등장시킨 전통 연극이 있다. 이순신 바다를 만들면 일본에서도 많이 보러 오지 않을까?

나경 그 근처 바닷가에 이순신 장군의 업적을 스토리텔링하여 알리면 상품성의 문제가 아니라 역사를 알리는 식으로 할 수 있지 않을까? 예를 들면 '거북선의 길.'

J샘 역사는 무엇이고 역사를 왜 배울까? '이순신길', '이순신 바다'는 역사를 이용하는 것이다. 누가 어떤 목적으로 이용하는지가 문제다. 사람마다 생각이 다를 것이다. 역사 속 한 인간인 이순신을 제대로 볼 수 있게 하는 작업인지 아니면 오히려 방해하는 요소가 되는 건 아닌지… 후자가 되지 않기를 바란다. 여러분도 고민해 보면 좋겠다. 이순신은 자신을 소재로 이러한 논의가 진행되는 것을 어떻게 생각할까?

태율 ESTJ의 특징은 자신을 다른 시선으로 객관적으로 보려고 노력한다는 점이다. 이순신이 본인을 객관화하여 내가 정말 영웅일까? 다른 사람들도 나라를 지키기 위해 목숨을 바친 사람이 많은데 내 이름이 쓰이는 게 괜찮을까? 하는 의문이 들 것 같다.

지원 논의되는 것을 꺼릴 것 같다. 본인 때문에 논란이 일어나는 것을 좋아하진 않을 것 같다.

나경 '그럴 필요까지는 없는데~~~ 해주면 고맙고~~~~ 이렇게까지 날 좋아할 줄은 몰랐네~~~' 이러실 것 같다.

윤재 좋아할 것 같다. 나라를 위해 죽은 것이 억울해서라도 뿌듯해할 것 같다.

지수 좋을 것 같다. 나라를 위해 한 행동이 많은 분이다. 더 좋은 나라를 만들기 위한 일로 생각할 것 같다.

선주 안 좋아할 것 같다. 군인. 정말 멋진 일을 했다. 이분은 그것만으로도 할 도리를 다하고 명예롭게 죽었다고 생각할 것 같다. 이분 외에도 목숨을 바친 위인은 많다. 이분한테 넓은 면적에 이름을 쓰는 것은 문제가 생길 것 같다. 굳이? 날?

예슬 정의를 위해 살아간 분. 사람들이 이곳에서 무엇을 하는지, 의미 있는 활동을 하는지 볼 것 같다. 즐기기도 잘 즐기고 공부도 하고. 자신으로 인해 사람들이 평안을 얻고 자기만의 길을 찾아간다면 장군님도 좋아하시지 않을까?

토론 카페, 카페 토론!

나는 너, 너는 나, 우리가 되는 경험.

공부하고, 질문하고, 대화를 나누는 목적은 서로 사랑하기 위해서다. 나는 다른 존재를 얼마나 알고 있을까? 인간에게는 대화와 토론이라는 기술이 있다. 인간이 지닌 가장 창조적이며 따뜻한 기술이다.

순티아고 순례를 준비하는 순간부터 우리는 길벗이다. 이 공간에서 이순신과 우리 역사를 공부하자. 질문하고 토론하며 우정을 나누자. 우리가 함께할 수 있는 일이다. 어떤 놀라운 일이 일어날지는 아무도 모른다.

여기 이런 모양의 카페를 하나 만들었다. 이순신, 순티아고 순례길, 명량 챌린지, 독서와 필사와 글쓰기에 관한 것, 아니, 그냥 명량 10대에 관한 것이라면 뭐든지 나눌 수 있다. 우리는 우리니까!

제3장

골라 걷는 재미 22

★

1, 2장에서 책을 읽고, 영화를 보고, 짐도 꾸렸다. 이제 길을 나서자. 걸어서 명량까지, 명량 챌린지 출발! 이순신길, 조선수군 재건길, 순티아고 순례길 출발! (앗, 순티아고는 '이순신+산티아고'로, 저자가 만든 조선수군 재건길 애칭이다. 곧 산티아고에 준하는 세계적인 길이 될 거라는 염원을 담았다.)

알아두기:

1일~22일 2) '여기 멈춤'의 장소와 주제를 다음 기호로 구분한다.

- # 이순신 임진왜란 정유재란 조선수군 유적지에서 걸음을 멈추고 자세히 본다.
- ∞ 타임리프 『난중일기』. 그 장소에 해당하는 『난중일기』를 인용했다.
- @ 지리적 의미가 있는 곳. 최소한의 정보를 인용한다.
  ∵검색하면 다 나오니까. 그대는 검색의 달인!
- ◇ 인문적(문학·역사·철학)이고 문화·예술적 의미가 있는 곳을 찬찬히 들여다본다. 조선수군 재건길 여정에서 조금 벗어난 곳도 있다.
- ☆ 관광지. 觀-볼 관, 光-빛 광. 밝고 환하게 빛나는 곳을 구경한다.
- ^ 하자. 해보자. 10대 청소년들이 즐겁게 할 수 있는 활동을 예시한다. 더 재미나고 의미 있고 신박하고 멋진 활동을 창안하여 공유하자.
- § 글쓴이의 사적인 기억과 견문과 일기. 분량은 들쭉날쭉 그때그때 다르다. 그대의 경험과 감상과 스토리를 여기 더해보자.
- ♪ 타임리프 레트로 플레이리스트, 여정과 어울리는 노래, 뭉친 종아리 근육을 조금은 말랑말랑하게 만들어 줄 노래, 마음이 순해지는 어쿠스틱 곡들이다. 가만히 귀 기울여 듣다 보면 취향의 범위가 확장될 것이다.
- ! 필사 와플 한 장, 좋은 글 한 장 필사하기다. 가끔은 김치전이나 피자 느낌의 글로 선정했다. 필사는 손으로 하는 독서, 정독 중의 정독, 최고의 독서법이다. 한글 프로그램을 열고 자판을 칠 수도 있지만 그래도 손으로 필기구를 꾹꾹 눌러서 공책에 써보자. 오늘부터 1일이다. 내일부터 아니고 오늘부터다.
- O 아침 명상 한 잔, 모닝페이퍼 한 장. 아침에 떠오르는 단어와 문장을 기록한다.
- ◎ 이순신은 난중일기, 나는 나중일기(나의 소중한 일기), 사소한 기록이 나중에 위대한 역사가 된다. '나는 오늘'로 시작하는 오늘 일기다.

1

조선수군 재건 구상길(진주-하동-구례 석주관)

- 다시 삼도수군통제사

백의종군 중이던 이순신은 지금의 진주시 수곡면 원계리에서 삼도수군통제사 임명 교지를 받고, 하루 만에 구례에 도착하여 수군 재건을 구상하고 병사를 모은다.

모든 일은 시작 전에 빈틈없이 계획을 세워야 한다. 밑그림을 상세하게 그리고, 가상으로 미리보기를 하고, 수정 보완 후 신중하게 실행에 옮기면 바라는 성과를 낼 수 있을 것이다. 개인의 일도 그러할진대, 나라를 구하라는 대사(大事)에 더 말해 무엇할까. '조선수군을 재건하라!'

이제 그 길을 짚어 걷는다. 우리에게 주어진 과제는 바로 '조선수군 재건길을 재건하라!'

명량으로 가는 길 - 제1부 조선수군 재건 구상길

https://www.youtube.com/watch?v=fEFJTBpRUJA

고뇌하는 이순신 상

1일

진주시 수곡면 손경례 집 ~ 하동군 횡천면 행정복지센터

가벼운 소재 배낭에 최소한의 짐을 꾸려 등에 메고, 가슴 속에는 굳게 다진 뜻을 품고, 운동화 끈을 단단히 묶는다. 천 리 길도 한 걸음부터다. 시작이 반이다. 진주에서 진도까지 명량 챌린지 22개 전 구간은 501㎞, 1250리, 천 리가 넘는다. 완주하면 다시 이전으로 돌아갈 수 없는 다른 '나'가 된다.

조선수군 재건길을 준비하면서 책 읽고 사진 자료를 보고 유튜브 영상으로도 미리 봤지만, 현장의 실제 풍광을 체험하는 생생한 감흥을 기대하며 출발한다. 사진과 영상에는 다 담기지 않은 산하의 아름다움이 눈 앞에 펼쳐질 것이다. 이순신과 장수들과 의병들의 기개와 절의에 심장이 뛰고 가슴이 웅장해질 것이다.

이제 나는 걷는다. 나의 아름답고 소중한 시기 10대, 새 역사를 연다.

1) 여정

진주시 수곡면 원계리 손경례 집–진배미 유지–옥종면 강정–용연사–옥종 전통시장–화정마을–방화마을–황토재–행보역(여의마을)–횡천면 행정복지센터: 22㎞

2) 여기 멈춤

 # 손경례 집

∞ 타임리프 『난중일기』 1597년 8월 3일(양력 9월 13일) 맑음

이른 아침 선전관 양호가 뜻밖에 들어와 교서와 유서를 주었다. 내용은 '삼도수군통제사를 겸하라'는 명령이었다. 숙배하고 삼가 받았다는 서장을 써서 봉해 올렸다.

이순신이 삼도수군통제사 재임명 교유서(敎諭書)를 받은 곳이 진주시 수곡면 원계리 손경례 집이다. 소중한 역사의 현장이 보존되어 있어 오늘 우리가 답사할 수 있으니 다행하고 감사한 일이다. 이는『난중일기』라는 기록이 남아 있기에 가능한 일이다.

임진왜란에 조선 수군을 이끌며 일본군에 연전연승을 거두던 이순신도 주위의 모략 등으로 삼도수군통제사직을 박탈당하고 백의종군의 굴욕을 겪었다. 이순신이 백의종군 중일 때 원균이 이끌던 정예 조선 수군은 칠천량 해전에서 전멸에 가까운 참패를 했다. 이에 다시 삼도수군통제사로 임명된 이순신은 명량에서 극적인 승리를 거두어 일본군이 호남은 물론 조선의 바다를 넘보지 못하도록 막았다.

일촉즉발 위기에서 조선을 구한 명량대첩은 진주시 수곡면 손경례 집에서 시작했다고 할 수 있다. 430년 전 그날은 음력 8월 3일. '역사문화 체험하자' 샘들은 2023년 8월 3일(양력)로 날짜를 맞춰 출발했다.

조선수군 재건길 걷기 대장정, 우리의 명량 챌린지도 여기서 출발한다.

손경례 집

⑤ 손경례 집은 원계리 마을 안쪽에 호젓이 들어앉아 있다. 대문을 열어 돌로 괴어놓고 아담한 마당으로 들어선다. 나무 그늘이 우거져 서늘하다. 토끼풀, 질경이, 쇠비름—여름풀이 무성하게 어우러졌다. 감나무에서 풋감이 떨어져 발길에 으깨진다. 토방 위에 올라서서 사방을 둘러본다. 그의 눈길이 머물렀을 곳, 그의 발길이 닿았을 곳을 짐작하며 뒤뜰을 한 바퀴 돌아본다. 나무 마루에 앉아도 본다.

어떤 광경은 오히려 눈을 감아야 보인다. 430여 년 전 그날 바로 이 자리에서, 장군이 왕명 교유서를 받는 장면을 눈감고 그려본다. 바로 이 공간, 넓지 않은 마당에 모인 사람들과 여기서 울린 소리와 의식을 상상해 본다. 조촐하나 한편 장엄하고, 높은 직을 임명받는 자리임에도 분위기는 비감했으리라.

우리 '역사문화 체험하자' 선생님들은 조선수군 재건길 답사 대원 임명장도 받고 대장님의 해설을 들으며 간소한 출정식을 한다. 무슨 일에나 진정성을 담은 의식은 필요하다. 아는 만큼 사랑하는 만큼 보이는 법, 먼저 연구하고 답사한 선생님의 해설을 현장에서 들으니 가슴이 뜨거워진다.

자, 이제 대문을 나서야 하는데 뭔가 아쉬워 머뭇거리며 뒤를 돌아본다.

'집을 조금 단장하고, 주변 뜰을 조금 다듬었으면…, 벽에 걸린 편액에 먼지를 좀 닦았으면…. 그냥 가지 말고 잠시 머물며 청소라도 할 수 있었으면…,'

마음은 그러하지만 정해진 일정이 있으니 다음을 기약하고 출발한다.

^ 명량 챌린지 첫날. 깜짝 출정식을 하자. 명랑 10대답게 자유롭게 멋지게 독창적으로 해보자. 플래시몹도 좋고, 이날의 난중일기 내용을 촌극으로 만들어 즉흥 공연을 해도 좋겠다. 모둠별 반별로 깃발을 그리고, 구호를 만들고, 노래도 정하자.

(손을 들어 경례하고) 명랑한 출정식을 하자. 조선수군 재건길 첫발을 내딛는 출발지 손경례 집이다. 웅장하게 지은 기념관도 아니고 특별한 유적이 있는 것도 아닌데 이상하게도 오래 기억에 남을 것이다.

■ **알놀Q** 손경례 집 마당에 있는 '삼도수군통제사 재수임 비문'을 소리 내어 읽어보자. 한자로 쓰여있으니 천천히 더듬더듬 읽자. 세 번쯤 반복하면 낭랑하게 낭독할 수 있으리라.
표의문자인 한자는 잠들어 있는 우리 우뇌를 깨운다. 한자를 배우고 낭독하고 암송하는 데 열심을 내보자. 역사 현장 답사는 오감 자극 융합 체험이다.

■ ^ **잠깐!** 이 책에서 난중일기나 유적지 해설 내용 중 생소한 단어가 나오면 바로 사전을 검색한다. 검색의 달인! 물론 궁금한 것은 동행하는 선생님께 바로 질문해도 좋다. 질문의 달인! 공부는 의문과 질문에서 시작한다.

 # 진배미 유지

∞ 타임리프 『난중일기』 정유년 7월 29일

냇가로 나가 군사를 점검하고 말을 달렸는데 원수(도원수)가 보낸 군대는 모두 말도 없고 활에 화살도 없으니 소용없었다. 탄식할 일이다.

'진배미'는 군사를 점검한 곳이라는 의미다. 임진왜란 때 이순신이 말을 달리고 군사들을 훈련시키던 곳이다. 백의종군 노정의 마지막 장소이기도 하다. '이충무공 군사훈련 유적비'에 새겨진 이은상의 비문이 비감하다.

여기가 어디매요. 다시 일어선 우리 님이
군사를 거느리고 말 달리던 곳이기에
귀하고 거룩한 터다. 자손만대에 전하리라.
여기가 어디매요. 우리 님 장엄한 모습
덕천강 언덕머리 지금도 들리는 호령 소리
끼치신 발자국 앞에 옷깃 여미옵니다.

^ 눈 감고 말발굽 소리를 들어본다. 비문을 낭독한다.
출발을 재촉하지 말자. 우리는 머문 시간만큼 배우고 느낀다. 할 수

있는 것을 모두 해보자, 천천히.

§ 진배미 유지(遺址) 일대는 비닐하우스로 뒤덮여 있다. 딸기재배단지다. 딸기밭이 되어버린 진배미 유적지라니.

작은 규모라도 승마장과 활터를 마련해서 청소년들이 직접 체험해볼 수 있으면 어떨까. 답사 온 청소년들이 진배미 현장에서 이순신과 군사들의 심정으로 승마와 활쏘기를 해보면 재미있을 텐데 아쉽다.

눈 감고 귀 열어 들판에 울리는 장군의 호령 소리를 들어본다. 거침없이 달리는 말굽 소리도 상상해 본다. 그렇게 잠시 숨을 고르고 430년을 거슬러 시간여행을 한다. TV에서 본 사극이나 영화의 장면을 벗어나기는 어렵겠지만 거기에 자신만이 그릴 수 있는 장면을 더해보자. 거기서 더 나아가 430년쯤 후 미래의 어느 날 이곳 모습도 상상해 본다. 그때는 또 어떤 모습일지….

 # 옥종면 강정

∞ 타임리프 『난중일기』 1597년 7월 20일 종일 비가 내렸다.

낮에 진주 정개산성(하동 종화리) 아래 강정(하동 문암리)으로 갔다. 진주 목사(나정언)가 와서 만났다. 굴동(하동 문암리) 이희만의 집에서 잤다.

날짜 날씨 지명 인명 행적 등 상세한 기록의 힘은 시간을 초월하여 생생하게 현장을 전한다.

우리도 오늘부터 기록을 남기자. 나의 시간, 나의 생애는 소중하니까. 수첩이든 디지털 기기든 자신이 좋아하는 걸로 휴대하고 다니며 언제 어디서든 사소한 것이라도 기록해 보자. 어떤 방식이든 괜찮다. 기록은 무미한 일상을 선명하고 찬란한 색으로 채색하는 일이다, 또한 매일 매 순간을 두 배로 의미 있게 사는 일이 아닐까?

원균의 칠천량 전투는 생각할수록 분하고 안타깝다. 이는 또한 역사에서 우리가 배우고 깨달아야 할 부분이다. 역사를 단지 지나간 일로 여기지 말고 배워야 하는 이유이기도 하다.

옥종면 강정은 이순신이 도원수 권율 휘하에서 백의종군하다가 정유년(1597년) 7월 16일 원균이 이끄는 수군이 대패했다는 소식을 듣고 합천(율곡)을 떠나 전황을 살피기 위해 오가며 잠시 휴식을 취했던 곳이다.

이순신 장군은 합천을 떠난 지 이틀 뒤인 7월 20일 이희만의 집으로 가다가 이곳에서 진주목사와 만나 대책을 숙의했다. 또 노량과 곤양의 전황을 살핀 뒤 이홍훈의 집에 머물던 7월 26일 이곳에서 정개산성에 주둔하던 종사관 황여일과 진주목사와 함께 이야기를 나누었다.

이희만 이홍훈 황여일, 이런 인물들의 생애도 궁금하다. 마음을 나누며 어려운 시절을 함께한 동행이다. 이순신을 연구하는 역사가들의 자료를 찾아보면 자세한 내용을 충분히 알 수 있으리라.

 # 행보역(여의마을)

∞ 타임리프 『난중일기』 1597년 8월 3일(양력 9월 13일) 맑음

바로 길을 떠나 곧장 두치로 가는 길, 초경(밤 8시경)에 행보역(횡천면 여의마을)에 이르러 말을 쉬게 했다.

삼경 말(새벽 1시경) 길에 올라 두치에 이르니, 날이 새려고 했다.

남해 현령 박대남은 길을 잃고 강가의 정자로 잘못 들어갔기에 말에서 내려 불렀다.

‘역’은 공문서를 이어 전달하고 공무로 오가는 벼슬아치들에게 말을 제공하던 곳이다. 행보역은 조선시대 하동군의 역 중 하나다.

‘이순신 장군 머문 곳’이라는 안내판이 키 큰 소나무와 커다란 바위를 벗하여 서 있다. 이 평범한 풍경이 그가 머물던 곳이라니, 그의 발길이 머물렀을 곳을 가만히 밟아본다. 눈길이 머물렀을 곳을 바라본다. 저 소나무는 그날의 장군 일행을 보았을까? 바윗돌은 그때도 이 자리에 있었을까?(나중에 이곳을 기념하기 위해 가져다 조성해 놓았으리라.) 가까이 정자가 있다. 우리가 가는 곳마다 배낭을 내려놓고 쉴 수 있는 정자가 있을 것이다. 마을 입구나 들판 가운데, 그동안 지나다니면서 무심히 넘겨 보았을 정자의 고마움을 알게 될 것이다.

§ 푸근하고 정겨운 남도 땅, 둥그스름한 산등성이와 아늑한 골짜기마다 다정하게 모인 마을 어귀마다 나이 많은 당산나무와 정자가 있다. 팽나무나 느티나무는 마을의 오랜 수호신이고, 시야를 가로막는 벽 없이 지붕과 기둥으로 지은 정자는 나그네든 주민이든 가리지 않고 맞아준다.

처음엔 기둥에 기대어 잠시 다리만 쉴 요량이었다. 무겁고 답답한 신발을 벗어보니 발이 시원하다. 두툼한 양말을 벗으니 날아갈 듯이 가볍다. 마루청에 올라 두 다리를 뻗으니 온몸이 편안해진다. 배낭을 베개 삼아 베고 누워본다. 누워서 올려다보는 하늘에 목화솜 같은 구름이 가득하다. 장엄하다. 얼굴 위로 불어 가는 바람 한 줄기가 천금 만금이다. 고마운 정자님이다.

장군 따라 의병으로 나선 백성들도 긴 노정에 얼마나 힘들었을까? 때로는 이렇게 길가 풀밭에 누워서 하늘의 구름을 바라보며 향수를 달래고 몸을 쉬었겠지. 그 풍경으로 들어가 그 심정이 되어본다.

^ 해보자. 마을 정자에 누워 낮잠 자기. 열린 공간 정자 마루에 등을 대고 누워보자. 잠시라도 진정한 노마드 방랑자의 자유로운 심정이 되어볼 일이다. 경계를 풀고 마음을 내려놓고 자연과 하나 되는 일이다. 자연 그 자체가 되는 일이다.

3) 디저트 카페

들어보고 때로는 따라 불러볼 노래 목록, 낭독하고 필사하면 좋은 시와 문장, 아침저녁에 일기 쓰기까지 달콤하고 쌉싸름하고 비장한 후식 상차림 한 상이다. 몸에 좋은 필수영양소는 기본이다.

♪ 플레이리스트

걷기에 음악이 없을쏘냐? 플레이리스트를 함께 만들어 가자.

〈길〉 GOD

'이 길 끝에서 내 꿈은 이뤄질까.'

GOD의 〈길〉을 출정가 삼아 부르며 조선수군 재건길 501㎞ 대장정을 시작하자. 첫날 첫 발걸음에 가사의 의미를 새기며 부르기 좋은 노래다.

꽹과리나 북을 준비하여 드럼 반주에 콜라보 장단을 얹으면 어떨까. 흥과 힘을 돋우는 우리 악기의 맛과 멋을 알게 될 것이다. 말굽 소리와 호령 소리 울리던 진배미에서 한바탕 춤과 노래로 뮤비를 촬영하는 것도 좋겠다.

■ **알놀Q** 우리 전통 음악을 연주하는 사물 악기는 각각 대기의 기후 현상을 상징한다. 징은 바람, 쇠는 천둥, 북은 구름이다. 장구는 어떤 현상을 상징할까?

〈함께 가자 우리 이 길을〉 김남주 시

함께 가자, 셋이라면 더욱 좋고, 둘이라도 함께 가자~~. 무릇 길이란 함께 가는 것, 멀고 험한 길이라면 더욱 여럿이 함께 가야지. 어떤 노래는 듣는 것만으로도 힘이 솟는다.

펜을 무기로 독재와 싸운 전사 김남주 시인은 이순신과도 닮았다. 아무도 알아주는 이 없어도 자신의 신념과 자신만의 방식으로 죽음에 이르기까지 싸운 이순신, 두 사람은 시대와 공간을 넘어 같은 길을 간 사람이라 하겠다.

❗ 필사 와플 한 장 _

좋은 문장은 스스로 빛을 낸다. 종이 위에 적은 기호이고 활자일 뿐인데 읽는 순간 캄캄한 방에 전등을 켠 듯이 머릿속이 환해진다. 그 빛이 맘과 몸에 스며들어 나는 한 뼘씩 지혜로워진다.

필사, 좋은 줄 아는데 시작이 망설여질 때, 혼자 하기 어려울 때, 친구와 함께 모여서 챌린지!

오늘 첫날, 하루 걷기를 마치고 이제 필사하고 일기 쓰는 고즈넉한 저녁이다. 준비한 노트 두 권을 꺼낸다. 한 권은 필사를 위한 것이고 다른 한 권은 일기장이다. 그립감과 필기감 좋은 볼펜도 필요하다. 문구점에는 필사 전용 노트도 있다.

첫 필사는 장군의 시로 시작한다. 한자 뜻을 새기며 천천히 써보자. 그는 먹 갈아서 한지에 붓으로 썼다는 것을 기억하자. 명량 챌린지 첫날 저녁 필사와 일기를 적고, 숙소 마당에 나가 하늘 한 번 바라보고 잠자리에 든다. 피곤한 다리를 안마하고 꿈도 없는 깊은 잠을 자자. 새날이 올 것이다.

검명 劍銘	칼에 새긴 글
서해어룡동 誓海魚龍動	바다 향해 다짐 두니 어룡이 꿈틀
맹산초목지 盟山草木知	산 두고 맹세하니 초목도 아는 듯
	[홍기문(1955년 난중일기 한글 최초 번역자) 역]

호연지기가 전해지는 시, 무엇을 하든 이만한 각오로 바다와 산을 움직이는 다짐과 맹세를 정하여 세우자. 풀이도 멋지다. 역자 홍기문은 북한 국문학자로 「임꺽정」의 저자 홍명희의 아들이다. 「황진이」의 저자 홍석중의 부친이다. 대하소설 「임꺽정」도 독서 목록에 올려두자.

첫날이니 길에 관한 짧은 구절 하나 더 쓰자.

본시 땅 위엔 길이 없었다. 걷는 이가 많아지면 그곳이 곧 길이 되는 것이다.

중국 대문호 루쉰의 글이다. 그의 『아큐정전』, 『광인 일기』도 언젠가 꼭 찾아 읽자.

조선수군 재건길은 이순신이 처음 간 길이다. 내가 갈 길을 구상해 보자. 아무도 가지 않은 길, 내가 처음으로 열고 닦을 길은 어떤 길인가. 아무도 하지 않았지만 옳은 일이고 누군가 해야 할 일이 있다면 내가 하자. 그것은 뒤에 올 이들을 위한 넓고 단단한 길이 될 것이다.

◎ 아침 명상 한 잔, 모닝페이퍼 한 장

일기는 아침에도 쓸 수 있다. 하루를 여는 아침, 마음에 떠오르는 단어 3개를 적어 보자.(오늘은 집에서 출발하기 전에 적어야 했는데…. 내일 둘째 날 아침부터는 아침 일기를 적기로 한다.)

◎ (나의 소중한) 나중일기

그는 난중일기, 나는 나중일기. 나의 소중한 일기, 나중에 나의 역사가 될 나중일기다. 일기 쓰기 챌린지, 오늘부터 1일이다. 오늘은 첫날이니 단어 세 개만 쓰자. 많은 의미를 함축하고 상징하는 단어 세 개. 시작은 미미했으나 22일 후 그 마지막은 창대하리라. 22편의 장대한 다큐 서사시를 보면 얼마나 흐뭇하겠는가. 기대하시라!

§ 정이의 라떼 일기 훔쳐보기

(글쓴이 정이의 일기다, 몰래 읽는 재미!)

장군은 백의종군 도중 삼도수군통제사 재임명 교유서를 받는다. 그는 난중일기에 사실만 간단히 적었다. 왜 감회가 없었으랴. 일기에 기록하지 않은 그의 속마음을 헤아려 본다.

이순신의 능력과 인물됨을 알고 재임명을 건의한 김명원과 이항복이 있어 천만다행이다. 직위, 직책이나 보수에 연연하지 않는 사람, 능력과 자질을 갖춘 사람이 적절한 직책을 얻고, 맘껏 능력을 펼치고, 그 업적으로 인정받는 일은 예나 지금이나 이토록 어려운가?

주위 사람을 잘 알아보고 기회가 되면 용기 내어 추천할 일이다. 누구나 그렇겠지만 나 또한 나를 잘 알고 객관적으로 엄중하게 판단해 주는 사람과 함께 길을 가고 싶다.

직립보행하는 인간, 낮 시간 대부분을 의자에 앉아 있고 이동할 때마저 자동차 안에 앉아 있는 인간, 매일 걷기만 조금씩 더 해도 건강해지리라는 걸 알면서도 일상에서 왜 그리도 어려운지, 오늘을 계기로 매일 40분 정도씩 걷기를 해야겠다고 다짐한다.(일기에는 자못 통렬한 자기반성과 내일을 위한 다짐이 있어야지, 암.)

2일

하동군 횡천면 행정복지센터 ~ 하동군 악양면 평사리공원

'꽃길만 걸으라.'는 말을 자주 듣는다. 물론 상대방의 앞날을 축복하는 말이다. 그런데 그 말을 들을 때마다 슬며시 의문이 든다. 그 길에 꽃은 누가 심어주는 걸까, 너무 쉽게 하는 말은 아닌가. 꽃길만 있다면 그게 인생일까. 좋은 의미인 줄 모르지 않지만 어쩐지 조금 아쉽다.

하지만 오늘 가는 이 길은 꽃길이다. 해바라기 백일홍 수국 무궁화, 별을 닮은 보랏빛 도라지꽃, 어떤 이가 사는 집인지 담장 너머로 능소화도 늘어졌다. 꽃들은 모양 크기 빛깔 향기가 다 다르지만 서로 시샘하지 않고 미를 견주지도 않고 제각기 당당하다. 일정한 기준으로 얼굴이며 몸의 생김새를 비교하여 미추를 나누고 선후를 다투는 인간들의 아둔함이 새삼스레 부끄럽다. 여름꽃이 많이 피어 화사한 길을 지난다. 마을 담장 아래 도랑 가에, 논둑 밭둑에 꽃씨를 심은 마을 사람들의 노고에 감사하며 걷는다.

걷기 시작한 지 이틀째, 세상에 참 여러 가지 길이 있다는 걸 배운다. 아스팔트 포장길도 있고 소담한 마을길과 둑길도 있다. 살면서 꽃길만 골라 걸을 것인가. 험난한 자갈밭길 가시밭길 오르막길도 숭고한 의미가 있다면 기꺼이 나섰던, 그런 사람들이 있었다. 그분들 덕에 우리가 있고 오늘이 있을 터다.

서울과 대도시의 콘크리트 숲에서 사는 청소년들이라면 이 풍경을 어떻게 볼지 궁금하다.

길에는 꽃이 피었고 논에는 벼가 피었다. 아직은 모에 가까운 키 작은 어린 벼가 논에서 뜨거운 햇볕을 견디고 있다. 당시 장군의 눈에 논밭의 벼와 작물은 모두 백성과 병사들의 군량미로 보였으리라. 장군이 여기를 지날 때는 추수가 지난 때였으리라.

1) 여정

횡천면 행정복지센터–횡천역–원곡마을–양탕국 커피마을–공드림재–적량초등학교–하동역(폐역)–정호승 시인길–송림 공원–두곡마을–평사리공원: 22㎞

2) 여기 멈춤

✪ 공드림재 양탕국 커피문화관광농원

하동군 적량면 공드림재를 넘는다. 재는 고갯길이니 산을 넘어 이웃 고을로 이어진다. 사람들은 이 길로 장을 보러 가고, 보고픈 사람을 만나러 다녔겠지. 공드림재라는 우리말 이름이 애틋하다. 어떤 사연이 담겼을까, 어원은 무엇일까? 가파르게 올라가는 길이다. 하지만 곧 내리막길이 나오겠지. 우리네 인생이 그러하듯.

공드림재에 '양탕국 커피문화마을'이 있다. '양탕국'은 조선시대 개화기에 커피를 이르던 한자어다. 지금은 국민 음료가 된 커피를 서양에서 들어온 탕국(끓인 국물)이라고 표현했다. 그걸 상호로 삼다니, 주인장의 유머와 여유에 미소가 지어진다.

커피문화마을은 공드림재에 있는 산을 다듬어 기와집을 여러 채 짓고 펜션과 카페와 공장과 교육장을 운영한다. 직접 키운 원두로 로스팅하여 내린 커피를 직접 구운 막사발에 담아준다. 탕국이니까 컵이나 잔이 아닌 막사발에 담아주는가 보다. 산속에서 커피농장과 카페를 하면서 우리말 이름을 짓고 한옥 건물에서 우리 그릇에 담아내는 독특한 방식에서 주인장의 고집과 포부가 느껴진다. 솔숲 우거진 야산에 장인정신과 철학이 깃든 커피 왕국을 가꿔놓은 그의 뚝심과 추진력에 감탄하며 자기만의 길을 간 또 한 사람의 선구자 모습을 상상했다. 주인이 부재중이어서 여기저기 기웃거리다가 벤치에 앉아 전망을 내려다보며 쉬다가 일어섰다. 끝내 막사발 양탕국은 마시지 못했다. 언제 다시 여기 오게 될까? 아쉬운 마음 한 자락 남겨두고 하동으로 향한다.

(※커피는 성년 이후 마셔야 한다고 한다.) 커피에 대해서는 연구 이론이 많다. 마약으로 분류하는 사례도 있다. 발암물질로 보거나 반대로 암을 예방하는 물질로 보는 극단적으로 상반된 견해도 있다. 관심이 있다면 천착하여 연구해보는 것도 좋겠다.

§ 10대의 눈높이로 커피 농원을 바라보니 그 규모와 내용에 가슴이 설렌다.

농원 주인은 언제부터 이런 꿈을 꾸었을까. 주인을 만났다면 질문하며 인터뷰를 했을 터인데 아쉬웠다. 어떤 과정을 지나 지금의 이런 모습에 이르렀을까. 번화한 도시에서 이름난 외국 프랜차이즈 커피점을 할 수도 있지만 자신의 길을 걸어온 사람, 커피 왕국을 세운 사람이다.

청소년들이 인생의 봄 시기에 이런 모습을 본다면 자신의 인생 로드맵을 그리는 데 크게 도움이 되겠다. 커피가 아니라도 어떤 분야든 자신의 개성과 철학을 담아 한바탕 경영할 꿈의 밑그림을 그려보자. 꿈은 높고 넓고 클수록 좋다. 10대여, 원대한 꿈의 설계도를 그려서 빛이 바래지 않게 잘 간직하자. 때때로 꺼내 보며 방향 수정도 하자. 자연 속에 펼쳐져 있는 관광지에서도 우리는 배운다.

^ 양탕국 커피문화관광농원 주인 인터뷰 질문 준비하기, 나의 꿈 설계하기

■ **알놀Q** 우리나라에서 커피는 1896년 아관파천 때 고종이 처음으로 마셨다고 알려져 있다. 지금 우리나라는 세계에서 커피 전문점이 가장 많은 나라라고 한다. (? 중국 아닐까?) 세계에서 1인당 커피 원두 소비량이 가장 많은 나라는 핀란드라고 알려져 있다.
매일 아침 정확히 원두 60알을 세어서 커피를 마시며 하루를 시작한 유명한 작곡가가 있다. 누구일까?

@ 섬진강 데크길

강은 인류 문명의 발상지이자 인류의 생명줄이다. 인간뿐 아니라 모든 생명의 젖줄이고 동맥이다.

군졸 등 일행을 이끌고 섬진강을 지날 때 이순신은 어떤 심정이었을까. 지친 몸을 강물에 씻고 빨래도 하고 말에게 물도 마시게 했겠지. 당시는 음력으로 8월이니 양력으로는 9월, 그리 무덥지는 않았으리라. 오히려 서늘하지는 않았을까. 의병과 군졸들의 식량은 충분했을까. 초가을 경치는 어땠을까.

길은 강 따라 나란히 이어진다. 길은 끝없이 길어서 길인가. 길에 그 끝이 있는가. 있다면 길의 끝은 어디인가. 왜 사람들은 인생을 길에 비유할까.

이 기나긴 길을 데크길로 만들다니 대단하다. 사람들이 걷기 좋으라고 데크를 깔아 다듬었지만, 그렇다고 걷기가 수월한 것은 아니다. 날씨 때문이다. 어디선가 방송이 들려온다. "주민 여러분, 무더운 날씨에 야외활동을 자제하시고, 수분을 자주 섭취하시고…" 우리는 초인적인 이순신 정신으로 무장하고 앞으로 나아간다.

하동은 차의 고장이기도 하지만 문학 수도다. 하동에서 태어났거나 하동과 관련 있는 문인들이 많고, 국제 규모 문학 행사도 열린다. 지리산과 섬진강, 수려한 산수가 글을 길러내는가?

섬진강 길은 정호승 시인길이다. 도중에 시 「봄길」과 「내가 사랑하는 사람」이 새겨진 책 모양 시비가 있다. 벤치에 앉아 잠시 시와 소설을 읽고 메모도 하고 수면에 어리는 햇살도 바라보며 다리를 쉰다. 아무 일도 일어나지 않는 무미한 일상도 충분히 빛나고 아름답다고 일러주는 섬진강 물결도 마음으로 읽는다. 그러다 보면 일상에 지쳐 시를 잊고 살아온 이 누구나 시인이 되어 시 한 편을 손에 쥐고 하동 송림에 도착하리라. 여기서는 흡족한 시였는데 이 아름다운 길을 벗어나 다른 곳에서 읽어 보면 어딘가 이상할 수도 있지만 괜찮다. 우리는 모두 시심을 품은 시인이다.

이순신도 전쟁 중이라도 고적한 밤에는 한시와 시조를 써서 마음을 다스리던 시인이었다.

화사한 벚꽃에 마음 부풀어 오르는 짧은 봄, 초록 잎이 붉게 물들어 봄꽃보다 오래 달려있을 가을, 어느 계절이고 걷기는 좋으리라.

섬진강 따라 자전거로 달릴 수도 있다. 자전거길은 총 149㎞, 라이더라면 한 번쯤 달려 보았으리라.

섬진강 데크길

@ 송림 공원

1745년 하동 도호부사 전천상이 강바람과 모래바람의 피해를 막기 위해 심은 소나무 숲이 오늘까지 위용을 뽐내고 있다. 수령 50~300년의 노송 900여 그루가 모여있다. 나무 둥치와 줄기의 껍질이 거북등처럼 갈라져 있어 지나간 세월을 짐작할 수 있다.

소나무와 모래는 백사청송(白砂青松)이라 하여 평화와 청렴의 상징으로 여겨졌다. 은빛 모래벌판과 검푸른 솔숲의 모습이 유유히 흐르는 섬진강 맑은 물에 투영될 때 이곳을 지나는 시인 묵객들의 발길을 멈추게 했다. 여름이면 멀리서 가까이서 많은 사람이 찾아와 일상의 피로를 떨치며 풍류를 즐긴다.

송림 공원

^ 맨발 걷기를 한다. 송림 공원 톱밥길을 맨발로 걷는다. 트래킹화 안에서 웅크리고 시달린 발을 잠시 자유롭게 꺼내주자. 포슬포슬하고 바삭바삭한 톱밥을 밟으며 내 발을 느껴보자. 땅이 주는 에너지가 온몸으로 퍼지는 것이 느껴질 것이다.

송림 정자에서 오수 즐기기. 걷기보다 오수 이야기가 더 많은가. 어쩔 수 없다. 점심 먹고, 맨발 걷기를 하고, 또 정자에 누워 버렸다. 나이 300살 넘은 늠름한 소나무들이 푸른 기운을 내뿜는다. 누워서 올려다보니 그 기상이 드높고 기운차다. 우리 지친 나그네를 품어준 정자 씨, 고마워요!

@ **두치(두곡마을)**

∞ **타임리프 『난중일기』** 1597년 8월 4일(양력 9월 14일) 맑음

삼경 말(새벽 1시경)에 길에 올라 두치에 이르니 날이 새려고 했다. 남해 현령 박대남은 길을 잃고 강가 정자로 잘못 들어갔기에 말에서 내려서 불렀다.

두치는 현재 하동읍 두곡마을이다. 조선시대에 남해안과 섬진강 하구에서 올라온 배들이 정박하던 커다란 나루터가 있었다. 마을회관 입구에 소박한 표지석과 당산나무가 있다.

§ 아주아주 작고 예쁜 카페

어떤 공간 어떤 장소는 사람을 무장해제시키고 심성을 착하게 만든다. 건물이 너무 작아서 '공유도 모르고 지나갈 카페'라는데, 간판과 출입문이 예뻐서 나는 한눈에 발견하고 말았다. 동화책 표지 같은 초록빛 나무문을 열고 안으로 들어갔다. 마음이 순해진다. 그런 공간이 있다. 어느 청년이 그랬단다.

"여기는 착하게 살아야겠다는 생각이 드는 카페네요."

문득 학교의 교실 공간이 떠오른다. 교실과 도서관과 복도를 이렇게 다정하고 몽글몽글하게 만들 수 있을 텐데, 학교가 이렇게 예쁘면 '학교 ○○ 예방교육'도 '○○예방교육'도 필요 없을 텐데, 학교와 교실 공간을 떠올리면 늘 안타깝다.

만년 소녀 카페 주인장은 지인이 운영하는 식당도 소개해 준다. 영화 〈카모메 식당〉이 연상되는 곳이다. 조선수군 재건길 노정 곳곳에 이런 카페와 쉼터가 많이 있으면 좋겠다. 맛있고 깨끗하고 주인이 친절한 음식점도 많이 생겨야 한다. 산티아고 길에 순례자들을 위한 숙소 알베르게와 식당과 카페가 있듯이. 조선수군 재건길에도 사람들이 많이 찾아오면 식당과 카페와 숙소가 많이 생기겠지. 이제 곧 산티아고 순례길처럼 전 세계에서 찾아올 터인데 준비해야겠다.

동네 농부들이 농사지은 우리 팥을 삶아 허브 이파리로 장식한 신토불이 빙수를 먹었다.

나중에 카페를 열거나 인테리어 관련 일이나 소품 샵과 소품 디자인을 하려는 10대라면 이런 공간을 많이 답사하면 좋겠다. 아주 큰 규모의 양탕국 커피농원도 보고, 작고 작은 카페도 보고, 인생의 봄 10대에는 세상의 이모저모를 많이 구경해야 한다.

^ 지리산에 말 걸어보기, 우리 아픈 역사를 지켜본 지리산, 임진왜란·정유재란을 바라본 지리산, 이순신 장군과 의병들과 백성들의 분투와 고통을 알고 있을 지리산에게 역사의 의미를 묻고 답을 들어보자. 나는 무엇을 하며 어떻게 살아가야 할까.

3) 디저트 카페

♪ 플레이리스트

〈커피 칸타타〉 J. S. 바흐

〈무반주 첼로 모음곡〉으로 사랑받는 바흐는 커피 애호가. 근엄한 인상을 주는 음악의 아버지가 이렇게 유머러스한 칸타타를 작곡했다니! 작곡가의 숨은 이야기를 알고 들으면 음악과 더욱 친해질 수 있다. 고전주의 음악부터 감상법 첫걸음을 안내해 주는 책도 많다. 삶을 풍요롭게 해주는 것은 예술이다. 수백 년 세월을 이겨내고 오늘까지 살아남은 고전을 공부하고 즐겨보자. 문학, 음악, 미술, 건축, 연극… 자신의 관심 분야를 넓혀 가자.

〈봄길〉 정호승 시, 안치환 곡·노래

섬진강 강변길은 정호승 시인의 길, 문학의 길이다. 모든 시는 노래다. 우리는 지금 길이 된 사람 이순신과 명량으로 가고 있다. 우리도 뒤에 오는 누군가의 길이 되자.

〈솔아 솔아 푸르른 솔아〉 박영근 시, 안치환 곡·노래

하동의 흰 모래밭 소나무들은 우람하고도 신령스럽다. 세상 모든 이치를 알고 있는 어른을 보는 듯 존경심이 우러난다. 새해에 주고받는 연하장이나 열두 폭 수묵화 병풍 안에 들어온 듯 경건해진다.

먼 산 눈길 닿는 곳마다 우리 나무, 소나무다. 푸른 침엽을 빽빽이 달고 겨울 추위를 이겨내는 소나무는 우리 민족의 나무다. 매운 북풍까지 사계절 기온과 변화를 이겨내고 단단해진 소나무는 모든 것을 아낌없이 주는 우리 나무다. 집을 지어주고, 가구를 만들어 주고, 온돌을 달구어 주고, 추석 송편에는 그 아릿한 향으로 스며든다. 이순신의 배 판옥선과 거북선을 만들어 준 나무이기도 하다. 판옥선 한 척에 소나무 100여 그루가 필요했다고 전한다. 우리를 살려주고, 우리를 살게 해준 우리 나무다.

봄에는 솔숲에 분홍 진달래 피었을 터, 분홍 저고리에 소나무빛 초록 치마, 우리 여인들의 옷 빛깔이기도 하다.

❗ 필사 와플 한 장

길이 끝나는 곳에서도 길이 있다

길이 끝나는 곳에서도

길이 되는 사람이 있다

스스로 봄길이 되어

끝없이 걸어가는 사람이 있다

강물은 흐르다가 멈추고
새들은 날아가 돌아오지 않고
하늘과 땅 사이의 모든 꽃잎은 흩어져도
보라 사랑이 끝난 곳에서도
사랑으로 남아있는 사람이 있다
스스로 사랑이 되어
한없이 봄길을 걸어가는 사람이 있다

_정호승, 「봄길」

오늘 필사할 작품은 정호승 시인의 시 두 편, 「봄길」과 「내가 사랑하는 사람」이다. 그는 하동에서 태어나 섬진강을 보며 자랐다. 강변길 따라 만든 문학의 길, 시인의 길에 그의 시비가 있다. 커다란 책 모양 시비 앞에서 시적인 자세로 사진을 찍자. 그러나 사진만 찍고 지나가지 말고, 시적인 목소리로 낭송하자. 시적인 손글씨로 필사한다면 시인도 흐뭇해하리라.

시는 힘이 세다. 시 한 편이 절망에 빠진 사람을 살리기도 하고, 돌아선 사람의 닫힌 마음을 열어 사랑이 이루어지게도 하고, 여러 갈래로 흩어진 대중을 하나로 모으기도 한다.

길이 끝나는 곳에서 길이 된 사람들, 역사에서 우리는 그런 사람들을 만난다.

이순신도 그런 사람이다. 왜구와의 모든 전쟁이 길이 끝난 듯 암담한 상황이었고, 사랑하는 아들이 일본군에게 죽임을 당하고, 전장에서 어머니의 부음을 듣고, 모함과 오해로 직위를 박탈당하고, 그래도 다시 일어나 새 길을 내고 나아갔다.

그렇다면 나의 길, 내가 갈 길은 어떤 길인가?

정호승 시비

◎ 아침 명상 한 잔, 모닝페이퍼 한 장

대장정 2일째. 이부자리를 정리하고, 오늘을 미리보기로 예상해 본다. 오늘은 무슨 일이 일어날까. 날씨는 어떨지, 내 몸의 상태는 어떨지 예측하며 적어 본다.

◎ (나의 소중한) 나중일기

오늘 여정을 돌아보며 키워드 3개를 적어 본다. 단어 3개로 아쉬운 사람은 구절이나 문장을 가다듬어 적는다. 오늘 무엇을 보았는가. 오늘 무엇을 들었는가. 무슨 생각을 했는가. 무엇을 배웠는가.

§ 정이의 라떼 일기 훔쳐보기

맹렬히 위세를 떨치던 해도 시들어 저물고, 우리는 악양 숙소에 짐을 풀었다. 창문으로 평사리 야경을 바라본다. 어머니산 지리산의 깊은 품에 깃든 고조곤한 마을마다 저녁 불빛이 점점이 다정하다. 돌담길을 비추는 가로등과 오붓한 마당을 밝힌 외등, 두어 식구가 모여앉은 방 창으로 배어 나오는 불빛이리라.

낮에 만난 카페 주인이 알려준 유명 문인의 집 위치를 가늠해 본다. 어디쯤일까? 나도 언젠가 산 좋고 물 좋은 곳에 서재가 있는 오두막 하나 가질 수 있을까? 그 산이 지리산이고 그 물이 섬진강이라면, 거기 작은 방 하나 사면에 책을 꽂아놓고 바닥에도 맘껏 책을 어질러 놓고 밤낮을 가리지 않고 소설을 읽고 쓰다가 때때로 산에 올라 구름을 바라보고 강물을 내려다보고…, 그럴 수 있을까? 과분한 상상을 해본다. 꿈 하나가 추가되었다. 내 집 내 방 책상에서는 생각지도 못한 것이다. 꿈결인 듯 지리산 야경이 일깨워 준 꿈이다. 아, 여행은 꿈을 꾸게 하는구나.

그러니 10대들이여, 내 감히 단언하노니, 그대들에게 공부도 중요하지만, 문제집 풀이보다 독서요, 독서 중에서도 문학 독서요, 그중에서도 고전문학 독서다. 나아가 책보다 여행이다. 여행 중에서도 으뜸은 걷기 여행이다. 그러하니 지금 조선수군 재건길 명량 챌린지에 온 여러분은 일단 탁월한 선택을 해서 그 첫걸음을 뗀 것이다.

3일

하동군 악양면 평사리공원 ~ 구례군 토지면 석주관

발아래는 단단한 대지, 고개 들면 하늘과 구름과 태양이다. 이마를 스치는 바람이 있고, 나란히 길을 가는 동행이 있다. 그리고 나, 대기권의 산소를 호흡하는 세상의 중심, 내가 있다. 인간의 일생은 자신을 알고자 부단히 애쓰는 과정이다. 자신이 어떤 의미를 지닌 존재인지는 대자연 앞에서 선명해진다. 공부방에서 벽을 마주하여 책을 읽으면서도 불가능한 일은 아니겠지만, 석 자 책상에서 얻기 어려운 걸 대자연으로 통하는 길에서 일순간에 벼락처럼 돈오(頓悟)할 수도 있으리라. 몸과 맘이 함께 호응하는 호연지기의 경험으로 말이다. 더구나 그곳이 명량까지 가는 이순신의 길이라면 더 말해 무엇할까. 10대에 한 번 명량 챌린지, 이 길은 인생길이 될 것이다.

1) 여정

평사리공원–최참판댁과 토지마을–박경리 문학관–화개장터–석주관: 21㎞

2) 여기 멈춤

◈ 최참판댁과 토지 마을

하동군 악양면 평사리 최참판댁과 토지마을은 대하드라마 〈토지〉의 촬영을 위해 조성한 곳이다. 지금도 주인공들이 살고 있는 듯 잘 관리되어 있고 많은 이들이 방문하여 소설과 드라마의 감흥을 되새기게 하는 관광지다. 당장 누구라도 들어가 살 수 있을 듯한 최참판댁은 솟을대문과 행랑채, 중문채, 별당채, 안채, 뒤채, 사랑채 등 한옥 14동으로 이루어진 전통 지주 가옥이다.

박경리의 대하소설 『토지』 제1부의 시간 배경은 1897년 한가위 날부터 1908년 5월까지다. 최참판댁 사람들과 마을 소작인들의 욕망과 계략, 사랑과 증오 등이 한데 얽혀 갈등하는 양상과 구한말 사회 전환기의 격동하는 국면을 그렸다.

§ 『토지』나 『청소년 토지』를 완독했거나 읽는 중이라면 최참판댁과 토지마을, 평사리 들판 풍경이 예사로 보이지 않을 것이다. 최참판댁에서 멀리 내려다보이는 악양 평야는 사람을 먹여 살리는 생명의 터전인 동시에 소작인과 마을 사람들의 운명을 쥐락펴락하는 권력의 근원이다. 최참판댁 안채 마루에 서희와 윤씨 부인이 서 있다. 몰락해 가는 집안을 지키려고 안간힘을 쓰는 두 여인의 운명이 처연하다. 성실하고 충직한 길상이와 재물에 대한 탐욕과 계략을 감추고 마당을 들어오는 친일파 조준구도 보인다.

토지 마을에서는 월선이, 용이, 임이네, 홍이 집을 찾아보고 돌담길을 걸어 본다. 역사의 격랑 속에서 자신의 운명에 맞서고자 안간힘을 쓰면서도 끝내 스러져 가는 인물들의 생애가 선악을 떠나서 애잔하다.

걷기 여정이 끝난 후 여러분은『토지』를 찾게 될 것이다. 청소년판보다 원본으로 시작하기를 권한다. 우리 조선수군 재건길 여정처럼『토지』 읽기는 대장정이다. 역시 읽다가 접어 두었다가 다시 읽고, 그래도 된다. '토지 챌린지'다. 함께 읽기, 유용한 독서법 중 하나다. 혼자 읽기도 좋지만 함께라면 서로 격려하고 경쟁도 해가며 든든하게 나아가는 힘이 있다. 도서관이나 동네 책방에 수많은 독서모임이 있는 이유이기도 하다. 가족이 함께해도 좋고, 선생님을 모시고 친한 친구들과 함께해도 좋겠다. 책 친구와 우애를 나누며 일생을 동행한다면 이 또한 의미 있는 일 아닌가. 세상에 읽어야 할 좋은 책은 얼마든지 있다. 가끔은 책을 들고 평사리에 와서 읽으면 어떨까. 최참판댁 마루에 앉아서 읽는다면 감흥이 더 크지 않을까. 작품의 배경 장소에서 책을 읽는 '현장독서'다.

§ 최참판댁 마당에서 일행을 기다리다 놀잇감을 발견했다. 투호 제기 굴렁쇠, 그중 굴렁쇠는 어려울 듯하고, 가장 만만하게 보이는 제기차기에 도전한다. 어이쿠, 만만치 않다. 어릴 적에 발등으로 콩주머니 차기는 꽤 잘했는데. 포기하고 이번엔 투호를 해본다. 어림없다. 괜찮아. 들어갈 때까지 할 테야. 성공하기 전에는 가지 않을 테야. 약간의 투지가 생긴다.

학교 운동장이나 체육관에 이런 놀잇감이 있으면 좋겠다. 윷, 공기, 자치기, 비석 치기, 고무줄과 콩주머니… 초등학교에는 거의 준비해 두었을 것 같다.

◇ 박경리 문학관

'내 인생이 문학이고, 문학이 내 인생이다.'라고 하는 박경리 선생의 기념관. 경남 하동군 악양면 평사리길, 2016년 개관. ㄱ자 팔작지붕 단정한 한옥이다. 1969년부터 만 25년 동안 쓴 원고지 31,200장의 육필 원고와 각 출판사의 『토지』 전질 간행본, 초상화와 인물 지도, 사진 자료가 전시되어 있고, 영상이 상영되고 있다. 선생이 일상에서 사용하던 재봉틀, 원피스, 안경, 볼펜 등 유품 41점에 오래 눈길이 머문다. 문학관 마당에는 책을 펴들고 먼 곳을 바라보는 동상이 서 있다. 선생을 뵌 듯 반갑다.

선생은 일본 문화 전반에 조목조목 근거를 들어 신랄하게 비판하며 독자에게 항일의식을 고취했다. 선생은 문학으로 항일 전쟁을 한 점에서 이순신 장군과 비견된다.

■ **알놀Q** 『토지』의 등장인물은 모두 몇 명일까?(우연이겠지만 레프 톨스토이의 『전쟁과 평화』 등장인물 수와 비슷하다.)

◈ 이병주 문학관

경남 하동군 북천면에 있다. 조선수군 재건길 걷기 3일째 일정과 동선이 일치하지는 않지만 소개한다. 나림 이병주, 44세에 소설가가 되어 27년간 한 달에 1천여 매씩 글을 썼다. 문학, 역사, 철학에 박학다식한 천재적 대문호로 80여 권의 스케일이 방대한 작품을 남겼다. '한국의 발자크'로 불린다.

「관부연락선」「지리산」「산하」「행복어 사전」「바람과 구름과 비」 등 주로 대하소설과 장편소설을 썼다. 시대의 기록자이자 증언자로서 일제강점기에서 광복, 남북분단, 정부 수립, 6·25전쟁에 이르는 한국 현대사를 소설로 기록 증언했다.

^ 발자크와 이병주의 소설을 찾아 읽어보자. 당장 읽기 어려우면

독서 희망 목록에 올려놓자.

(오노레 드 발자크, 「고리오 영감」「나귀가죽」「인간희극」 연작 등 많은 대작을 남긴 그는 하루 50잔의 블랙커피를 마시며 글을 썼다.)

@ 화개장터

∞ 타임리프 『난중일기』 1597년 8월 4일(양력 9월 14일) 맑음
쌍계동(하동 화개)에 이르니, 어지러운 암석들이 뾰쪽하게 솟아 있고 막 내린 비에 물이 넘쳐흘러 간신히 건넜다.

화개에 그 유명한 화개장이 있다. 경상남도 하동군과 전라남도 구례군·광양시의 접경 지역에 있는 전통시장이다. 행정구역상으로는 하동군 화개면 탑리에 속한다.

지리산 화개천이 섬진강으로 흐르는 지점인 이곳은 조선시대부터 전라도·경상도 사람들이 모여 농산물과 해산물을 교환하는 장터가 형성됐다. 일제강점기를 지나 광복 후에도 매달 5일장이 유지되다가 6·25 전쟁 후 지리산 일대 빨치산 토벌 과정에서 쇠락했다.

화개장터는 하동군청이 주관해 1997년부터 4년에 걸쳐 복원한 것으로, 2001년 상설 관광형 시장으로 개장한 뒤 명소가 되었다.

^ 활터가 있다. 짐 내려놓고 활쏘기를 해보자. 이순신 장군처럼 과녁에 명중을! 활쏘기는 명상이고 집중이다. 집중해서 바라보면 145m 거리에 있는 과녁의 중심점이 대문짝만큼 크게 보인다.

^ 화개장터의 주거래 특산물 알아보기. 화개장에는 반듯하고 안정된 가게도 있고, 노변에서 마른 나물과 약재 몇 가지를 늘어놓고 파는

분도 있다. 상인 인터뷰도 할 수 있다. 국내 여행이든 국외여행이든 현지 사람과 대화하는 것은 여행의 진수다. 눈으로 풍경을 구경하고 맛있는 음식을 먹는 것보다 많은 걸 느끼게 해 줄 것이다.

화개~구례를 잇는 남도대교

 # 석주관 7 의사 묘

∞ 타임리프 『난중일기』 1597년 8월 4일(양력 9월 14일) 맑음

군관 9명과 병사 6명을 데리고 석주관에 이르렀다. 이원춘과 유해가 병사를 매복시키고 지키다가 나를 보고는 적을 토벌할 일에 대해 많은 이야기를 했다.

석주관은 예부터 진주에서 구례, 남원을 향해 넘어오는 일본군을 방어하는 요충지였다. 고려 말 일본군이 섬진강을 통해 전라도와 내륙에 침입하는 것을 막기 위해 석주관성을 쌓았다. 1592년 임진왜란이 일어나자, 전라도 방어사 곽영이 이곳에 다시 성을 쌓고 구례현감 이원춘에게 방어토록 했다. 성벽 규모는 둘레 750미터, 높이 1~1.5미터에 이른다. 돌로 쌓고 흙으로도 쌓았다. 돌과 흙을 섞어 쌓기도 했다. 대부분 훼손돼 사라지고 일부 복원해 놓았다.

임진왜란과 정유재란 즉 7년 전쟁 당시 일본군에 맞서 싸우다 장렬하게 전사한 의병장 7명과 의병 3,500명, 승병 153명을 추모하는 공간이다. 석주관성 성벽이 남아있어 다행이다.

석주관

칠의사단, 칠의사묘, 칠의사비는 1598년(선조 31) 죽음으로 석주관을 지킨 7명의 의사 왕득인, 왕의성, 이정익, 한호성, 양응록, 고정철, 오종의와 구례현감 이원춘의 무덤이다. 칠의사 순절 사적비 뒤에 8기의 묘가 있다.

정유전란 추념 비문에 그날의 역사가 기록되어 있다.

> 나라를 위한 부름에/ 승려인들 어찌 가리겠는가
> 피가 흘러 내를 이루니/ 푸른 물이 붉게 물들었다
> 임금을 위해 몸을 버리는 것은/ 신하된 이의 직분이다
> 돌조각에 옛일을 새기니/ 역사에 길이 남으리라

^ 7의사와 구례현감 이름을 나지막이, 아니 힘차게 불러드린다. 왕득인, 왕의성, 이정익, 한호성, 양응록, 고정철, 오종의와 구례현감 이원춘 그리고 이름이 남아 있지 않은 무명용사와 화엄사 승의병을 참배한다. 참선과 절 수련과 울력을 하던 스님들이 전쟁에 나섰다는 것은 나라가 종교보다 먼저라는 믿음이 있었기에 그리했으리라.

§ 묘 8기가 나란히 누워 있다. 크기도 자그마하다. 여름인데도 묘에는 잔디가 없이 듬성듬성 맨흙이 드러나 있어 보기에 쓸쓸했다. 가묘라고는 하지만 관리 상태가 좀 아쉬웠다.

역사적 의미를 후대에 전하기 위해서는 유적을 잘 보존하고 공간이 온전히 마련되어 있어야 한다. 그 공간은 잘 관리하여 의미를 새길 수 있어야 할 것이다. 7의사 묘 옆에 정자나 나무 벤치를 만들어 놓으면 어떨까 생각했다. 넓적한 바윗돌이라도 있으면 잠시 앉아 쉬고 차분히 해설도 듣고 추모할 수 있을 텐데 아쉽다.

■ **알놀Q** '석주관 7의사 묘'의 묘는 왜 8기일까?

3) 디저트 카페

♪ 플레이리스트

〈화개장터〉 조영남 시·곡·노래(가사는 '시'다).

전라도와 경상도를 가로지르는

섬진강 줄기 따라 화개장터엔
아랫마을 하동 사람 윗마을 구례 사람
닷새마다 어우러져 장을 펼치네~~

강은 국토의 행정구역을 나누기도 하지만, 사람과 사람을 마을과 마을을 이어주기도 한다. 사람은 물 없이 살 수 없으며, 강은 바로 생명의 젖줄이기 때문이다.

영남과 호남뿐만 아니라 경기·충청·강원, 우리나라 어디서라도 지역을 나누어 다투지 말고 한데 어우러져 살아가기를, 일가친척 이웃사촌으로 서로 돕고 다정하게 살아가기를 화개장터에 서서 기원한다. 남과 북의 통일은 어려워도 영남과 호남, 호남과 영남이 화해하고 어울리는 일이 뭐 그리 어려울까. 화개장터에서 이렇게 너나없이 경계 없이 서로 돕고 교역하며 잘들 살아가듯이, 인터넷 뉴스 댓글 창에서도 서로 걱정해주고 위로해주는 말이 오가기를 기원한다. 혹 생각이 같지 않더라도 마주 앉아 논리적이고 이성적인 긴 대화를 나누는 광경을 희망한다.

기타를 들고 있는 조영남 가수 동상 옆에 앉아 노랫말을 새기며 생각한다.

〈상록수〉 김민기 시·곡·노래, 양희은 노래.

오래전 우리 반 종례 시간에 즐겨 부르던 노래다. 겨울에도 얇은 홑점퍼 하나로 바닷바람을 맞으며 먼 길 걸어오던 아이들에게 이 노래를 알려주었다. 이제는 그들도 모두 인생의 고비를 넘긴 장년이 되었다. 거친 세상에서 다들 푸르른 솔잎처럼 굳세고 당당하게 살고 있을까. 요즘 소식이 뜸한 녀석들이 문득 궁금하다.

위로 하늘이 푸르고, 눈앞에 산이 푸르고, 멀리 너른 바다도 푸르다. 푸르른 세상에 나도 푸르게 살아있다. 여름도 깊어 가을이 오고, 가을은 짧아 곧 겨울이

닥치리. 언제나 가장 좋은 때는 지금 눈앞의 계절이니 맘껏 걷고, 치열하게 공부하고, 곁에 있는 사람들을 사랑하고, 그렇게 푸르게 살자.

노래에는 힘이 있다. 이성과의 사랑과 환희, 나약한 이별의 정한을 다루는 노래가 다는 아니다. 내면의 힘을 일으켜주는, 가슴이 웅장해지는 노래도 불러보자.

필사 와플 한 장

많은 사람이 글쓰기 비법으로 필사를 권한다. 필사에 관한 책도 열거할 수 없을 정도로 많다. 그만큼 독자의 관심이 뜨겁다는 말이다.

유시민 작가는 필사할 책으로 특별히 세 권을 거론하는데, 박경리 선생의 『토지』, 존 스튜어트 밀의 『자유론』, 칼 세이건의 『코스모스』다. 시나 수필이나 단편소설도 아니고 책을 통째 필사하라니, 하지만 대하소설 『토지』 12권을 필사하고 나면 누구나 대작가가 되어있지 않을까.

도전해 볼 만한 일 아닌가. 명료하고 미려한 명문장을 꾸준히 필사한다면, 수행 과제나 백일장에서 우수한 성적을 받는 것은 말할 것도 없고, 보고서와 자기소개서는 누워서 떡 먹기, 아니, 앉아서 식은 죽 먹기로 쉽게 쓸 수 있을 것이다.

청소년 『토지』 1부 1권은 이렇게 시작한다. 여기 그려진 풍경을 상상하며 손글씨로 또박또박 적어 보자.

1897년 한가위

까치들이 아침 인사를 하기도 전, 새 옷을 입은 아이들은 송편을 입에 물고 마을길을 달리며 즐거워했다. 어른들은 차례를 지내고 성묘를 하고 이웃끼리 음식을 나누어 먹었다. 신명나는 굿놀이가 펼쳐져 온 마을에 꽹과리 소리, 징 소리가 울려 퍼지고 사람들은 모처럼 허리끈을 풀어놓고 흰 쌀밥을 배불리 먹었다. 황금빛 물결을 이루는 들판에서는 새떼들이 모여들어 잔치를 벌였지만, 다른 날처럼 새를 쫓는 사람은 없었다. 추석은 사람들에게뿐만 아니라 돼지나 소나 말들, 새들에게까지 풍요한 날이었다.

농부들은 힘든 농사일을 잊고 굿놀이를 즐겼고, 이날만큼은 아이들도 야단을 맞지 않았다. 오랜만에 배불리 먹은 늙은이들은 뒷간에 자주 갔고, 힘 좋은 젊은이들은 소 한 마리 끌고 돌아올 꿈을 꾸며 읍내 씨름판으로 몰려갔다.

눈앞에 그림이 그려진다. 동영상이 보인다. 3D, 4D, IMAX 화면을 눈으로 보는 그 이상으로 내가 그 안에 들어가 있는 듯하다. 청각, 후각, 미각, 촉각이 모두 동원된다. 오감 독서다. 다음엔 어떤 장면이 이어질지 기대된다.

대하소설 『토지』는 평사리 대지주 최참판댁의 흥망성쇠를 중심으로 동학혁명, 일제강점기, 광복에 이르기까지 우리 민족의 한 많은 근현대사를 장대하게 그렸다. 당시 사회의 모든 계층을 아우르는 인물들과 반세기에 걸친 역사적 질곡과 파란만장한 서사, 그리고 인간과 삶에 대한 깊은 탐구와 사유 등이 작가의 생생하고 아름다운 문체로 살아난다. 한국 문학사에 우뚝 선 기념비적인 작품이다.

박경리 선생은 투철한 반일 항일 정신으로 일본 문화를 비판했다.

『토지』 필사, 오늘부터 제1일이다. 명량 챌린지 완주 후 집에 돌아가서도 중단하지 말고 계속하자. 완독하고 필사를 마치면 가슴에 깊고 긴 강물 하나 품게 되리니, 이제 세상 보는 눈이 전과는 완전히 다른, 새사람이 되는 것이다. 사람은 독서와 수련으로 성장한다. 스포일러지만 마지막 문장을 미리 써본다. 가슴 벅찬 라스트신이다.

"만세! 우리나라 만세! 아아 독립 만세! 사람들아! 만세다!"

외치고 외치며, 춤 추고, 두 팔을 번쩍번쩍 쳐들며, 눈물 흘리다가는 소리 내어 웃고, 푸른 하늘에는 실구름이 흐르고 있었다.

해방이 되어 사람들이 하늘을 맘껏 바라볼 수 있는 날이 온 것이다. 하지만 진정한 의미의 광복이 되었나. 임진왜란은 완전히 끝났나. 이 길에서 다시 생각해 본다.

대하, 긴 강물『토지』의 대미를 실구름 한 가닥으로 마무리했다. 역시 고수의 기법이다.

§ 일본이 우리나라에 자행해 온 만행과 우리 의병 의열사의 희생을 잊은 적이 없다. 한국 사람이라면 누구나 양국의 오랜 역사적 대립 관계를 너무도 잘 안다.

그럼에도 평소 일본 소설과 영화를 즐기고. 일본에 여행가고, 풍경이나 사회 시스템 일면에 공감하고, 상품과 공예품에 감탄하며 쇼핑하던 나 자신을 돌아본다. 박경리 선생의 철저한 역사관 앞에서 반성했다.

◎ 아침 명상 한 잔, 모닝페이퍼 한 장

오늘 여정 중 기대되는 곳을 적어 보자. 모닝페이퍼는 자유롭게 적는 글이다. 떠오르는 대로, 분량도 마음대로 적는다. 아무 말이나 몇 줄 적고 얼마 동안은 열어보지 않는다. 그러므로 이 기간에 쓰는 아침 기록은 집에 돌아갈 때까지 읽지 않기로 한다.

◎ (나의 소중한) 나중일기

오늘은 무얼 보았니? 무얼 느꼈니? 무얼 배웠니?

§ 정이의 라떼 일기 훔쳐보기

없는 사람(가난한 사람)은 추운 겨울보다 여름나기가 수월하다고 했는데 그도 이제 옛말이 되었다. 지구온난화로 기온은 해마다 높아지고, 그에 대비하는 시설과 장비는 종류가 다양해지고 고급화되어 비용도 비싸다. 겨울 못지않게 여름을 무사히 나기도 어렵게 되었다.

추위도 아니고, 더위가 이렇게 고통일 수 있구나. 올해 8월은 평생 잊을 수 없겠다. 지구별의 날씨가 걱정이다. 우리는 지금 기후 위기라는 단어가 더 이상 낯설지 않은 인류세를 지나고 있다.

길은 강을 따라 흐른다. 섬진강 물결을 바라보는 것만으로도 체감기온이 섭씨 1도는 내려가는 듯하다. 축지법 같은 걸 쓸 수 있다면. 어서 화개장터에 가서 에어컨이 돌아가는('켜진'이 아니고 '돌아가는'이라야 한다.) 식당에서 얼음을 갈아 넣은 냉콩국수를 먹었으면. (걷기 여정 중 며칠 동안 우리는 '1일 1콩국수'를 하고 있었다.)

드디어 하동과 광양을 잇는 반가운 남도대교가 눈에 들어온다. 화개장터에 도착했다. 가수 조영남의 노래와 김동리의 소설 「역마」의 배경 화개장터다.

간절히 바라던 대로 에어컨과 선풍기가 같이 돌아가는 식당에 들어가 국수를 주문하고 숨을 돌리는데, (사실 그동안은 숨을 쉬지 않고 있었던 것 같다.) 순간, 갑자기, 삽시간에, 무엇인가가 뚝 끊기는 느낌이 들면서 실내가 고요해졌다. 정전이 된 것이다. 정전은 어둠보다 고요로 왔다. 에어컨과 냉장고와 선풍기 소음이 꺼져 실내가 고요해졌다. 음식을 먹던 사람들도 모두 그대로 멈춰서 얼음이 되었다. 아무도 말이 없었다. 문제는 더 이상 음식 준비가 안 된다는 것이었다. 일행의 점심 식당 섭외를 책임진 나로서는 무슨 방도를 구해야 했는데, 마침 사장님이 배달 가려고 포장해놓은 국수에 눈길이 갔다. 그것을 우리에게 줄 수 있는지 물어보았다. 사장님은 잠시 머뭇거리다가 그러자고 했다. 배달 나갈 음식이 일부 준비가 덜 되어 어차피 갈 수 없다는 것이었다. 그래서 배달 국수를 도중에 가로채 점심을 해결했다.

전등도 꺼지고 에어컨과 냉장고가 멈춘, 어둑하고 조용한 식당에서 냉콩국수를 먹으며 생각했다.

우리가 이 여름에 특별히 사랑하는 것들, 없으면 안 되는 것들, 아이스 아메리카노, 눈꽃 빙수, 각종 에이드, 플레인 요거트 같은 것들, 모두 전기가 만들어 주는 것들이다. 전기신이 만들어 준 것이다. 니체가 말한 대로 신은 죽고, 이제 새로운 모습의 신들이 여럿 나타났는데 그중 으뜸이 전기가 아닐까. 전기 없는 세상은 상상할 수도 없다.

이렇게 전력 과소비로 과부하가 걸려 정전이 되면, 어제 만난 낙안 옥자씨의 작은아들 같은 분이 위험을 무릅쓰고 전봇대에 올라가 전선을 수리하겠지. 문득 그 노동과 기술에 숙연해진다.

전기도 없고 자동차도 없던 430여 년 전 그 시절을 다시 떠올려 본다. 그저 바람이 통하는 삼베옷이나 하얀 홑옷을 입고, 한지 부채를 부치며 당산나무 아래 앉아 낮잠과 노래로 한낮의 더위를 견디며 가을을 기다렸겠지. 그해 여름은 어땠을까. 여름에서 겨울로, 식량 없는 봄으로 일본은 계속 쳐들어왔다. 우리 땅 아름다운 금수강산으로.

2
조선수군 재건 출정길(구례 석주관–가정마을)
– 구국의 길에 나서다

조선수군 재건 출정길은 구례 석주관에서 가정마을까지다. 운조루, 용호정, 구례읍사무소, 대밭길, 신원, 섬진강 책사랑방 코스다.

이순신은 칠천량 해전 패전 후 수군과 왜군의 상황을 살피면서 왜군을 물리칠 전략 전술을 구상하며 구례현청에 도착한다. 구례에서 군량과 군사를 정비하여 다시 출정할 수 있었다.

명량으로 가는 길 - 제2부 조선수군 재건 출정길

https://www.youtube.com/watch?v=SBNupK_gv7l

곡성

구례

곡성군청

가정역(폐역)

곡성 섬진강 기차마을

조선수군 출정공원

석주관 칠의사묘

구례읍 행정복지센터

구례구역

4일

구례군 토지면 석주관 ~ 구례군 구례읍 섬진강 책사랑방

'501 명량 챌린지'에서 우리는 많은 것을 만날 것이다. 자연·지리·생태·역사·문학·철학, 여러 분야 중에서 일생 천착할 주제를 만날 수도 있다. 종교, 예술, 과학도 있다. 인생 친구와 평생 스승을 만나 우애와 우정, 사랑과 존경을 나눌 수도 있다. 지역의 직업인과 선배의 후원과 응원을 받으며 자신의 삶을 디자인하는 다시없는 기회를 만날 수도 있다.

나중에 이렇게 말할 수도 있다. '그때 나는 남도 이순신길을 걸었고, 그때부터 내 삶은 달라졌다.' 자, 4일째다. 출발!

1) 여정

석주관–구만리–오미리–운조루–용호정–조선수군출정공원–구례읍 행정복지센터–대밭길–섬진강 책사랑방: 21㎞

2) 여기 멈춤

토지초등학교

우리나라 고을 곳곳마다 초등학교가 없는 곳은 없다. 초등학교는 모든 이에게 고향이다. 세상에 눈뜨고 삶의 바다를 건너는 데 필요한 것들을 배우던 정신의 탯자리다. 토지초등학교 교정에는 여순 10·19 표지판과 이순신 장군 동상이 있다. 아이들 눈으로 아이들 마음이 되어 바라보았다.

플레이리스트

운동장 벤치에 앉아 곤한 몸을 쉬며 노래도 한 곡 듣는다. 구절구절 마음이 푸근해지는 노래, 초등학교를 추억하며 듣는다. 중학생이라면 떠나온 지 그리 오래 지나지는 않았겠지만, 그래도 새록새록 친구와 선생님의 얼굴이 떠오를 것이다.

〈내 어린 날의 학교〉 최용락 곡, 양희은 시·노래, 영화 〈선생 김봉두〉 OST

미루나무 따라 큰길 따라, 하늘에 흘러가는 구름 따라
시냇물을 따라 한참을 가면 어려서 내가 다니던 우리 학교
작은 동산 위에 올라 보면 우리 학교 한눈에 다 보이네
세상에서 제일 좋은 학교, 같이 놀았던 친구
어디서 무얼 하든지 가슴에 가득 꿈을 안고 살아라
선생님 가르쳐주신 그때 그 말씀 잊지 않아요
언제나 그렇듯이 비 개이고 나면 무지개가 뜬다.
결석은 하지 말아라 공부를 해야 좋은 사람 된단다.

운조루

전라남도 구례군 토지면 운조루길(오미리)에 있다. 세상에서 가장 작은 마을 오미리^^란다. 조선 후기 낙안군수를 지낸 류이재가 1776년(영조 52)에 지은 99칸 한옥 고택이다. 풍수지리설에 의하면 이 집터는 금환낙

지(金環落地)라 하여 예부터 명당자리로 불려왔다. 건축가이기도 한 류이재는 당시로서는 독특하게 건물 구조를 ㄷ자로 설계하고 사랑채, 안채, 중행랑채, 곳간채, 큰 부엌, 누마루 등을 지었다. 끼니를 거르는 이웃을 배려하여 밥 짓는 연기가 밖으로 나가지 않게 굴뚝을 낮게 지었다고 한다. 한옥이나 건축을 공부하려는 10대들은 세세히 살펴보면 좋겠다.

커다란 나무 뒤주가 유명하다. '타인능해(他人能解)'라고 쓰여있는데 배고픈 이 누구나 와서 쌀을 가져가도 된다는 의미란다. 오늘날의 공유 냉장고다. 겨울이 아니라도 사철 마음이 따뜻해지고 세상에 대한 믿음이 생겨나는 옛집이다. 올 때마다 흐뭇하다.

§ 면 소재지마다 지역아동센터가 있다. 주로 학교 근처 교회에서 운영한다. 학교가 파하면 아이들은 한두 명 빼고 거의 그곳으로 하교한다. 거기서 태권도나 밴드를 배우고, 숙제하고 저녁 먹고 친구들과 놀다가 저녁에 버스로 귀가한다.

물론 학교 수업이 파하면 집으로 가서 부모님과 가족이 함께 지내면 더없이 좋지만, 많은 부모님은 생업에 바쁘고, 가까운 논밭이나 비닐하우스에서 일하느라 집에 아이들만 있게 되니 센터에서 가정 역할을 해주는 것이다. 또 하나의 가족인 셈이다.

지역아동센터와 마을회관과 복지관에 넉넉한 타인능해 공유 냉장고와 공유 쌀통과 공유 밥통이 있어서, 우리 마을에 우리 학교에 아침도 점심도 저녁도 굶는 사람이 없었으면….

◈ 용호정

매천 황현 선생을 아는가? 「절명시」를 쓴 조선의 마지막 선비다. 그의 제자들이 선생의 뜻을 기리기 위해 세운 정자다. 지역 유림이 모여 울분을 달래면서 시문을 지어 항일 정신을 다지던 곳이다.

조선수군 출정공원

구례군 구례읍 봉북리에 있다. 벽화에 조선수군 재건길 전 과정을 상세히 새겨 놓았다. 장군과 함께한 군관 9명과 병사 6명의 부조 조각상이 있다. 이순신 바위로 부르는 너럭바위에서 장군은 구국의 방향을 논의했는데, 그 뜻을 기리고자 지은 정자 '구국정'도 볼 수 있다.

이 바위는 백의종군 시기 난중일기에 "밤에 앉아 있으니 비통함을 어찌 말로 다 하랴"라는 구절에 나오기도 한다.

공원에는 화강암으로 만든 배 모양의 벤치 13개가 있는데, 이는 명량해전의 배 13척을 상징한다. 벤치마다 난중일기의 글귀를 새겨 넣은 점이 인상적이다.

조선수군 출정공원

- 3분 연극으로 출정식 재현하기
- 캐리커처 그리기: '얼굴'의 어원은 '얼의 꼴', 얼굴에는 그 주인의 얼이 담겨있다. 이순신의 영혼을 그려서 전시해 보자.
- 이순신 바위에 올라 심호흡을 하며 눈을 들어 멀리 노고단을 바라보자.

손인필 비각

삼도수군통제사로 다시 임용된 이순신이 구례현에서 맨 먼저 만난 사람이 손인필이다. 백의종군해 내려오던 이순신을 가장 먼저 찾아와 반긴 이도 그다. 생가가 구례읍 봉북리라고 전해지지만 흔적을 찾을 수 없다. 봉북리 초입에 비각이 전해질 뿐이다.

손인필은 임진왜란 때 아들과 군자감에서 조선군의 군량미와 군수품을 조달하는 일을 했다. 손인필 부자는 이순신의 막하에서 활약했는데 아버지와 손응남은 노량해전에서, 3남 손숙남은 석주성에서 일본군과 싸우다 순절했다. 1963년 후손들이 그의 충절을 기려 비를 세웠다.

§ 그 시대 비석과 비각은 오늘날의 블로그나 인스타그램이었다. 절대로 나누어질 것 같지 않은 단단한 화강암을 자르고 다듬어 정과 끌로 글자를 새기고 연꽃이나 구름으로 장식한 것이 비석이다. 저렇게 단단한 기록이라니, 그냥 지나치지 말고 읽어보자. 한문이라 읽기 어려우면 인터넷 검색을 해보거나 동행한 선생님께 도움을 청하자. 군청에 근무하거나 유적지에 상주하는 해설사에게 부탁해도 된다.

■ **알놀Q** 손인필 비각 비문(앞면)을 읽고 뜻을 새겨보자.

구례읍 행정복지센터

옛 구례현청 자리다. 백의종군하던 이순신과 조선수군 재건에 나선 삼도수군통제사 이순신이 자주 머물던 곳이다. 당시 현청은 구례읍성 안에 있었다.

객관, 봉서루, 봉서헌 등이 성안에 있었다. 지금은 철거돼 옛 모습을 확인할 수 없다. 그 자리에 1936년 구례읍사무소가 들어섰다.

500년 된 왕버들나무와 누릅나무 4그루가 당시 관아 터였음을 증거한다. 굽이굽이 옹이 할머니 손마디 할아버지 주름 무슨 말인가를 전하고 있는데 내가 알아듣지 못한다. 아니, 들린다. 눈 감고 귀 기울이면 그날의 이야기가 들린다.

농산물품질관리원 앞에 서 있는 박경현 선생 동상이 인상적이다. 우리 가까이에 동상으로 우리를 지켜주는 어른 중 한 분이다.

큰바위얼굴 일화처럼 동상을 매일 보는 사람이라면 어른은 물론 아이들도 은연중에 닮게 되지 않을까. 동상 주변에 계절 따라 꽃을 심고, 반듯한 벤치도 놓고, 안내 게시판도 알기 쉽게 만들어 많은 이가 다가오게 만들면 좋겠다.

현청 내 모정이던 명협정이 최근 복원됐다. 백의종군하던 이순신이 자주 들러 머물면서 당시 체찰사 이원익과 나라의 앞날을 걱정하며 생각을 나누던 의미 깊은 공간이다.

명협정

타임리프 『난중일기』 1597년 8월 4일 맑음

저물어 구례현에 이르니 일대가 온통 쓸쓸하다. 성 북문 밖에 전날의 주인집으로 갔다. 주인은 이미 산골로 피난 갔다고 한다. 손인필은 바로 곡식을 가지고 왔다. 손응남은 올감[早柿]을 가지고 왔다.

§ 적군을 피해 피난간 건 아니지만 더위를 피해 피서 갔는지 한낮의 구례 거리는 쓸쓸하다. 거리에 가게 문을 연 곳도 많지 않고 오가는 사람도 없다. 우리는 조선수군 재건 요원! 더위를 이기고 씩씩하게 걸어서 구례읍사무소를 향했다.

앞서가던 샘들이 갑자기 길에 쭈그려 앉아 손으로 바닥의 흙을 쓸어낸다. 다가가서 보니 인도 보도블록 사이에 이순신길 안내 동판 표지가 박혀 있다. 그게 흙에 덮여있는 걸 발견하고 맨손으로 쓸어내고 있는 것이었다.

지금도 그 장면을 떠올리면 뭉클해진다.

@ 섬진강

섬진강은 길이 212.3㎞, 전북 진안에서 발원해 남해로 흐른다. 구간마다 부르는 이름이 다르다. 오원강, 운암강, 적성강, 순자강, 압록강, 잔수강, 악양강, 하동강 등으로 불렸다. 잔수강은 순천시 황전면과 구례 사이를 일컫는다. 조선시대에는 물결이 빛난다고 '찬수강'이라고도 했다.

백의종군하던 이순신의 난중일기(1597년 5월 14일)에는 "저녁 무렵 찬수강(잔수강)에 이르러 말에서 내려 걸어서 건넜다. 구례현에 이르니 현감이 와서 만났다."라는 구절이 있다.

구례를 품고 휘돌아 흐르는 섬진강

§ 섬진강에게 이름이 이렇게 많았다니, 매화랑 벚꽃 필 때 꽃맞이 와서 물빛을 바라보며 '좋구나!' 감탄하면서도 이름을 몰랐다. 섬진강아, 잔수강아, 찬수강아 미안하구나.

수면에 반짝이는 무수한 물무늬가 문득 깨우쳐 준다. 별 일없이 흘러가는 오늘도 눈부시게 빛나고 있지 않느냐고.

^ 섬진강의 이름을 불러주자. 하나하나 뜻을 새기며 다정하게.

◇§ 섬진강 책사랑방

책이란 무엇인가?

섬진강 책사랑방은 강변 국도변에 있어 찾기 쉽다. 강을 바라보는 아치형 테라스가 여럿 달린 3층 건물이다. 주차장도 여유롭다. 폐업한 모텔 건물을 개조해서 서점으로 꾸몄다. 구례 명소다.

안에 들어선 순간, 무슨 말을 할 수 없이 정신이 아득해졌다. 책이 많다. 그냥 많다. 매우 많다. 셀 수 없이 많다. 중고 책과 새 책, 희귀본과 고본, 기증받은 책과 도서관에서 폐기한 책… 일단 흐뭇한 마음이 되어 구경한다. 어릴 때 읽은 동화책, 절판되어 서점에서 구할 수 없는 책, 교과서와 문제집, 이루 말할 수 없는 종류와 장르의 책들이 모여 나라를 이루어 살고 있다. 헌책방은 세상 모든 책의 종점이라는 사실이 실감 난다. 잠시 둘러보니 왠지 슬퍼진다. 이 책을 어찌 다 모았을까. 정리는 어떻게 다 했을까. 주인장은 책을 얼마나 좋아하는 사람일까. 한 가지를 향한 집념, 그 마음을 헤아리니 숙연해졌다.

이 많은 책의 주인은 부산의 명소 보수동 책방골목에서 42년간 헌책방 대우서점을 운영하다가 4년 전에 이 자리로 옮겨왔다고 한다. 평생을 책과 함께 살아온 분이다.

영화를 촬영해도 배경 장소로 좋을 듯하다. 노팅힐, 유브 갓 메일, 채링크로스 84번지…. 서점이 나오는 로맨틱한 영화 장면이 떠오른다.

지리산 골짜기에 깃들어 사는 작가를 만나는 모임을 알리는 포스터와 리플릿을 유심히 보았다. 나도 언젠가 작가라는 이름으로 여기 책사랑방에서 독자들과 소설 이야기를 나누는 꿈을 감히 꾸어본다. 부디 이 귀한 책방이 오래도록 이 자리에 있기를 기원했다.

❹ 여기선 '하자 거리'가 많다. 일단 책 구경, 읽고 싶은 책과 사고 싶은 책 고르기, 마음에 드는 책 읽기, 2층 창가 자리에서 섬진강 풍경 바라보기, 차 마시기(카페도 있다.). 사장님 인터뷰도 할 수 있다. 가장 멋진 질문에 시상하기. 심사는 사장님. 상품은 당연히 책.

사장님 인터뷰 예상 질문

- 어떤 책이 어디 있는지 다 알아요?(누구나 예상할 수 있는 평범한 질문이다.)
- 책, 얼마나 많이 읽으셔요?(정말 궁금하다.)
- 주로 어떤 분야의 책을 읽으셔요?(개인 취향인데.)

책 찾기 대회(놀이)도 할 수 있다. 『난중일기』를 찾아라. 책사랑방에 여러 판본의 『난중일기』가 있다. 심봤다! 책등에 제목도 선명한 『난중일기』 5권이 나란히 꽂혀있다. 찾은 책은 상품으로 준다. 상품을 많이 줄 수 있으면 문제를 많이 낸다. 『태백산맥』을 찾아라. 『토지』를 찾아라. 몇 해 전 수해로 10만 권을 잃고도 지금 12만 권이나 진열되어 있다니, 가히 세상의 모든 책이 있을 것 같다.

◈ 화엄사

구례군 마산면 화엄사로에 있는 대한불교조계종 지리산 대화엄사, 화엄종의 중심 사찰이다. 무슨 설명이 필요할까. 내가 열세 살 때 처음으로 수학여행 갔던 곳, 지금도 그 모습 그대로다.

§ 운이 좋으면 깊은 산속 고찰에서 음악회를 만날 수도 있다. 이런 경우를 일러 '천재일우(千載一遇)'라 하겠다. 절집 마당에서 여름밤 음악회라니, '모기장 영화음악회', 이름도 창의적이고 낭만적이다. 미리 신청한

사람들에게는 몸에 좋은 제철 야식, 감자와 옥수수를 준단다. 홍매화를 그린 손부채 선물도 있다.

이름난 음악평론가의 해설을 들으며 영화와 오페라의 명장면을 대형 스크린으로 보고, 주제가와 아리아의 현장 연주를 감상한다. 이거야말로 아이들 말대로 득템이다.

'이 세상은 결코 한순간도 멈추지 않아요.'

남성 팝페라 그룹 '트루바'가 〈일 몬도〉(Il Mondo, 이 세상)를 부른다. 결국 부처가 오래전 깨닫고 우리에게 가르쳐준 것 아닌가. 순식간에 음악회는 끝났다. 영상으로 나오던 푸치니와 피가로도 사라지고 모기장 안에 앉아 있던 사람들도 자리를 털고 일어나 속세의 자기만의 방으로 돌아갔다. '색즉시공 공즉시색', 찰나의 일 몬도였다.

^ 템플스테이, 일생에 한 번은 산사에서 1박 해보기 어떤가. 이름난 절마다 2박 3일이나 3박 4일 출가 체험 프로그램도 마련되어 있다. 여름이라면 웅장한 계곡 물소리를 들으며 서늘한 절집에서 피서를 하게 될 것이다. 며칠간 불교문화를 접하고 보면 절은 기와지붕만 보고 지나가는 관광지가 아니라는 것도 알게 될 터다.

연곡사

연곡사는 검색, 요약 정리하여 친구에게 해설해 주기.

3) 디저트 카페

플레이리스트

〈Il Mondo〉(일 몬도)-〈Il volo〉(일 볼로)

오늘의 플리는 화엄사 '모기장 영화음악회'에서 들었던 <일 몬도>다. 영화 <어바웃 타임>에 나오는 이탈리아 칸초네다.

〈행여 지리산에 오시려거든〉 이원규 시, 안치환 곡·노래.

노래는 사람을 어디까지 데리고 가는가. 고개 들면 사방이 지리산으로 둘러싸인 구례에서 듣는 이런 시 노래. 지리산에 사는 지리산 시인 이원규의 시다. 나중에 필사도 하자.

필사 와플 한 장 _

이병주 문학관에 공개해 놓은 구절들을 골랐다.

「소설 알렉산드리아」

황제는 비록 죽는 한이 있더라도 노예가 될 수 없다. 나는 단순히 황제로서의 비자유를 노예의 자유와 바꿀 수 없다는 심정을 가졌을 뿐이다.

「관부연락선」

중학교 역사책을 보면 의병을 기록한 부분은 두세 줄밖에 되지 않는다. 그 두세 줄의 행간에 수만 명의 고통과 임리한 피가 응결되어 있는 것이다.

「지리산」

사상에 지조가 없으면 속물의 박식이 되고 만다. 속물의 박식을 갖고는 대중을 지도할 수 없고, 인류를 진보시킬 수도 없다.

「산하」

우리에겐 청춘은 없었다. 청춘은 광택이 있어야 하는 거다. 진리에 대한 정열로써, 포부를 가진 사람의 자부로써, 뭐든 하면 된다는 자신으로써 빛내야 하는 건데, 우리에겐, 아니 정확하게 말하면 내게 그런 것이 없었어.

앗, 아무래도 아쉽다. 시 한 편 더 쓰자.

굳이 지리산에 오려거든
불일폭포의 물방망이를 맞으러
벌 받은 아이처럼 등짝 시퍼렇게 오고
벽소령의 눈 시린 달빛을 받으려면
뼈마저 부스러지는 회한으로 오시라

그래도 지리산에 오시려거든
세석평전의 철쭉꽃 길을 따라
온몸 불사르는 혁명의 이름으로 오고
최후의 처녀림 칠선계곡에는
아무 죄도 없는 나무꾼으로만 오시라

그러나 굳이 지리산에 오고 싶다면
언제 어느 곳이든 아무렇게나 오시라

그대는 나날이 변덕스럽지만
지리산은 변하면서도 언제나 첫 마음이니
행여 견딜 만하다면 제발 오지 마시라

_이원규, 「행여 지리산에 오시려거든」

(전 6연 가운데 3, 4, 6연을 골랐다. 그렇게 고른 이유와 기준은 무엇인가? 이유와 기준은 따로 없다.)

어머니산 지리산은 많은 것을 품고 있다. 넓고 깊은 품에 안겨 살아가는 시인, 소설가, 화가 그리고 생활 예술인들이 많다. 그들의 작품을 감상하면서 우리는 사유와 인식의 폭을 넓힌다.

행여 이 시가 좀 어렵더라도 시낭송가처럼 낭독하고 손글씨로 적으며 마음에 새겨 놓으라. 살다 보면 언젠가 봄눈 녹듯이 의미가 스르르 풀릴 날 있으리라. 시뿐이랴. 지금 겪고 있는 어떤 불가해한 상황도 부지런히 공부하고 일상을 갈고 닦으면 언젠가 훤히 풀릴 날이 있으리니, 아직 10대인 그대, 실망하지 말 일이다.

◎ 아침 명상 한 잔, 모닝페이퍼 한 장

새날에는 새로운 생각을.

아침을 여는 자신만의 의식을 만들자.

현재 나의 아침은 어떠한지 돌아보자. 혹시 매일 늦잠 자고 허둥지둥 옷 입고 학교 버스 타러 집을 나서지는 않는가. 하루를 시작하는 의식을 만들어 일상을 가꾸어 보자. 그것이 또한 일생을 가꾸는 일이다.

매일 같은 일을 꾸준히 해서 일정량 이상이 축적되면 그 이전의 자신으로 돌아갈 수 없을 만큼 크게 성장한다.

아침에 잠에서 깨어 할 수 있는 일은 의외로 많다.

- FM 라디오 고전음악 감상(가성비 좋은 아침 음악회)
- 요가 동작이나 스트레칭(영상 보며 따라 하기)
- 108배 수련으로 몸과 뇌 깨우기(100배만 해도 된다. 15~20분 소요)
- 영어 교과서 큰 소리로 낭독하기(한 학기만 계속하면 외국 어학연수와 맞먹는 효과, 독일어 프랑스어도 좋다.)

◎ (나의 소중한) 나중일기

멋진 구절을 따라 적어봤으니 일기도 멋지게 쓸 수 있을 것이다. 오늘 일기는 이병주 작가처럼 아포리즘을 하나 만들어 써보기 도전!

일기 쓴 후에는 오늘 섬진강 책사랑방에서 산 책을 읽고 잠자리에 들자.

그러니까 저녁독서다. 아침독서 못지않게 잠들기 전 잠깐 독서는 훌륭한 습관이다.

§ 정이의 라떼 일기 훔쳐보기

책 이야기를 조금 더 해본다. (책 이야기는 해도 해도 끝이 없다.) 연말에 학교 도서실에서 오래되었거나 훼손된 책을 폐기한다. 그렇다고 버리기는 아깝다. 책등에 십진 분류 띠지와 청구기호 라벨이 붙어있는 그것들은 집 책장에 꽂아놓으면 또 그대로 정감이 간다. 나도 소장하고 싶어 몇 권을 챙겨놓았다. 아이들을 불러 나눠주기로 한다. 그런데 아이들이 말은 안 하고 내 눈치를 보며 슬슬 뒷걸음질로 도망가버린다. 쓸쓸해진 나는 중얼거렸다.

"나는 너희가 책벌레가 되면 좋겠는데, 너희는 책을 벌레 보듯이 도망가는구나."

학교 도서실에서 폐기한 책들이 섬진강 책사랑방과 부산 보수동 헌책방과 서울 청계천 헌책방 거리에 모여 책의 바다를 이루고 있을까. 인천에도 있다, 배다리헌책방 거리. 다른 도시에도 헌책방, 독립책방, 동네책방, 골목책방 등이 곳곳에 들꽃처럼 야생화처럼 소담하게 피어 자리하고 있을 터다. 학생 수가 줄어드는 시골의 단층 폐교나 폐공장 등을 서점으로 꾸며 운영하는 곳도 많다. 작은 책방들은 새 책과 헌책을 같이 팔고, 전시회와 작은 음악회와 북토크 등 문화행사를 하며 마을의 등불 역할을 해낸다.

한적한 골목에서 밤이면 따스한 조명을 밝히고 손익을 계산하지 않으며 묵묵히 자리를 지키는 서점 주인님들의 마음이 되어본다. 섬진강변 호젓한 그곳에 세상 모든 책이, 책방이 있다는 것을 사람들이 부디 기억하기를 빈다.

5일

구례군 구례읍 섬진강 책사랑방 ~ 곡성군 곡성읍 곡성군청

5일째다. 어제 섬진강 책사랑방에서 구입한 책 중 무겁지 않은 걸로 한 권을 골라 배낭에 담고 출발한다. 꼭 이순신에 관한 책이 아니어도 괜찮다. 여행과 걷기는 책과 함께 완성된다. 섬진강변 어드메서 발걸음을 쉴 때 강바람 맞으며 책을 펼쳐 읽어보자. 나무 그늘이나 넓적한 바위나 정자도 좋다.

그런데 이런 말이 들려온다.

"샘, 다리 아파요."

"목말라요. 배고파요. 꼭 걸어야 해요?"

"안 가면 안 돼요? 차로 가면 안 돼요?"

얘들아, 투정 부려서 달라질 것 같으면 그리 하렴. 하지만 샘들도 마찬가지로 힘들겠지. 너희처럼 샘들도 격려와 응원이 필요하단다.

1) 여정

섬진강 책사랑방–압록–가정역–침실습지–곡성 섬진강 기차마을–곡성군청: 25㎞

2) 여기 멈춤

@ 압록원

∞ 타임리프 『난중일기』 1597년 8월 5일(양력 9월 15일) 맑음

식사 후 압록강원에 가서 점심밥을 짓고 말의 병도 치료했다. 고산현감 최진강이 군인을 건네줄 일로 와서 수군의 일을 많이 말했다. 오후에 곡성에 가니, 관사와 마을이 온통 비어 있었다. 이 고을에서 유숙했다. 남해현령 박대남이 곧장 남원으로 갔다.

'원(院)'은 고려와 조선시대, 역과 역 사이에 설치하여 공무를 보는 벼슬아치를 머물게 하던 숙소다. 압록원에도 임진왜란 당시 국영 여관이 있었다. 압록(鴨綠)은 두 갈래의 푸른 물줄기가 합해지는 곳이라는 의미다. 구례와 경계를 이루는 압록은 보성강이 섬진강과 만나는 지점이다. 강물은 지리산을 품은 구례·하동을 가로질러 광양 망덕포구에서 남해로 흘러든다. 당시 압록은 물산의 집산지였다.

@ 섬진강과 침실 습지

침실 습지는 천혜의 자연환경이 잘 보존되어 있는 곳이다. 수달, 흰꼬리수리, 삵 등 멸종위기 동물의 서식지이기도 하다. 이른 아침 몽환적인 물안개와 일출, 한 폭의 수채화 같은 한낮과 고즈넉한 일몰 등, 시시각각 변하는 풍경은 보는 이의 마음을 씻어준다. 섬진강 유역인 곡성군 고달면 고달교에서 오곡면 오지1교까지 서울 여의도 면적과 비슷한 규모의 광활한 강 습지로 물버들과 울창한 갈대숲이 볼 만하다.

자연, 인간은 자연 속에서 자연의 일부로 살아간다. 식물과 동물, 산과 바다, 물과 돌에 기대어 의식주를 해결하고 생명을 유지한다.

자연은 인간이 정복할 대상이 아니다. 눈앞의 이익을 따져 훼손할 대상은 더욱 아니다. 자연은 바로 우리 자신이다.

✪ 곡성 섬진강 기차마을

지금은 보기 드문 증기기관차, 디젤기관차, 객차 등을 구경할 수 있다. 몇 가지 놀이시설이 있다. 어른들도 잠시 동심으로 돌아가 느린 속도로 레일바이크를 타며 계절과 자연을 즐긴다. 증기기관차는 가정마을까지 편도 30분씩 관광용으로 운행한다.

^ 낭만 기차여행-기차마을에서 가정역까지 30분, 다시 가정역에서 기차마을까지 30분, 왕복 한 시간 동안 기차를 타보자. 버스나 승용차와는 다른 정취를 느낄 수 있다. 기차 안 초록색 벨벳 의자에 앉아 삶은 계란에 사이다를 곁들여 먹고 마시면 더 좋을 텐데 가능할지.

기차에서는 책을 읽어야 한다. 책 중에서도 소설이 가장 어울리지 않을까. 여행 중 기차에서 읽은 책은 오래 잊히지 않을 것이다. 통기타 치며 노래 부르거나 음식을 먹어도 즐겁겠지만 아무래도 기차에서는 독서가 어울린다. 적당한 진동으로 덜컹거리는 기차에서 창밖으로 느리게 흐르는 경치를 감상하며 소설을 읽는다.

코레일에서 운영하는 '내일로 패스' 기차여행을 소개한다. 자유 이용권으로 3일 또는 7일간 우리나라 곳곳을 여행하는 관광상품이다. 나이 제한이 없어졌고 29세 이하라면 조금 더 할인되는 가격으로 가능하니 청소년과 젊은이들에게는 좋은 기회다. 코레일 누리집에서 정보를 검색해서 가족이나 친구와 알차게 국내 일주를 할 수 있다. 독서와 열차를 합쳐 독서열차 프로그램을 만들면 어떨까. 전남교육청에서 운영했던 '시베리아 횡단 독서열차학교'를 국내형으로 구성하여 중고등학생 체험 프로그램으로 만들어도 좋을 것이다.

말 타고 다니던 이순신 장군이 이 시대의 탈것들을 보면 뭐라고 할지 궁금해진다, 기차뿐 아니라 승용차와 고속버스, SRT와 GTX는 물론 전기차와 무인 자율자동차 등을 430년 전 사람들의 시선으로 보면 역시 놀랍지 아니한가.

@ 곡성군청

옛 곡성현청 자리다. 이순신이 압록을 거쳐 도착한 곡성현청은 비어 있었다. 여염집도 한결같이 비어 있었다. 백성들은 관리들의 대피 유도를 받아 피난을 떠난 뒤였다. 이순신은 이 현청에서 하룻밤을 묵었다. 이 자리에는 지금 곡성군청과 곡성성당이 있다. 옛 흔적은 찾을 수 없고 고목이 된 노거수만 묵묵히 그날의 현장을 증거한다.

@ 가정역(폐역)

곡성 섬진강 기차마을을 출발한 증기기관차가 멈추는 곳이다. 섬진강 출렁다리를 건너면 강변 자전거도로와 만난다. 강변 밤하늘의 별을 헤아릴 수 있는 섬진강 천문대도 있다.

3) 디저트 카페

♪ 플레이리스트

〈My Way〉 프랭크 시내트라, 셀린 디온 노래

길은 또한 달리기 위한 것. 마라톤 영화 〈마이웨이〉의 마지막 장면이 떠오른다.

러너의 하이(Renner's High), 고통과 환희에 찬 주인공에 감정 이입해서 뭉클해진다. 일정 거리 이상을 달린 뒤에는 고통과 희열이 같은 경지에 이른다니 인간의 신체와 정신의 조화가 신기하기만 하다. 문득 내가 혼자라고 생각될 때, 혼자 먼 길을 가고 있다고 느낄 때 떠오르는 영화이고 주제 노래다.

이순신은 혼자가 아니었다. 그의 뜻을 알아주는 장수들과 그를 따르는 병사들, 그리고 스스로 일어난 의병들이 있었다. 그의 명성을 듣고 고을마다 그를 기다렸다가 동참하는 백성이 있었다. 하지만 선두에서 모두를 이끌어 지휘하고 결단을 내려야 하는 그는 얼마나 고독했을까. 그 깊은 마음을 짐작하기 어렵다. 장군의 마음이 되어 본다.

〈내 마음의 강물〉 이수인 시, 곡

강가에 왔으니 강 노래를 들어보자. 길은 강을 따라 흐른다. 강은 길을 벗하여 흐른다. 저만치 사람들의 마을을 건너다보며, 논과 들을 적시고 우물과 둠벙과 저수지를 채워주고 산을 휘돌아 흘러간다. 강물은 우리네 마음속에도 흐르나니, 누구나 가슴에 시퍼런 강물 한 줄기씩 품고 이 거친 세상을 건너간다.

인간의 청각은 새로운 것보다 알고 있는 익숙한 것을 선호하고, 시각은 낯설고 새로운 것을 즐겨 찾는다고 한다. 많이 접하여 익숙해지면 다른 장르의 음악도 좋아할 수 있다는 의미다.

음악 시간에만 듣는 가곡을 가끔 찾아 듣고 곡조와 노랫말이 귀에 익으면 그윽한 맛을 알게 될 터다. 가요나 팝이나 랩과는 다른 맛을 알고 취향의 폭을 넓힌다.

〈엄마야 누나야〉 김소월 시, 안성현 곡

김소월 원작 시에서 화자 소년은 엄마와 누나를 부른다. 강변에서 같이 살자고. 엄마와 누나는 어디 있을까? 시인이 살았던 시대 배경을 그려보자. 일본에 주권을 빼앗기고 국토를 유린당한 시대, 가난하고 쓸쓸한 당시 가족의 모습은 또 어떠했을지. 이순신이 목숨으로 지켜낸 이 땅을 우리는 잘 지켜내지 못했음을 아프게 각성한다.

강이야 어디에나 많지만, 노래에 나오는 금빛 모래가 있는 강변은 아무래도 섬진강 강변일 것 같다. 이 노래는 자장가로도 그만이다. 어린 동생이나 조카가 있다면 잠 재우면서 나지막이 불러주자. 감수성 예민하고 귀 밝은 아기들이 휴대폰이나 유튜브로 애니메이션 주제가만 들으며 자란다면 참으로 안타까운 일이다.

〈청산에 살리라〉 김연준 시, 이현철 곡

학교 음악실에서 부르던 〈청산에 살리라〉를 불러보자. 깊고 높은 청산, 지리산을 눈앞에 마주하고 들어보고 불러보자. 인생 애창곡이 될 수도 있다. 가곡의 그윽한 아름다움에 매료당하고 말리라.

마을을 떠나 민가가 없는 깊은 산중에 들어가 살면 조세를 면할 수 있었단다. 가진 것 없는 서민에게는 가혹하기만 했던 조세, 사나운 호랑이보다 무섭다는 조세에 시달리는 서민들이 나라의 위기 앞에서는 가진 것 다 내놓고 그예 목숨까지 바치기를 두려워하지 않았다는 사실이 아프게 다가온다.

❗ 필사 와플 한 장

가슴 벅찬 하루를 저녁 식사만으로 접을 수는 없다. 시 한 잔, 소설 한 대접, 글 한 소반 차려 음식에서 맛볼 수 없는 흐뭇한 성찬을 즐겨보자.

내가 고등학교 다니던 어느 겨울방학이었다. 전직 빨치산이었던 내 아버지 고상욱 씨는 이십 년 가까운 감옥살이를 마친 뒤 자본주의의 중심 서울로 향하지 않고 버스도 다니지 않는, 심지어 전기도 들어오지 않는 고향에 터를 잡았다. 자본주의의 적인 사회주의를 신봉하는 자가 아직 자본의 맛도 보지 못한 깡촌을 택하다니

이 또한 코미디다. 하지만 독재정권 치하에서 사회주의자가 갈 곳이 어디 있었겠는가. 환갑을 바라보는 나이에 아버지는 초짜 농부가 되었다.

_정지아, 『아버지의 해방일지』 8쪽 3~11행

2023년 한 해 동안 가장 많이 읽힌 소설 중 하나다. 베스트셀러 1위 자리를 오래도록 지켰고 30만 부 기념 리커버 판도 나왔다.

구례가 고향인 정지아 작가. 2023년은 문학계에서 그의 해였다. 사회주의자 빨치산이었던 아버지가 주인공이다. 정지아 작가 덕분에 개인의 생애에 스민 분단의 역사를 한 편의 소설로 읽을 수 있게 되었다. 이념과 정치 이데올로기를 따뜻하고 유쾌하게 조리하여 푸근한 인간의 이야기로 차려냈다.

소설 중 대화에 푸근한 구례 사투리가 많이 나온다. 대화는 특별히 적기 전에 소리 내 낭독하자. 몇 번 읽어보면 억양을 살려서 낭독할 수 있으리라. 우리나라 지역 곳곳의 방언은 보존해야 할 언어 유산이다.

대화를 표준어로 고쳐보고 그 맛을 비교해 보는 것도 좋겠다. 10대에게는 외국어 번역인 듯 차이가 클 수도 있겠다. 조부모님과 함께 사는 10대라면 표준어로 표현할 수 없는 구수하고 깊은 방언의 맛을 알 수 있을 터. 평소 할머니 할아버지의 말을 종이에 옮겨 적어 보는 것도 그대로 문학 작품이 될 수 있다.

430년 전 언어는 어떠했을지 짐작해보자. 어휘는 물론, 당시 선조들은 우리와는 두상과 안면, 구강 구조도 다를 터이니 발음과 억양에도 많은 차이가 있을 것이다. 언어의 특성 중 역사성을 실감하게 될 것이다. 오늘 필사는 우리 맛 김치전 한 장이다. 몇 행 더 써보자.

"소쿠리를 팔러 왔는디 그만 나갈 때를 놓쳤다마. 엄동설한에 워디서 잘 것이여.

당산나무 밑에서 코를 빼고 안겄는(앉아있는) 것을 나가 우리 집서 자자고 델꼬 왔네. 후딱 밥부텀 채리소."

"참말 죄송시럽그만이라. 따신 방은 무신, 외양간이라도 좋응게 하룻밤 신세 쪼까 지겄어라."(10쪽 13~18행)

오, 마침 이런 시가 눈에 띈다. 오늘 저녁에 어울리는 시다. 박남준 시인은 지리산에 산다. 하동군 악양면 동매리 심원재가 그의 집이다. 별명은 '버들치 시인'. 그에 관한 고운 일화가 너무 많아 말로 다 할 수 없다. 시인이 그림을 곁들여 사인해 준 시집에서 한 수를 골라 적는다. 지리산이 된 시인, 시가 되어버린 시인, 오솔길 시인, 박남준 시인이다.

시간을 내어 시인이 사는 집 심원재에 찾아가면 반갑게 맞아줄 것이다. 순한 사람, 남을 위해 한 번이라도 울어본 사람이라면 만나주신다니 순정한 영혼의 학생들이 찾아가면 기꺼이 맞아주실 터다. 그가 내어주는 차 한 잔 마실 수 있으면 더욱 좋겠다. 그의 시 낭송이나 노래나 춤은 아무나 아무 때나 볼 수 있는 게 아니니 기대하지 않는 편이 나으리라. 하지만 심원재에 갔다면 세상에 없는 화장실은 구경해야 하리라.

어머니산 지리산 골짜기마다 깃들어 사는 예술가들을 생각하며 그의 시 「지리산 둘레길」을 적어 보자.

그대 몸은 어디에 두었는가
마음은 무엇에 두었는가
지리산 둘레길을 걷는다는 것은
몸 안에 한 그루 푸른 나무를 숨 쉬게 하는 일이네
때로 그대 안으로 들어가며 뒤돌아 보았는가
낮은 산길과 들녘 맑은 강물을 따라

사람의 마을을 걷는 길이란
그대 지금껏 살아온 발자국을 깊이 들여다보는 일이네
숲을 만나고 사람을 만나고 생명의 지리산을 만나는 길
그대 안에 지리산을 맞이하여 모신다는 일
껴안아 준다는 것이지 사랑한다는 것이야
어느새 가슴이 열릴 것이네
이윽고 눈앞이 환해질 것이네
그대가 바로 나이듯 나 또한 분별을 떠나 그대이듯이
이제 그대와 내가 지리산이 되었네
이제 그대와 내가 지리산 둘레길이네

지리산에 둘레길이 있다. 80여 개 마을을 지나며 22개 구간 285㎞라고 한다. 둘레길은 아니지만, 종일 지리산 언저리를 걸어온 우리, 이제 우리 지리산이 되고 지리산 둘레길이 되었다. 서로 만나 동행하고 또 헤어지는 것이 길이니, 조선수군 재건길과 둘레길은 동무길이 아닐지.

◎ 아침 명상 한 잔, 모닝페이퍼 한 장

오늘은 한 가지 도전해 보자. 휴대폰 없이 하루 살아보기, 어떤가. 디지털 디톡스, 폰 프리 챌린지, 혼자서는 어려운 일도 함께라면 가능하다. 꼭 필요한 사진 촬영을 위해 모둠별로 하나는 소지한다. 명량 챌린지 22일 동안 모둠원과 동행이 순서를 정하여 번갈아 도전한다.

혹시 인터넷과 디지털 기기 과의존 학생이 있고 그가 달라질 마음이 있다면 이번 기회에 적극 참여하여 변화를 도모해 볼 수 있겠다. 하지만 꼭 해야 하는 것은 아니니 의무감을 느낄 필요는 없다. 스스로 필요를 느끼고 달라지고 싶은 의지가 생긴다면 한번 도전해 봄직하지 않은가.

◎ (나의 소중한) 나중일기

오늘 도전 과제 '디지털 디톡스' 결과와 소감을 적어 보자. 일단 짐이 가벼웠을 터이고, 걷기와 자연에 더 집중할 수 있었으리라. 어머니 산, 지리산의 품에 안겨 '나는 오늘'로 시작하는 오늘 일기를 쓴다.

일기를 다 적은 후에는 모여 앉아 격식 없는 스몰토크로 오늘의 소감을 나누어 보자. 가볍게 시작한 대화가 진지한 대토론회로 이어질 수도 있다. 하지만 내일을 위해 잠은 충분히 자자.

§ 정이의 라떼 일기 훔쳐보기

옛날 기차를 타본 적 있는가. 어릴 때 순천과 벌교 사이를 기차로 자주 다녔다. 그게 통일호 열차였던 것 같은데 요즘은 하루 세 번 무궁화호 열차가 다닌다.

기차 안에는 빈 좌석이 없을 정도로 손님이 많았다. 지금도 잊히지 않는 광경이 있다. 기차에 오른 아주머니들이 자리에 앉기 전에 입고 있던 갑사 한복 치마를 벗어서 유리창 사이 고리에 걸어두고 하얀 속치마 차림으로 초록색 의자에 앉아서 이야기를 나누었다. 때로 구성진 노래를 합창하기도 했다. 처음 보는 사람도 객차 안에서는 모두 가족처럼 사소한 일상사를 소재로 이야기꽃을 피웠다.

(이것을 이야기꽃이라고 하지 않으면 달리 무엇이라 말할까. 사람 사이에서 꽃이 피어났다. 그것은 웃음과 위로와 위트와 해학의 다른 이름이었다. 1960년대였다. 정말 '라떼 일기'다. 지금은 통일호도 사라졌고, 관광을 위해 강릉에서 삼척을 운행하던 열차와 동해안 강릉 바다열차도 운행이 종료되었다고 한다. 예산 부족 때문이라니 안타깝다.)

이런 드라마틱한 장면은 이제 시대극에서나 볼 수 있을 것이다. 혹시 기차에 관심 있는 학생이 있을지도 몰라 적어 본다.

3
섬진강 애민길(가정마을—석곡)
– 민심을 다독이다

이순신이 1597년 8월 4일(음) 구례현을 출발하여 압록에서 점심식사를 하고 오후에 곡성현청에 도착했는데, 관사와 마을이 텅 비어 있었다. 왜군들이 쳐들어왔다는 소식에 사람들이 모두 피난 간 것이다. 정보수집을 위해 남해현령 박대남을 남원으로 파견했다.

타임리프 『난중일기』 1597년 8월 5일(양력 9월 15일) 맑음

거느리고 온 군사를 인계할 곳이 없다면서 이원에 이르러 병마사가 경솔히 물러난 것을 원망하는 것이었다. 아침 먹은 뒤 옥과 땅에 이르니 피난민이 길에 가득 찼다. 남자와 여자가 부축하고 걸어가는 것이 차마 볼 수 없었다. 울면서 말하기를 "사또가 다시 오셨으니 우리 이제 살았다."고 했다. 길가에 큰 홰나무 정자가 있기에 말에서 내려 타일렀다. 옥과현에 들어갈 때 순천에서 (거북선) 돌격장 이기남의 부자를 만나 함께 현에 이르니 정사준 · 정사립이 마중 나왔다.

타임리프 『난중일기』 1597년 8월 6일(양력 9월 16일) 맑음

옥과에 머물렀다. 초저녁에 송대립이 적을 정탐하고 왔다.

타임리프 『난중일기』 1597년 8월 7일(양력 9월 17일) 맑음

아침 일찍 길을 떠나 곧장 순천으로 갔다. 말 세 필과 활과 화살을 약간 구했다. 곡성현 석곡 강정에 유숙했다.

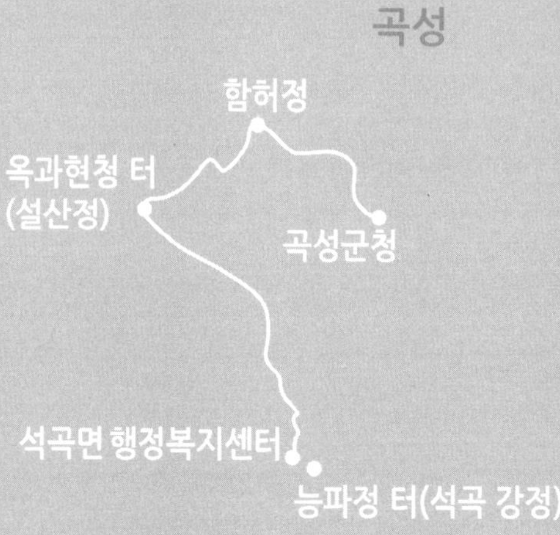

명량으로 가는 길 - **제3부 섬진강 애민길**

https://www.youtube.com/watch?v=y7bnt-ZW3oM

6일

곡성군 곡성읍 곡성군청 ~ 곡성군 옥과면 옥과현청 터

섬진강 애민길은 산을 바라보며 강을 따라가는 길이다. 어디서든 지리산이 보이고, 어디를 가든 섬진강 줄기가 눈앞에 있다. 지금은 여름이지만 봄 가을 겨울 계절마다, 아니, 달마다 주마다 일기일회(一期一會) 다른 풍경이리라. 이순신이 이곳을 지날 때는 늦여름이나 초가을이었으리라.

1) 여정

곡성군청–곡성경찰서–메타세쿼이아–청계동 계곡–함허정–유월파 정렬각–입면 소재지–옥과현청 터: 24㎞

이순신이 8월 5일(음) 아침에 옥과 땅에 이르니, 순천 낙안에서 올라온 피난민들이 길에 가득했다. 피난민 중에 거북선 선장 이기남과 총통 전문가인 순천 출신 정사준·정사립 형제를 만나 옥과현청으로 갔다. 옥과현감 홍요좌를 앞세워 곡식 창고와 병기고를 찾아 군량과 병기 상황을 점검했다.

우리도 그 시대를 살았다면 일본군을 피해 피난 가고 수군재건로에서 이순신을 보고 구세주를 만난 듯 반기며 환대했으리라.

2) 여기 멈춤

곡성 향교

곡성 향교에는 많은 비석이 모여있다. 비석은 역사를 기록하고 공유하는 수단이었으니 지금의 블로그나 인스타그램이다. 대부분 단단한 화강암으로 만들었지만, 지붕 없는 향교 뜰에서 세월과 비바람에 풍화되어가고 있다. 두툼한 이끼 옷 아래 옛이야기를 간직한 채 묵묵히 서 있는 비석 앞에서 생각이 많아진다. 이순신이 장수들과 의병들과 묵어간 곳, 비석군 곁의 노거수(老巨樹)들은 알고 있을 것이다.

청계동 계곡

너른 들판을 지나 청계동으로 향한다. 곡성읍과 입면 사이로 흐르는 계곡이다. 물 좋은 곡성의 3대 계곡 중 하나다. 편편하고 널찍한 바위 위로 맑은 물이 흐르고 소나무 숲이 울창해 피서지로 인기가 많다. 야외 캠핑장, 어린이 놀이터, 산책로 등이 갖춰져 있다. 천연 워터파크 물놀이장이다. 치유의 숲이다. 도시의 콘크리트 숲에서 병을 얻은 사람들이 숲에 와서 심신을 치유한다. 인간은 초록 없이 살 수 없다. 많은 사람이 다녀갔지만, 변함없이 옛 모습을 간직하고 있다. 유구한 자연의 힘이다.

이 청계동 계곡은 임진왜란 때 호남연합 6천 의병을 이끌던 양대박 의병장이 병사들을 훈련시킨 곳이다. 입구가 좁은 계곡이라 안전하고 맑은 물과 나무가 있으니 은거하여 일을 도모할 수 있는 곳이다. 양대박 장군은 학관 출신으로, 임진왜란이 일어나자 두 아들과 함께 가재를 털어 의병을 동원하고 운암 금산 전투에 참전하여 활약했다.

이분들이 이 시대에 살아 돌아와서 우리 문화, 우리가 먹고 마시고 노는 양을 본다면 뭐라고 할까. 문득 궁금해진다.

함허정

곡성군 입면 제월리에 있다. 1543년(중종 38) 당대 문사 심광형이 지역 유림과 시단(詩壇)을 논하기 위해 세운 정자다. 심광형은 광양, 곡성 등지의 사학에서 교육업무를 관장하는 훈도를 지냈다. 당시 옥과현감이 부임하면 꽃 피는 봄에 이곳으로 유생들을 불러 향약을 함께 읽으며 즐기는 향음례를 베풀었다고 한다. 지척에 하마석(下馬石)이 있어 당대 문사와 유림, 사대부들이 자주 드나들었음을 짐작할 수 있다.

작은 온돌방이 있고 사방에 툇마루가 있는 구조다. 주변에 제월습지가 있고, 보호해야 할 귀한 새들이 살고 있으니 생태환경을 연구하고 보존해야 가치도 크다.

함허정

§ 정자는 풍류다. 지붕과 기둥으로만 지은 우리의 독특한 건축양식이다. 눈비는 피하고 햇볕과 바람은 맞아들인다. 외부와 구분된 공간인 동시에 자연을 받아들이는 풍류의 공간이다.

함허정에서 보이는 풍광이 빼어나다. 저만치 아래로 굽이도는 섬진강 물길에 마음이 순해진다. 물이란 풍경으로도 꼭 필요한 것이다.

건물이 크지 않으나 자태가 수려하다. 나이테와 옹이가 붓으로 그린 듯 멋스러운 들보에 시와 기문(記文)을 새긴 편액이 걸려있다. 편액은 질박한 느낌인데 그중 하나는 부채꼴 모양으로 눈길을 끈다.

그러니까 정자는 오늘날 온라인 카페나 블로그나 인스타그램 같은 것인가 보다. 우리가 게시물을 올리고 댓글을 공유하듯, 선조들은 대면으로 모여서 눈앞에 실경산수를 바라보며 다투어 시를 짓고 토론을 했으리라. 그 기록을 500년이 지난 지금의 우리가 보는 것이다.

이 시대 인터넷에 쌓이는 우리의 흔적은 어떤가. 500년 후에도 향기롭게 전해질 기록을 하고 있는가.

^ 함허정 건축양식 자세히 살펴보기. 건축, 고미술, 목공 등에 흥미가 생길 수도 있다. 편액의 시구 중 한 구절이라도 붙잡고 풀이해보며 선조들의 풍류를 느껴보자.

함허정은 문학적 가치가 큰 곳이다. 정자에 앉아 시 짓기, 짧은 시 경연도 좋다. 한 구절씩 시를 이어짓기도 좋다. 한자 운 대신 우리말 시어를 정해서 시 짓기 대결을 하는 것도 재미있겠다. 명랑 발랄 10대들이 물가 정자에서 시 배틀을 하는 새로운 풍류가 유행하다! 상상만 해도 멋지지 아니한가. 멀리 풍경을 바라보며 가곡과 시조창과 애창곡 부르기도 해보자.

유월파 정렬각

곡성군 옥과면 합강리에 있다. 임진왜란 때 왜적과 싸우다 전사한 월파 유팽로(1554~1592)의 충절과 부인의 열행(烈行)을 기리는 제각(祭閣)이다. 1604년(선조 37)에 왕명으로 세웠다고 전해진다. 옥과면 합강마을에서 태어난 유팽로는 임진왜란이 일어나자마자 전국에서 처음으로 의병을 일으켰다. 고경명, 양대박 등과 연합 의병을 일으켜 금산에서 왜적과 싸우다 전사했다. 39세, 짧고 아까운 생애였다. 유팽로의 정려(旌閭), 그의 처 열부 숙부인 김씨 정려, 사당 도산사 등이 가까운 거리에 있다.

합강마을 민가 담장에는 그의 의병 활동을 그린 벽화가 있다. 의병 창의와 훈련 모습, 금산성 전투 장면과 순절한 유팽로의 시신을 운반하여 고향 집으로 돌아오는 그의 말 오리마를 그렸다. 그림이 소박하면서도 그 뜻을 잘 표현했다. 유월파 그림을 그린 담장의 집에 사는 사람들 이야기가 궁금하다.

3) 디저트 카페

플레이리스트

〈산은 옛 산이로되〉 황진이

산은 옛 산이로되 물은 옛 물이 아니로다.

주야(晝夜)에 흐르니 옛 물이 있을쏘냐.

인걸(人傑)도 물과 같아야 가고 아니 오노매라.

정자에서는 시조창이지. 함허정에 앉아 옛 산과 쉼 없이 흐르는 물을 바라보며 시조창을 들어보자. 흉내 내어 불러보자. 어렵지 않다. 가요처럼 랩처럼 멋대로 부른들 또 어떠랴.

〈들길 따라서〉 양희은 노래

"들길 따라서 나 홀로 걷고 싶어. 작은 가슴에 고운 꿈 새기며 나는 한 마리 작은 새되어~~" 청아하면서도 영혼 깊은 곳을 울리는 가수 양희은의 목소리는 많은 사람이 어려운 시대를 견디어 건너가게 해주었다.

10대, 집과 학교가 아닌 어디론가로 멀리멀리 가고 싶은 시기다. 그래서 나는 지금 어디만큼 왔나.

〈내가 사랑하는 사람〉 정호승 시, 안치환 노래. 시 노래.

국어 교과서에 실린 시다. 모든 시는 곡조가 없어도 그대로 노래다. 정호승의 시는 노래로 많이 만들어졌고 안치환 가수가 주로 불렀다. 안치환, 그가 부르는 모든 노래에는 울음이 섞여 있다. 시와 노래는 생의 슬픔을 위무하기 위한 것, 자신의 목숨을 조금씩 떼어내 노래에 담은 그의 절규를 안타까이 아껴 듣는다. 노래란 목청으로 입으로 하는 게 아니고 온몸으로 온 영혼으로 하는 것.

❗ 필사 와플 한 장

나는 폐허가 된 마당의 쑥대밭을 서성거리며, 30년 전 우리 집 머슴이었던 박판돌이를 기다리고 있었다. 그를 기다리는 나는 잠시도 마음을 가늠하지 못하고 언제 집이 들어있었느냐 싶게 돼지풀이며 쑥, 여뀌풀 따위의 잡초들이 시새워 무성한 봉당 위를 왔다 갔다 했다. 마음 저미고 몸달아 있는 나는 기실 박판돌을 만나기가 두려웠다. 30년 동안 어금니를 부드득 갈며 이날이 오기를 얼마나 몽글리어 왔던가. 그런데도 막상 그를 만나게 되는 순간이 오자 앙갚음할 생각에 앞서 되레 두려운 마음으로 떨고 있는 자신의 나약함이 부끄러웠다.

문순태의 「철쭉제」 세 번째 단락이다. 「징소리」와 함께 고등학교 문학 교과서에 실려 주요 시험에 자주 출제되었다. 세석산장과 벽소령 등 지리산 일대를 배경으로 화자와 박판돌 머슴 집안이 봉건적 신분제 시대인 일제강점기부터 6·25 전쟁 이후 3대에 걸쳐 겪는 갈등과 원한, 죽임과 복수, 숨겨진 진실과 화해 등을 다루었다. 마음 졸이게 하는 서사는 물론이고 인물의 심리와 자연을 묘사하는 빼어난 문장이 읽는 이의 온몸을 휘감아 지리산으로 데려간다. 읽을 때마다 새롭게 다가오는 명문장들을 낭독하고 필사하자.

서두에서 아버지의 복수를 도모하기 위해 박판돌을 기다리는 내가 왜 두려워하는지 결말의 반전에서 드러난다.

선생의 수많은 작품 중 65편을 선정하여 중단편선집 전7권이 출간되어 집필 시기별로 작품을 찾아 읽기에 좋다. 대하소설로 영산강과 영산포를 배경으로 한 『타오르는 강』 전10권이 있다. 동학혁명부터 광주학생항일운동까지를 역사적 배경으로 하여 웅보와 대불이 형제와 그 주변 인물들의 생존을 위한 분투와 새로운 세상을 향한 열망을 뜨겁고 애틋하게 그렸다. 전라도 토박이말이 가장 많이 실려 있어 따로 연구 사전을 발행했다.

나주시 영산포 일본인 지주 저택에 전시관 도서실 작은책방을 갖춰 '타오르는 강 문학관'으로 개관했다.

◎ 아침 명상 한 잔, 모닝페이퍼 한 장

아침에 일어나자마자 뭔가를 적어 본다. 자유롭게 의식의 흐름 기법으로 쓰자.

오늘은 어떤 도전을 해볼까. 모둠별 과제를 만들어 보자. 참신하고 신박하고 의미 있고 창의적인 걸로 생각해 보자.

인생을 알기 위해 어떤 이는 길을 떠난다. 역사를 알기 위해 우리는 걷는다. 오늘 걸은 만큼 우리는 성장한다.

◎ (나의 소중한) 나중일기

오늘은 무엇을 보았는가, 무엇을 들었는가. 나의 하루는 어떠했는가.

다리가 아프고 몸이 곤하다고 주저앉은 나, 문득 당시 의병들을 생각한다. 말없이 마지막 아침 밥상을 나누고, 단출한 짐을 꾸려 동네 어귀 당산나무 아래서 가족과 이별했으리라. 살아 돌아오기 어려운 출정, 기약 없는 이별이다. 죽음을 숙명으로 받아들이고, 색실로 이름을 새긴 내의를 입고, 그들은 돌아오지 못할 길을 떠났다.

§ 정이의 라떼 일기 훔쳐보기

유팽로의 충마 오리마의 무덤 의마총(義馬塚) 앞에 선다. 유팽로는 금산성 전투에서 순절한다. 그와 한 몸으로 다니던 말은 주인의 머리를 물고 합강리까지 3백 리 밤길을 달려 부인에게 건네주고, 울부짖으며 9일 동안 여물을 먹지 않고 굶어 죽었다. '의마비'에 상세한 내용을 새겼다.

오리마가 등에 무거운 안장을 지고 자기 무덤 곁에 동상으로 서 있다. 등걸 굽은 소나무 한 그루가 동무해 주고 있어 외롭지는 않을 듯하다. 무덤에는 잔디가 곱고 푸르다. 주변은 누군가 정성스레 다듬은 손길이 느껴진다. 옆에 단정한 정자 한 채를 짓고 '의마정'이라 이름 지어준 옥과 유림의 정성이 고맙다.

전쟁은 사람들끼리만 하는 게 아니었구나. 장군들을 등에 태우고 주인이 가자는 대로 가야만 하는 말이 느끼는 두려움을 나는 감히 짐작도 못 하겠다. 그들의 감각은 사람보다 몇 배 더 예민할 터인데 얼마나 두려웠을까? 이번 답사에서 새로이 알고 절감한 한 가지다. 나는 반려동물은 기르지는 않지만, 페스코 채식인(육류는 먹지 않고 생선, 동물의 알, 유제품은 먹는 채식 유형)이다.이다. 생명을 받아 태어나서 땅과 바다와 공중에서 호흡하며 인간과 함께 살아가는 모든 동물의 고통과 두려움에 공감한다. 푸르른 여름 하늘에 무심한 뭉게구름만 가득 피어오른다.

사실 의마총은 전국 곳곳에 있다. 전에 근무하던 작천면 구상마을 들에도 정유재란 당시 남원전투에서 전사한 황대중 장군 애마의 무덤이 있다. 황대중 장군은 김억추, 염걸 장군 등과 함께 임진왜란 때 활약한 대표적인 강진 출신 장군이다. 장군의 시신을 남원에서 구상리까지 매달고 온 그의 애마의 무덤을 장군의 후손들이 잘 관리하고 있다. 미처 몰랐고 무심하여 찾아가 볼 생각을 하지 못했다. 지도에서 찾아보고 아이들과 답사했더라면 좋았을 텐데 아쉽다. 나 혼자라도 들러봐야겠다.

우리가 매일 왕래하는 곳 바로 가까이에 유서 깊은 역사의 흔적들이 있다. 마을 한가운데, 집 옆에, 학교 가는 길에 있는 유적지와 문화재를 찾아보자. 공부하고 다듬고 보존하여 그 의미를 새기자. 학교는 물론 문화원, 향교, 면사무소, 읍사무소 등 지역 기관에서 나서고 마을의 서사를 알고 있는 문화해설사와 어른들이 큰 역할을 해주면 좋겠다. 마을의 노인 한분 한분은 바로 도서관 하나에 해당하는 서사와 역사를 알고 계신다. 어른들이 살아계실 때 크게 배울 일이다.

7일

곡성군 옥과면 옥과현청 터 ~ 곡성군 석곡면 능파정

건강을 위한 일상 걷기에 사람들의 관심이 높다. 걷기 방법도 다양하다. 뒤로 걷기, 뒷짐 걷기, 계단 오르내리기, 맨발 걷기, 물속 걷기 등 셀 수 없이 많다. 심지어 네 발 호족 걷기도 있다.

이번 기회에 자신에게 맞는 걷기 방법을 알아보는 것도 좋겠다. 나이 든 뒤나 건강을 잃고 나서 서둘러 시작하지 말고, 젊고 건강할 때 예방하는 게 현명한 일이 아닐까. 건강을 목적으로 운동 삼아 걷는 것도 좋지만, 일상생활에서 걷기는 필요한 덕목이다. 자동차를 두고 가까운 거리를 걷는 일은 건강뿐 아니라 환경을 위해서도 필요한 일이다. 일상에서 걷기에 적절한 거리는 얼마쯤일까. 2㎞ 정도면 어떨까. 생업에 지장을 받지 않을 정도, 바쁜 일상에서 잠시 자신을 찾고 숨고르기를 할 수 있을 정도로 걷는 것은 어떤가.

1) 여정

옥과현청 터–겸면천 제방길–삼기면소재지–곡성IC–농소마을–석곡면 행정복지센터–능파정: 25㎞

이순신은 8월 7일(음) 대황강변 능파정에 도착하여 지역 유지이자 오랜 친구인 신대년을 만났다. 석곡 능파정은 신숭겸의 후손이자 이순신의 친구 신대년이 지은 집이다. 이순신은 능파정에서 신대년 형제들과 지형 및 군사 정보를 나누고 일본군을 물리칠 전략을 논의했다. 이순신이 능파정에서 잠을 자는데, 전사한 군관이 나타나서 '물레방아 터에 있는 거룻배로 군사와 물자를 건너라'고 하여 이순신은 바로 길을 나섰다. 전라병마사(이복남) 부대에서 이탈한 군사와 말 세 필, 약간의 활과 화살 등을 모아 보성강을 건너 순천으로 향했다.

2) 여기 멈춤

 # 옥과현청 터

∞ 타임리프 『난중일기』 1597년 8월 6일(양력 9월 16일) 맑음

아침 식사 후 옥과 땅에 이르니 피난민들이 길에 가득했다. 매우 놀라운 일이다. 말에서 내려 앉아 그들을 타일렀다. 고을에 들어갈 때 이기남 부자를 만나 함께 고을에 도착하니, 정사준과 정사립이 마중 나와서 함께 이야기했다. 옥과 현감 홍요좌는 처음에는 병을 핑계 삼아 나오지 않다가, 얼마 후 와서 만났다. 그를 잡아다가 처벌하려 했기에 보러 나온 것이다. 이날은 옥과에서 유숙했다. 초경에 송대립 등이 적을 정탐하고 왔다.

조선시대 옥과현청이 있던 자리다. 지금의 옥과 시외버스정류장 맞은편이다. 당시 이순신이 말 타고 들어간 옥과현은 피난민들로 북새통이었다. 밀려드는 일본군을 피해 순천과 낙안, 구례에서 온 백성들이었다. 피난민들은 이순신을 보고 '사또가 다시 오셨으니 우리는 이제야 살았다.'며 울면서 기뻐했다. 몇 해 전 면사무소가 옮겨간 뒤 공원과 주차장으로 변했다. 공원 한편에 당시 현감 등 관리들의 덕을 기리는 송덕비

가 줄지어 서 있다. 이 비석군과 노거수에서 이곳이 옛날 현청이 있던 곳임을 짐작할 수 있다.

조선수군 재건로 안내표지판도 상세히 안내되어 있다.

능파정

옥과현에서 순천부로 가던 이순신이 하룻밤 유숙한 곳이다. 속마음까지도 알아주는 이순신의 오랜 친구 신대년이 학문을 연구하는 공간으로 지은 집이다. 강가에 자리하여 '강정'으로 불린다.

이순신은 현지 사정을 잘 아는 신대년을 찾아 병참 확보 방안을 논의했다.

가까운 석곡면 행정복지센터에는 그 시절 벼슬아치들의 공덕을 기리는 비석군이 남아있다. 능파정이 들어섰던 강변 바위에 수많은 시인 묵객이 다녀간 흔적으로 글귀가 새겨져 있다. 가까이에 옛 능파정 터도 있다.

샘들은 빗길에 우산을 쓰고 걷는다. 땡볕 더위를 이기고 왔는데 이런 비 정도야 오히려 더위를 식혀주니 다행이다.

석곡 능파정

^ 정자에 앉아 보성강의 지류 겸면천을 바라보자. 휴대폰은 꺼내지도 말고, 사진 찍지 말고, 눈으로 마음으로 오래 바라보자. 이마에 부딪는 바람결을 맞고, 그 바람에 실린 풀냄새를 맡고, 어디 멀리서 이 땅의 민초들 아우성 같은 것이 들려오지 않는지 귀 기울여 보자. 깊은숨을 쉬며 눈을 감으면 더 잘 보이고 잘 들릴지도 모른다.

조선수군 재건길, 이 길에는 이순신 장군의 발자취가 남아 있다. 발부리에 차이는 돌멩이에도, 해마다 다시 돋아나 산에 언덕에 푸르게 자라나는 풀뿌리에도 그 숨결은 남아 있다. 그의 고뇌와 백성과 나라를 위한 의지와 땅을 울리는 발걸음이 바로 이 길에서 오늘날 우리에게 전해지는 것이다.

3) 디저트 카페

플레이리스트

〈심청가〉 판소리

곡성은 심청의 고을. 판소리 〈심청가〉를 들어보자. 10대도 종종 듣다 보면 좋아할 수 있고 마음을 기울여 즐길 수 있는 우리 소리다. 요즘 공중파 TV의 가요경연을 통해 전 국민에게 관심을 받고 인기가 높아졌는데, 우리 핏속에 흐르는 우리 소리 판소리를 다시 살려내면 어떨까. 중국과 일본으로부터 수없이 침탈당하고, 안으로는 탐관오리에게 수탈당하면서 쌓인 정과 한을 담아 소리로 풀어낸 우리 조상들이 아닌가. 그 고통을 분연히 떨치고 면면히 살아온 조상의 정한(情恨)을 소리로 느껴보자.

§ 어릴 적 할머니의 옛날이야기를 들으며 자랐다. 놀부전, 장화홍련전, 혹부리 영감… 책도 없이 할머니의 입말 동화를 들으며 이야기 속 극적인 장면을 상상하곤 했다. 심청전을 들을 때면 나도 나중에 심청이처럼 할머니 할아버지에게 효도하리라고 다짐하곤 했다. 왕비가 된 심청이 우여곡절 끝에 아버지와 상봉하고 아버지가 눈 뜨는 대목을 들으며, 나도 할머니 할아버지가 부귀영화를 누리도록 호강시켜 드리리라고 다짐했지만, 어른이 되고서도 내 앞에 닥친 나날의 파도를 헤쳐오기도 벅찼다. 어느새 두 분은 먼먼 전설이 되어버렸다.
심청전은 나중에 '올바른 효란 무엇인가, 심청의 행동은 바람직한가?'라는 이성적이고 논리적인 결말을 유도하는 토론 주제가 되어버려 서글펐다. 나를 키운 영양소와도 같은 옛날이야기들, 구성지고 구수하고 그윽한 우리 소리로 들어도 좋다. 현장에서 듣는 서사와 문학 작품은 더 큰 힘이 있다.

〈산바람 강바람〉 윤석중 시, 박태현 곡

우리를 언제라도 유년으로 데리고 가는 동요. 먼지 낀 유리창을 닦은 듯 마음이 투명해진다. 우리는 모두 한때 아이였으므로 동요는 우리에게 유년의 기억을 안고 거친 세상을 건너가게 하는 돛배 같은 것이다. 작지만 무너지지 않는 단단한 배다. 유년기의 행복한 추억을 많이 간직한 사람은 성년이 되어서도 험한 물결을 가뿐히 이겨낼 수 있다.

〈같이 걸을까〉 이적 시·곡·노래

벌써 7일째다. 우리는 잘 가고 있다. 발이 아프고 무릎이 무겁지만, 그래도 앞으로 나아가고 있다.
10대라고 삶의 고단함을 모르겠는가. 가던 길에 주저앉아 울고 싶을 만큼 슬픈 일이 없었겠는가. 또한 사람을 키우는 것은 슬픔이 아니던가. 생각도 여리고 몸도 보드라운 10대들아, 이 곡 듣고 너무 많이는 울지 마라. 가수 이적의 노래

〈달팽이〉랑 〈다행이다〉도 좋다.

❗ 필사 와플 한 장

〈심청가〉를 필사해 보자. 판소리 사설은 우리 핏속에 흐르는 정서가 아니던가.

(중몰이) 예 소맹이 아뢰리다. 예 아뢰리다. 예 소맹이 아뢰리다. 소맹인 사옵기는 황주 도화동이 고토옵고 성명은 심학규요, 을축년 삼월 달에 산후병으로 상처허고 어미 잃은 딸자식을 강보에다 싸서 안고 이집 저집을 다니면서 동냥젖을 얻어먹여 게우 게우 길러내어 십오 세가 되었는디, 애비 눈을 띄운다고 남경장사 선인들께 삼백 석에 몸이 팔려 인당수 제수로 죽으러 간 지 삼년이오. 눈도 뜨지 못하옵고 자식만 팔아먹은 놈을, 살려두어 쓸 데 있소? 비수검 드는 칼로 당장에 목숨을 끊어주오.

(잦은몰이) 심황후 이 말 듣고 산호주렴을 걷쳐버리고 보선발로 우루루루루루루루 부친의 목을 안고, "아이고 아부지!" 심봉사 깜짝 놀래, "아버지라니 누가 날다려 아버지여? 에이? 누가 날다려 아버지여, 나는 아들도 없고 딸도 없소. 무남독녀 외딸 하나 물에 빠져 죽은 지가 우금(于今, 지금) 삼년인디, 누가 날다려 아버지여?" "아이고 아버지! 여태 눈을 못 뜨셨소? 인당수 풍랑 중의 빠져 죽던 청이가 살어서 여기 왔소. 어서어서 눈을 떠서 저를 급히 보옵소서."

심봉사가 이 말을 듣더니 어쩔 줄을 모르는구나. "아니, 청이라니, 에이? 청이라니? 이것이 웬말이냐? 내가 지금 죽어 수궁을 들어왔느냐. 내가 지금 꿈을 꾸느냐. 죽고 없난 내 딸 청이, 여기가 어디라고 살어오다니 웬말이냐? 내 딸이면 어디 보자. 어디 내 딸 좀 보자! 아이고, 내가 눈이 있어야 딸을 보제. 아이고 갑갑허여라! 어디 눈 좀 떠서 내 딸 좀 보자." 눈을 끔적 끔적 끔적 허더니마는 두 눈을 번쩍 떴구나.

과거 표기법과 사투리를 살펴보는 것도 좋겠다. 독서와 필사는 거인의 어깨 위에 올라서서 그 너머 세상을 바라보는 일이다. 글 쓸 때 표절은 안 되지만, 필사는 얼마든지 해도 된다.

필사는 글쓰기 전문가가 되기 위한 것만은 아니다. 필사하여 작가나 글 전문가가 될 수 있겠지만, 그게 목적은 아니다. 글은 우리가 매일 먹는 음식처럼 나를 키운다. 글을 먹는 일이 필사다. 천천히 소화시키며 먹는 영양 많은 식사다.

이 책에서 제시한 필사 목록 대부분은 한글로 쓴 글이지만 한자와 영어도 조금 있다. 이 책은 남도한정식 같은 책이니까 필사 자료도 고루고루 차렸다.

◎ 아침 명상 한 잔, 모닝페이퍼 한 장

아침에 할 수 있는 일, 하면 좋을 일을 나열해 보자.

따뜻한 물 마시기, 스트레칭으로 몸 이완하기, 잠시 깊은숨 쉬고 명상하기, 어젯밤 꿈 되새기며 기록하기, 몸에 좋고 마음에 득이 되는 많은 항목이 있다. 친구들과 아이디어를 나누고 나에게 맞는 의식을 만들어 하루를 열어보자.

벌써 명량 챌린지 일주일째다. 자신을 칭찬하자.

◎ (나의 소중한) 나중일기

어제까지 쓴 일기를 읽어보자. 견문과 감상이 많아지면 일기 분량도 따라서 늘어날 것이다. 하지만 몸 상태가 좋지 않으면 짧게 몇 줄만 적자. 장군도 몸이 아플 때는 한두 문장만 적었다.

일기를 적는 데 다른 목적은 없다. 일기 자체가 목적이다. 쓰다 보면 뜻하지 않은 좋은 열매를 얻을 수도 있지만 쓸 때는 그냥 쓰면 된다.

저녁에는 나눔을 한다. 신 벗고 땀 씻고 계절 자연식 밤참을 먹으며 하루 소감을 나누자. 여름엔 옥수수와 감자와 제철 과일, 겨울엔 곶감과 고구마가 좋겠다. 이순신의 생애에 대해 이야기를 나눈다. 그 시대, 전쟁과 백성의 삶과 그의 고뇌와 리더십에 대해 토론하자. 나와 생각이 다른 사람의 의견을 많이 들을수록 사고의 영역은 넓어지고 깊어진다.

§ 정이의 라떼 일기 훔쳐보기

명량 챌린지에서 전 구간을 완주하지 못해도 괜찮다. 골라 걷는 재미가 있는 22일이다. 일부 길이라도 마음을 다하여 걷는다면 그것도 훌륭하다. 하지만 역시 완주하는 것은 의미가 크다.

사실 나는 이 구간을 일행과 함께 걷지 못하고 나중에 혼자 답사했다. 겸면천 따라 걷는 길은 신록으로 우거져 호젓하고 운치가 있었다. 하지만 당시 이순신과 의병 일행이 여기를 지날 때의 모습을 상상하니 숙연해진다.

4
순천부 물자 충원길(석곡–낙안)
– 총통과 화살을 구하다

전쟁에는 많은 물자가 필요하다. 병사들의 의복과 식량은 물론 이동과 통신 수단, 그리고 무기가 있어야 한다. 석곡에서 낙안에 이르는 길은 조선수군 재건로의 물자 충원길이다.

타임리프 『난중일기』 1597년 8월 8일(양력 9월 18일)

(석곡에서) 새벽에 떠나 부유창에서 아침밥을 먹었다. 이곳은 전라병마사 이복남이 이미 부하들에게 명령하여 소각했다. 구치를 지나 순천에 이르니 성 안팎에 사람 발자취가 하나도 없어 적막했다. 저물어 순천에 이르니 관사와 곳간의 곡식과 군기 등 물건은 옛날과 같았다. 장전과 편전은 군관들에게 나르게 하고, 총통 등 운반하기 어려운 것은 땅에 깊이 묻고 표를 세웠다.

그대로 순천부사가 있는 방에서 머물러 잤다.

타임리프 『난중일기』 1597년 8월 9일(양력 9월 19일) 맑음

아침 일찍 떠나 낙안군에 이르니, 5리까지 사람들이 많이 나와 환영했다. 관리와 마을 사람들이 흐르는 눈물을 가누지 못하고 말했다. 점심 먹고 길 떠나 10리쯤 오니, 길가에 동네 어른들이 늘어서서 앞다퉈 술병을 바쳤다. 받지 않았더니 울면서 간곡히 권했다.

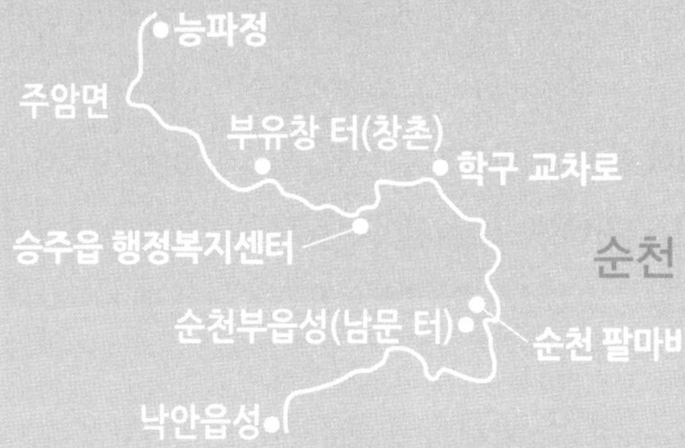

명량으로 가는 길 - 제4부 순천부 물자 충원길

https://www.youtube.com/watch?v=_U87bMwetgU

8일

곡성군 석곡면 능파정 ~ 순천시 승주읍 행정복지센터

조선수군 재건길, 우리 민족의 거룩한 길이다. 결코 잊지 말아야 할 신성한 길이다. 그 여정에서 만나는 장소에 알맞은 이름을 지어주자. 공간에 이름을 지어 부를 때 더욱 의미 깊은 장소가 된다. 지리적 행정구역 명칭이 아닌, 숨차게 이 길을 걸어간 사람들의 마음을 담아 이름을 짓자. 또 이 길에서 걷기 친구, 걷기 동료를 마주쳤을 때 나누는 인사말을 만들자.

이를테면 산티아고 순례길에는 '용서의 언덕'이 있다고 한다. 그곳을 지날 때는 국적이나 성별을 불문하고 누구나 하나쯤 가슴에 품고 있을 매듭을 스르르 풀게 될 터다. 그곳이 용서하는 언덕이니까. 또 오가며 걷기 동료를 만나면 "부엔 까미노(Buen Camino)"라고 인사하며 서로 좋은 여행길을 기원해 준단다.

우리 조선수군 재건길도 곧 널리 알려지고 세계인이 함께 걷는 국제적인 길이 될 것이므로 우리말 인사를 준비해 놓아야 할 것이다. 걷는 사람들의 사연과 콘텐츠가 차곡차곡 쌓여 점점 더 풍성해지기를 기대한다. 명랑 10대들의 에너지와 창의성을 모으면 가능하다.

1) 여정

능파정–보성강 제방길–주암중–창촌 부유창–접치재–승주읍 행정복지센터: 23㎞

2) 여기 멈춤

@ 보성강

길이 126.75㎞. 섬진강의 제1지류다. 보성군 웅치면 대산리 제암산 남동쪽 계곡에서 발원하여 미력면과 겸백면에서 보성강저수지를 이룬다. 북동쪽으로는 순천시 송광면에서 주암댐을 이룬다. 곡성군에 이르러 섬진강에 흘러든다. 중·상류 지역은 평야가 넓어 농업이 활발한 편이나 하류 곡성군과 순천시 일부는 협곡을 이룬다. 상류 보성군 겸백면에 축조한 보성강 댐은 수력발전뿐만 아니라 조성면과 득량면, 고흥군 대서면에 걸친 대규모 간척평야에 농업용수를 공급한다.

보성강 중류 지역인 순천시 송광면에는 주암 다목적 댐이 완공되어 거대한 주암호를 형성, 하천의 이용 가치가 크게 늘었다. 이 강 유역은 연 강수량 1,500㎜ 이상이며, 온난하고 해양성기후와 대륙성기후가 교차하는 지역으로 차(茶)나무 재배의 최적지다. 한국 차 생산의 대부분을 차지하며, 매년 이곳에서 다향제가 열린다. 강에는 은어와 자라 등이 서식한다.

창촌 부유창

당시 후방 병참 창고였다. 이순신은 석곡 강정에서 서둘러 이곳으로 갔지만 군량미를 입수하지 못했다. 전라병마사 이복남이 남원성으로 가면서 군수창고를 모두 소각한 뒤였다. 그 모습을 본 이순신은 『난중일기』에 "재만 남아 있어 보기에 참담했다."라고 썼다. 순천 왜교성 전투 때는 조선·명나라 연합군의 후방 기지 역할을 했다.

창촌 부유창 터 석조 기념물

타임리프 『난중일기』 1597년 8월 8일

새벽에 출발하여 부유창(순천시 주암면 창촌리)에서 아침밥을 먹으려는데, 병사 이복남이 이미 명령하여 불을 놓았다. 광양현감 구덕령, 나주판관 원종의, 옥구현감 김희온 등이 부유창 아래에 있다가 내가 당도한 것을 듣고 급히 달려가 배경남과 함께 구치로 갔다. 내가 즉시 말에서 내려앉아 명령을 내렸더니 동시에 와서 인사했다. 그들이 피해 옮겨 다니는 것을 말거리로 삼아 꾸짖었더니, 모두 그 죄를 병사 이복남에게로 돌렸다.

§ 일본군에 몰려 후퇴하면서 창고의 곡식과 군수물자들을 모두 불태웠다니, 너무 아깝고 안타까웠다. 오늘날처럼 교통과 통신이 발달한 상황이라면 장군 행렬 도착 시간에 맞춰 작전을 지연하여 군량과 무기를 아낄 수 있었을 텐데. 얼마나 낙심이 컸을까. 백성의 피 같은 곡식과 군수 물자에 불을 당겨야 하는 병사의 마음은 또 어떠했을까. 해설을 들으며 마음이 철렁 내려앉았다. 이후 논에서 햇볕을 받고 자라는 모가 예사로 보이지 않았다. 우리는 하릴없이 사진을 찍고 돌아섰다. 옛 사연을 모를 리 없을 텐데 신록에 둘러싸인 여름 한낮의 창촌리는 적요하고 평화롭기만 하다.

3) 디저트 카페

♪ 플레이리스트

〈나이 서른에 우린〉 백창우 시·곡

"나이 서른에 우린 어디에 있을까, 어느 곳에 어떤 얼굴로 서 있을까, 나이 서른에 우리 무엇을 사랑하게 될까." 10대에게 들려주고 싶은 노래다. 10대부터 20대까지 부를 수 있는 노래다. 서른이 넘으면 부를 수 없는 노래, 꿈꿀 수 있는 특권을 지닌 10대의 노래다.

"나이 서른에 나는 ~~~에 있다."라고 개사해서 불러도 괜찮다. 백창우 작가의 다른 노래도 찾아서 들어보기를 권한다. 자신의 음악 세계를 고집스럽게 지킨 작가다. 민중가요와 동요를 많이 만들었다. 어린이 노래패 '굴렁쇠 아이들'을 이끌고 활동하고 있다.

〈히브리 노예들의 합창〉 베르디 오페라 《나부코》 중

§ "날아라 상념이여, 금빛 날개를 타고…" 순천에서 고등학교를 졸업하고 나는 광주에 가서 대학에 입학했다. 친한 친구와 합창반 동아리에 들어갔다. 합창반에는 성악가와 프로가수급 선배들이 많았다. 이 노래와 몇 곡을 두 달 동안 연습했다. 6월 축제 무대에서 부르기로 되어 있었으나, 부를 수 없었다. 1980년이었다. 노래에 사연이 입혀지면 나의 노래가 된다.

〈아침이슬〉 김민기 시·곡·노래

긴 밤 지새우고 풀잎마다 맺힌/ 진주보다 더 고운 아침이슬처럼
내 맘의 설움이 알알이 맺힐 때/ 아침 동산에 올라 작은 미소를 배운다
태양은 묘지 위에 붉게 떠오르고/ 한낮에 찌는 더위는 나의 시련일지라…
나 이제 가노라, 저 거친 광야에/ 서러움 모두 버리고 나 이제 가노라

불후의 명곡이다. 선구자와 선각자에게 모든 시대는 어두운 밤이다. 어느 시대를 막론하고 한 시대를 함께 건너온 사람들에게는 같이 부른 노래가 있다. 김민기, 뮤지컬 《지하철 1호선》, 학전소극장, 이제 역사가 되어가는 이런 이름을 10대들에게 알려주고 싶다. 대중문화사와 민주화 운동사에 역사적 작품과 장소로 남을 이름들이다.

지금 10대에게도 이 시대를 담은 노래, 그들만의 노래가 있겠지. 다만 그들이 지금 향유하고, 성인이 되어서도 기억할 예술문화의 폭이 넓고 깊이가 두텁고 풍요롭기를 바란다.

필사 와플 한 장

끼니때는 어김없이 돌아왔다. 지나간 모든 끼니는 닥쳐올 단 한 끼니 앞에서 무효였다. 먹은 끼니나 먹지 못한 끼니나, 지나간 끼니는 닥쳐올 끼니를 해결할 수 없었다. 끼니는 시간과도 같았다. 무수한 끼니들이 대열을 지어 다가오고 있었지만, 지나간 모든 끼니들은 단절되어 있었다. 굶더라도, 다가오는 끼니를 피할 수는 없었다. 끼니는 파도처럼 정확하고 쉴 새 없이 밀어닥쳤다. 끼니를 건너뛰어 앞당길 수도 없었고 옆으로 밀쳐낼 수도 없었다. 끼니는 새로운 시간의 밀물로 달려드는 것이어서 사람이 거기에 개입할 수 없었다. 먹든 굶든 간에, 다만 속수무책의 몸을 내맡길 뿐이었다. 끼니는 칼로 베어지지 않았고 총포로 조준되지 않았다. 헤아릴 수 없이 많은 끼니들이 시간의 수레바퀴처럼 군량 없는 수영을 밟고 지나갔다. 그해 가을에 해남, 강진, 장흥, 보성, 승주, 고흥은 수확기에 백성들이 흩어져 추수하지 못했다. 가을비가 오래 내려 물에 잠긴 논이 썩었고 멸구가 끓었다. 사람 없는 마을마다 새떼들이 창궐해서 노을 속을 날았다.

첫 문장부터 세간에 회자되는 김훈의 『칼의 노래』다. 임진왜란과 병자호란이라는 거대한 파도를 헤쳐나가는 인간 이순신의 내면과 당시 정세를 미려하고도 치밀하게 그려냈다는 평을 듣는다. 『청소년을 위한 칼의 노래』도 발간되었다. 작가는 특유의 섬세하고도 파고드는 문체로 수필집 『자전거 여행』, 역사소설 『남한산성』과 『하얼빈』 등을 지었다.

어려운 단어나 구절이 있다면 사전을 찾아 글의 흐름을 파악하여 이해하고 진행하기를 권한다.

부유창을 지나며 군량미를 챙기는 장군의 심정이 되어본다. 끊임없이 다가오는 새로운 끼니 앞에서 끝없이 계산하고 걱정하는 장군의 고뇌를 떠올린다. 먹어야 목숨을 이어갈 수 있는 인간, 먹는 행위의 엄중함을 다시 생각한다.

여러 작가의 문장을 읽고 필사하며 자신의 문체, 글투, 스타일을 만들어 가자. 문체는 그 사람을 이루는 여러 요소 중 하나라고 한다. 문체는 곧 그 사람이다.

여러 장르의 음악을 듣고, 가지가지 사조의 그림을 보고, 나의 취향과 사유 영역을 넓고도 깊게 가꾸자. 풍요로운 삶의 비결이다.

◎ 아침 명상 한 잔, 모닝페이퍼 한 장

1592년 1월 1일부터 1598년 11월 17일까지 7년, 이순신이 난중일기를 쓴 기간이다.

일기의 개념을 넘어 우리는 여러 가지 방식으로 우리의 삶을 기록한다.

501 명량 챌린지 프로그램을 마치고 나서도 아침 기록을 계속하자. 짧게 써도 좋다. 쓴다는 사실이 중요하다.

아침 일기는 특별히 하루 설렘과 기대다. 하루 미리보기. 미리보기는 하루의 설계도 혹은 길 안내를 해주는 내비게이션이다.

일기 쓰기와 글쓰기를 그 자체로 즐기지 못하는 것은 어렸을 적 숙제 검사를 통과하기 위해 의무적으로 해내야 했던 기억 때문일 것이다. 이제부터라도 난중일기를 쓴 이순신을 떠올리며 역사 기록자로서 즐겁게 적어 보자. 인간은 스스로 의미를 부여한 일에는 기꺼이 몰입한다. 그래서 외부의 힘이 강제하는 열심이나 성실보다 자발적인 몰입에서 의미와 즐거움을 느낄 수 있다.

◎ (나의 소중한) 나중일기

오늘 일기 주제는 밥. 나는 오늘 무엇을 먹었는가? 그 음식은 어디서 누구에 의해 길러지고 다듬어져서 나에게로 왔는가? 집에 쌀과 밥이 없어 굶어본 적이 있는가? 배를 곯는다고 하는데, 그 표현이라도 아는가? 오늘날 우리나라에, 우리 지구별에 배곯는 사람이 있다는 사실을 아는가? 믿기 어렵겠지만 기후 위기와 전쟁 그리고 다른 재난으로 식량이 없어 굶어 죽는 사람이 있다. 한 그릇 밥을 대하는 자세를 다시 생각할 때다.

^ 『왜 세계의 절반은 굶주리는가』(장 지글러, 갈라파고스)를 읽고 식량문제를 주제로 토의해 보자. 인간의 생존 조건인 식량에 관한 절실한 보고서다. 작가가 자기 아들에게 들려주는 식량 이야기다. 지구촌 식량 문제와 기아 문제를 해결할 방안을 논의해 보자. 뜻밖에 해답은 간단한 것일지도 모른다. 우리 자신이 이미 손안에 답을 쥐고 있는지도 모른다.

§ 정이의 라떼 일기 훔쳐보기

밥과 끼니의 엄중함을 넘어 뭔가를 먹어야 존재를 이어갈 수 있다는 인간의 숙명을 생각한다. 하물며 전쟁 중 수많은 병사의 끼니를 책임져야 하는 지휘관의 고심을 어찌 말로 다 할 수 있을까.

그저 한없이 가볍게 가볍게 재미만 추구하는 요즘, 먹는 행위도 오락과 예능이 되어버리고 음식도 눈요기와 볼거리가 되어버린 세태를 돌아보자. 우리가 걷는 동안도 하루 세 번 끼니는 속절없이 다가온다. 땅과 물과 햇볕 등 자연과 많은 사람의 노고로 지어져 그릇에 담겨 내 앞에 놓인 쌀밥 한 그릇의 무게를 마음에 새기자.

9일

순천시 승주읍 행정복지센터 ~ 순천시 옥천서원

이순신은 주암에서 순천으로 가는 지름길인 구치재를 넘어 학구마을로 가면서 대열에 합류하지 않은 관리들에게 소집 전령을 보낸다. 학구마을은 당시 승주와 순천, 구례가 만나는 거점이었다. 관리들이 쉬어가는 객관이 있었고, 전령을 받은 광양 현감 구덕령, 나주판관 원종의, 옥구 군수 김희은, 조방장 배경남이 달려와 이곳에서 합류했다.

순천부읍성에 도착한 이순신이 군기고와 식량 창고를 점검하니 활과 화살, 화약, 무기가 고스란히 보존되어 있었다. 총통과 화포 같은 무거운 무기는 따로 옮겨 땅에 묻어두고, 이순신을 찾아온 승병 혜희를 통해 승병을 모으게 했다. 역시 전라도 백성이다. 나라가 위험할 때 분연히 떨쳐 일어난 그들이다. 구례에서 군관 9명과 병사 6명으로 시작된 부대원이 부쩍부쩍 늘고 무기도 손에 넣게 되었다. 수군의 모습을 갖춰가고 있었다.

1) 여정

승주읍 행정복지센터–송암사–학구마을–서천 벚꽃길–동천 자전거길–순천부읍성–팔마비–옥천서원: 23㎞

2) 여기 멈춤

장윤 정려

장윤의 본관은 목천(木川)으로, 순천 쌍암 학구정(현 승주읍 봉덕리 학구촌)에서 선전관 응익(應翼)의 아들로 태어났다. 1582년(선조 15) 무과에 급제하여 발포만호·훈련원정·사천 현감 등을 지냈다.

임진왜란 때 창의하여 임계영(任啓英)의 전라좌의병의 부장이 되어 성산과 개령 등지에서 큰 전과(戰果)를 올렸다. 1593년 6월, 관군은 물론 곽재우가 이끄는 의병까지 패배한 진주성에 들어가 김천일(金千鎰)·최경회(崔慶會)·황진(黃璡) 등과 최후까지 제2차 진주성 전투를 주도하다 순절했다.

정려각은 사방 1칸의 맞배집이며 담장으로 둘려 있다. 안에는 중수 때의 편액이 걸려있다.

순천부읍성

1430년(세종 12) 최윤덕이 둘레 3,383척(1,025m), 높이 12척(3.6m)의 석성으로 쌓았다. 성에는 밖으로 돌출시켜 성을 지키는 적대(敵臺) 6곳과 성문 4곳, 우물 6곳, 못 8곳이 있었다. 성 위에 낮게 쌓은 담인 여장(女墻)과 해자도 있었다. 옹성은 2곳이며 1453년(단종 1)에 완성했다. 성내에는 아사, 객사, 내아, 공고, 형청, 양사재, 군기고, 진휼창, 사령청, 관노청, 옥사 등 지방 행정을 담당했던 주요 시설이 다 있었다. 남문인 연자루는 1930년에 없어졌으며, 1978년 죽도봉으로 옮겨 복원했다. 순천시는 이 자리에 들어서 있던 옛 승주군 청사(교보생명 건물)를 철거한 뒤 현대적 감각을 살려 남문을 최근에 복원했다.

타임리프 『난중일기』 1597년 8월 8일(양력 9월 18일)

곧장 길에 올라 순천에 도착하니, 성 안팎은 인적도 없이 적막했다. 승려 혜희가 와서 인사하므로 의병장 임명장을 주고, 또 총통 등을 옮겨 묻게 했다. 장전과 편전은 군관들에게 나누어 소지하게 하고 그대로 그 관부(순천부)에서 잤다. 여기에…….

팔마비

최초의 선정비(善政碑), 정덕비(貞德碑)다. 고려 충렬왕 때 이곳 승평부사를 지낸 최석의 덕을 칭송하기 위해 세웠다.

『고려사』와 『신증동국여지승람』에 따르면 최석이 내직으로 전임하게 되자 당시 관례에 따라 고을 사람들이 말 여덟 마리를 바쳤는데, 그동안 낳은 새끼말을 더해 아홉 마리를 되돌려 보냈다고 한다. 이 일로 그때까지 내려오던 헌마(獻馬) 폐습이 없어졌다. 은은한 조명을 받으며 밤에도 존재감을 보인다. 화려하게 단장한 단청 아래 비석이 서 있다.

순천 팔마비

§ 순천만 정원이 조성되어 정원박람회를 시작한 후 순천은 도시가 아닌 정원이 되었다. 나 어릴 때 순천에서 가장 유명한 것은 팔마비였다. 팔마는 순천의 다른 이름이었다. 어린 나는 '팔마'가 무슨 뜻인지도 모르면서 순천을 상징하는 자랑스런 이름으로 여기며 자부심을 가졌다.

나중에 그 의미를 알고부터는, 임기를 마치고 전근 가는 관리들에게 어렵게 살아가는 백성들이 말을 바쳤다니, 그 내막이 궁금하기도 했다. 말 일곱 필이면 오늘날 고급 승용차 일곱 대를 바친 것이 아닌가.

^ 비문 읽기: 한자 비문이지만 풀이 자료를 들고 비교해 가며 더듬어 읽어보자. 비문은 그 시대의 블로그이자 인*그램의 공유자료다.

순천 왜성

전라도의 유일한 왜성. 일본군이 전라도 공격과 최후의 방어기지로 1597년 가을에 쌓았다. 1년 뒤 조선·명나라 연합군과 고니시 유키나가가 이끄는 일본군이 여기서 격전을 벌이는데, 이 싸움이 왜교성 전투다.

§ 순천에서 태어나 고등학교 졸업할 때까지 살았다. 옥천동, 장천동, 저전동, 정겹고 그리운 동네 이름이다. 그런데 순천에 왜성이 있다는 것은 성인이 되어서야 알았다.

지금은 달라졌지만, 지역 향토사 교육이 절실함을 다시 느낀다.

순천 왜성

3) 디저트 카페

플레이리스트

〈입영 전야〉 최백호 시·곡·노래

입대하는 친구 송별회에서 요즘 젊은이들은 무슨 노래를 부를까? “아쉬운 밤, 흐뭇한 밤…” 첫 소절만 들어도 가슴이 아릿해지며 감정이입이 되는 노래다. 가사가 19금이기는 하지만 감안하여 듣는다. 그래도 조선시대나 지금이나 군대 가는 청년들의 마음, 사랑하는 가족과 친구들과 일상을 두고 떠나는 심정은 다르지 않으리라. 세월이 흘러도 변하지 않는 것은 있다.

〈Sunshine On My Shoulders〉 존 덴버

중학교 때 학교 파한 후 저녁에 극장을 돌아가며 영화를 봤다. 물론 ‘학교 규칙에 위반되는’ 일이었다. 영화에서 존 덴버가 부르는 이 노래를 들었다. 햇살처럼 감미로운 노래 가사를 외우며 영어를 공부했다. 가락을 따라가며 불러보면 어쩐지 양쪽 어깨가 따뜻해지는 노래다.

지난여름 햇볕은 정말 뜨거웠지만, 그 햇볕에 벼가 자라고, 감과 사과와 포도가 익을 것을 생각하며 참고 걸었다. (참지 않으면 어쩔 텐가.)

〈질풍 가도〉 유정석

걷다가 지쳤다면 이 노래, 갑자기 힘이 솟아날 것이다. 노래에는 힘이 담겨있다. 혼자 들어도 좋지만, 같이 들으면 더욱 좋고, 목소리를 합하여 함께 부르면 더더욱 좋은 게 노래다.

❗ 필사 와플 한 장 _

무진에 명산물이 없는 게 아니다. 나는 그것이 무엇인지 알고 있다. 그것은 안개다. 아침에 잠자리에서 일어나서 밖으로 나오면, 밤사이에 진주해 온 적군들처럼 안개가 무진을 빙 둘러싸고 있는 것이었다. 무진을 둘러싸고 있는 산들도 안개에 의하여 보이지 않는 먼 곳으로 유배당해 버리고 없었다. 안개는 마치 이승에 한이 있어서 매일 밤 찾아오는 여귀가 뿜어 내놓은 입김과 같았다. 해가 떠오르고, 바람이 바다 쪽에서 방향을 바꾸어 불어오기 전에는 사람들의 힘으로써는 그것을 헤쳐 버릴 수가 없었다. 손으로 잡을 수 없으면서도 그것은 뚜렷이 존재했고 사람들을 둘러쌌고 먼 곳에 있는 것으로부터 사람들을 떼어놓았다. 안개, 무진의 안개, 무진의 아침에 사람들이 만나는 안개, 그것이 무진의 명산물이 아닐 수 있을까! _김승옥, 「무진기행」

필사 자료 중 어려운 단어는 꼭 사전을 찾아 해결하고 나아간다. 예문을 지을 수 없거나 다른 이에게 뜻을 풀이해 줄 수 없다면 그건 모른다는 뜻이다. 공부란 내가 무엇을 모르는지를 아는 바로 그 지점에서 시작된다.

순천의 작가 김승옥. 그의 대표작 「무진기행」, 무진은 곧 순천이다. 이 작품으로 '안개'라는 기후 현상은 온전히 그의 전유물이 되었다. 김승옥 이후 누구도 소설에 함부로 안개를 가져다 쓸 수 없게 되어버렸다는 전설이 있다. 국문학사에서 현대소설은 무진기행 이전과 이후로 나눈다는 설도 있다. 현대적인 느낌이 뿜뿜 나는 김승옥의 무진에 흠뻑 빠져보자.

헤르만 헤세의 「안개 속에서」라는 시도 같이 적어 보자. 비슷한 듯 다른 김승옥의 안개와 헤세의 안개를 맛보자. 『페터 카멘친트』 『싯다르타』 『데미안』—10대에 읽으면 좋을 헤세의 작품들이다. 이미 이 작품을 읽은 사람은 아직 안 본 눈을 부러워할지도 모르겠다.

진실로, 어둠을 알지 못하는 자는
현명하다고 할 수 없다
어둠은 피할 수 없고
모든 것으로부터 인간을 격리시킨다
기이하여라, 안개 속을 거니는 것은!
삶은 고독한 것,
누구도 타인을 알지 못하며
모두가 혼자이다

시를 많이 필사하면 시인이 되고, 수필을 많이 필사하면 수필가가 되고, 소설을 많이 필사하면 소설가가 되리. 작가가 되고 싶은 사람, 삶의 이면을 탐구하고 싶은 사람은 우선 필사를 많이 할 일이다.

순천만 정원 습지 대대 포구에 순천문학관이 있다, 소설가 김승옥 관과 동화작가 정채봉 관이 사이좋게 자리한다. 정채봉 관에는 배냇저고리부터 ~~ 콩고물 같은 누르스름한 흙마당에 둥근 초가지붕이 고향 집마냥 포근하다. 별관에는 '명문장 필사하기' 책상도 있다. 그냥 지나치지 말고 뭐라도 하고 가자. 머무는 시간만큼 감동과 감상도 깊고 넓어진다. 목적지도 중요하지만 한 걸음 한 걸음 밟아가는 과정은 소중하다.

문학관과 도서관은 소중한 공간이다. 여수 시립도서관 중 웅천동에는 2019년 12월 개관한 이순신도서관이 있다. 이순신 관련 자료 1천여 권이 있다.

도서관은 많을수록 좋다. 모든 사람이 집에서 15분 이내에 도서관에 갈 수 있으면 좋겠다. 특정 주제가 있는 도서관도 많아지면 좋겠다.

◎ 아침 명상 한 잔, 모닝페이퍼 한 장

아침 기록은 자유롭게 떠오르는 대로 적는다.

명상으로 오늘의 도전과제 한 가지를 생각해 보자.

'서두르지 말라 멈추지도 말라.'라는 말처럼 느리게 가면서 쉬지 않기는 어떤가. 천천히 걷되 멈추지 않고 목적지까지 계속 가는 것이다.

묵언 걷기, 즉 걷는 동안 묵언하기도 해볼 만하겠다. 대신 타인을 위해 '나는 묵언 중입니다'라고 적어서 알려줘야겠다.

이 밖에도 '사진 찍지 않고 모든 광경을 눈과 마음으로만 보기', '음악 듣지 않고 자연의 소리 듣기', '탄산음료 대신 생수만 마시기', '얼음물 대신 따뜻한 물 마시기', '이순신 장군 의상 입고 걷기' 등도 있다. 모두 걷기와 사유하기에 몰입할 수 있는 멋진 과제다.

◎ (나의 소중한) 나중일기

낮에 걸으면서 틈틈이 메모한 것을 꺼내 보면서 하루를 정리하는 일기를 쓰자. 도전과제가 있었다면 그 결과와 소감도 적을 수 있겠다.

§ 정이의 라떼 일기 훔쳐보기

오늘은 공유 숙소에 묵는다. 구례 운조루에서 공유 뒤주와 공유 냉장고를 언급했는데, 아담한 1층 주택이 통째로 공유란다. 예약하고 일정이 맞으면 누구나 숙박할 수 있고 자기 처지에 맞게 대가를 내면 된단다. 옥상에 올라가 저물녘 저전동 풍경을 구경한다. 지붕을 맞대고 있는 이웃집들이 다정하다. 주인이 아직 안 돌아왔는지 늦도록 빨래가 걸린 집도 있다.

땀을 씻고 간단한 요기를 하고 주인장의 서가를 구경한다. 그 사람이 읽는 책을 보면 그가 어떤 사람인지 알 수 있다. 주로 환경생태와 공동육아, 교육과 문학에 관한 책들이다. 몇 권 꺼내 훑어보다 제자리에 꽂아두었다.

고마운 공유 숙소에서 퇴실할 때 중요한 것은 정리 정돈과 청소다. '아니온 듯 다녀가소서'도 당연하지만 내가 다녀간 후 그 자리는 내가 가기 전보다 더 아름다워야 한다. 그것은 나의 자부심이다. 멋진 인간을 만드는 것은 바로 매너다. "Manners makes man," 영화 〈킹스맨〉의 명대사다. 매너가 매력을 만든다.

나라 사랑이라는 거시적 덕목도 주변 정리나 친구 사랑 같은 작고 사소한 것에서 출발한다. 머물렀던 자리 정돈, 음식 먹은 후 뒤처리와 쓰레기 분리배출, 공공장소와 공공물의 바른 이용, 작지만 결코 작은 것이 아니다.

10일

순천시 옥천서원 ~ 순천시 낙안면 낙안읍성

이순신은 다음 날 아침 일찍 낙안으로 향했다. 낙안에 이르니 백성들이 5리쯤 길게 늘어서 환영하며 안도의 숨을 쉬었다. 백성들은 흐르는 눈물을 가누지 못했다. 낙안은 조선시대 낙안군이다. 마을 원로들이 술독을 가져와서 이순신에게 올렸다. 이순신은 극구 사양하다가 정중하게 한 잔 받아 목을 축이고, 당산나무에도 한 잔을 부어 주었다. 사람들은 이 나무를 장군목이라 불렀다.

지금 그 당산나무 소재는 알 수 없으나 낙안읍성에는 오래된 푸조나무와 은행나무가 있다. 푸조나무는 이순신이 1598년 왜교성 전투를 앞두고 하늘에 제사 지내고 승전을 기원하며 심었는데, 제2차 진주성 전투에서 적선 30척을 격파하고 11척을 나포하는 전과를 올리며 승전했다. 한편, 이순신이 의병과 군량미를 모아 좌수영으로 가려고 이 은행나무 아래를 지날 때 마차 바퀴가 빠져 수리하고 길을 떠났다. 그런데 순천으로 가는 다리가 무너져 위험을 피할 수 있었다는 얘기가 전해진다. 이순신과 수군을 구한 나무다.

낙안은 바다와 가까워 왜의 침입이 잦아서 방어용으로 평지에 성이 지어졌다. 낙안읍성에는 조정의 청야전술로 관아의 무기고와 식량 창고가 불에 타버렸으나, 120여 명의 수군과 병장기를 인수할 수 있었다. 순천부사 우치적, 김제군수 고봉상이 수군 대열에 합류했다. 우치적은 옥포해전에서 일본군 장수가 탄 배에 올라 적을 죽이고 배를 빼앗았다.

^ 낙안읍성 안에서 이순신 은행나무와 푸조나무를 찾아서 안아주고 사연을 알아보자.

1) 여정

옥천서원–옥룡교–땅고개–상사초교–떡고개–원고개–가정마을–불재(화치)–낙안민속자연휴양림–낙안읍성: 21㎞

2) 여기 멈춤

정충사

정충사(旌忠祠)는 임진왜란 때 의병을 일으켜 공을 세우고 진주성 전투에서 순절한 충의공 장윤(張潤)을 배향한 사우(祠宇)다.

낙안읍성, 민속마을

∞ **타임리프 『난중일기』** 1597년 8월 9일(양력 9월 19일) 맑음

일찍 출발하여 낙안에 이르니, 5리 길까지 사람들이 많이 나와 인사했다. 백성들이 흩어져 달아난 까닭을 물으니 모두 말하기를, "병사 이복남이 적이 임박해왔다고 전하자 창고에 불 지르고 달아난 까닭에 백성들도 도망하여 흩어졌다."고 했다. 관사로 가니 적막하여 인기척도 없었다. 순천부사 우치적과 김제군수 고봉상 등이 와서 인사했다. 늦게 보성 조양창에 가서 김안도의 집에서 잤다.

낙안읍성은 1397년(태조 6)에 쌓았다. 일본의 침략에 맞선 방어용이다.

이 고장 출신 김빈길 장군이 의병을 일으켜 주도했다. 처음엔 토성이었다. 1626년(인조 4) 임경업 장군이 낙안군수로 부임해 지금의 석성으로 고치고 키웠다. 일반적인 성과 달리 들녘 평야지대에 쌓은 것이 특징이다. 길이는 1,410m, 높이 4m에 이른다. 성내에 고을 수령의 숙소였던 내아와 손님을 맞던 객사, 향교가 있다. 형틀과 옥사도 복원돼 있다. 이순신이 왜교성 전투를 앞두고 심은 것으로 전해지는 푸조나무도 있다.

형설4 서점

낙안면 이곡리 배꽃마을 흙담 위에 동글동글하고 토실한 아이들 조각상이 있다. 그걸 구경하다 간판을 하나 발견했다. '형설서점'. 독립서점인가. 이런 한적한 시골 마을에 서점이라니. 마을 어른께 물어 찾아갔다. 옛날 초등학교다. 운동장은 비어 있고 1층 건물에는 교실과 복도 자리에 책이 가득가득하다. 현관으로 들어선 순간 헉!

몇 권인지 모르겠다. 그냥 많다. 셀 수 없이 많다. 폐교한 이곡초등학교를 그대로 서점으로 만들었다. 컴퓨터에 책 정보를 입력하는 주인장에게 이런저런 말도 걸어보며 서점 안을 구경했다. 정겨운 책들이 많이 눈에 띈다. 순천의 여러 학교 도서관에서 폐기한 책들이 많다. 마침 동아출판사 『한국문학전집』의 빠진 책이 있어 한 권을 샀다. 절판된 책 중에 갖고 싶은 책이 있으면 여행 삼아 와서 구경하고 사면 되겠다. 장군님 덕분에 섬진강 책사랑방에 이어 내 마음속의 서점 제2호가 생겼다. 낡은 책, 오래된 책도 잘 간직해야겠다. 중고책방은 세상 모든 책이 사람들 사이를 여행하다가 마지막에 다다르는 종착지가 아닐까. 헌책방, 중고 서점은 모든 책의 종착역이다. 낡고 손때 묻은 책들의 바다다.

여기도 『난중일기』는 어린이용부터 판본별로 나란히 꽂혀있어 반가웠다. 먼지 묻은 『난중일기』를 어루만져 주었다.

■ 알놀Q 낙안 이곡마을 서점 이름 '형설'은 무슨 뜻일까?[쉿! 고사성어 '형설지공(螢雪之功)' 참조]

3) 디저트 카페

플레이리스트

〈엄마의 일기〉 한스밴드의 〈어머니의 일기〉 리메이크, 왁스 노래

엄마도 일기를 쓴다. 세상일이 힘겨울 때, 고난 앞에서 마음이 약해질 때 엄마도 일기를 쓴다. 엄마라고 늘 강인한 것은 아니다.

어쩌면 세상 사람들의 모든 슬픔은 엄마로부터 시작된 것일지도 모른다. 왜 아니겠는가, 우리를 이 세상에 데리고 온 이가 바로 그녀들인데.

올해처럼 뜨거웠던 여름, 전봇대에 올라가 일하는 둘째 아들을 못 잊어 집에서도 에어컨을 못 켠다는 민박집 엄마를 나는 또 오래 못 잊으리라.

〈Mother of mine(우리 어머니)〉

아들을 전장에 보낸 엄마, 딸을 공장에 보낸 엄마, 자식을 도시에 보낸 시골의 엄마, 갖가지 사건과 사고로 자식을 영영 못 보게 된 엄마. 세상의 모든 엄마를 생각하며 두 곡을 듣는다. 아버지도 그렇지만 자식을 잉태하여 열 달 동안 자신의 몸에 품었다가 세상으로 데리고 온 엄마, 가사를 새기면서 영어 공부도 한다.

〈어머님께〉 GOD 노래

아버지 노래를 찾다가 다시 어머니 노래로 돌아와 버렸다.

❗ 필사 와플 한 장 _

오늘은 엄마 이야기로 마무리하자. 모든 이는 엄마를 통해 이 세상에 왔지만, 모든 이에게 엄마가 있는 것은 아니다.

순천만 정원 안 순천문학관에 정채봉 관이 있다. 포슬포슬한 흙 마당을 지나 초가집에 들어가면 『오세암』의 작가 정채봉 선생의 이야기가 있다. 『오세암』은 창비아동문고를 읽고 애니메이션으로도 보자. 여러 번 읽고 보고, 그때마다 눈물 흘리는 한 어른을 나는 알고 있다.

하늘나라에 가 계시는 엄마가
하루 휴가를 얻어 오신다면
아니 아니 아니 아니
반나절 반 시간도 안 된다면
단 5분 그래, 5분만 온대도 나는
원이 없겠다

얼른 엄마 품속에 들어가
엄마와 눈맞춤을 하고
젖가슴을 만지고
그리고 한 번만이라도
엄마! 하고 소리 내어 불러보고
숨겨놓은 세상사 중
딱 한 가지 억울했던 그 일을 일러바치고
엉엉 울겠다

_정채봉, 「엄마가 휴가를 나온다면」

(『너를 생각하는 것이 나의 일생이었지』, 샘터사)

시인은 이런 애틋한 시를 남기고 2001년에 54세로 귀천했다. 그토록 보고 싶은 엄마를 하늘나라에서 만났을까? 세 살 때 사별한 엄마를 단 5분만 만나도 원이 없을 거라고 시인은 말한다. 그 절절함이 읽는 이의 명치에 뭉친다. 엄마 없는 세상살이가 얼마나 쓸쓸했을까. 어쩌면 세상에서 절대적인 믿음과 기대로 나를 지지해 주는 유일한 존재가 엄마이리라. 사진에서 미소 짓고 있는 시인의 눈에 가득 고인 슬픔을 읽는다.

내 옆에 있는 가족과 부모와 형제와 사랑하는 사람 얼굴을 마주 보자. 하늘나라는 휴가도 없고 영상통화도 할 수 없고 단 5분의 만남도 불가능한 곳. 마주할 수 있는 오늘 이 자리가 소중하다. 내일이면 늦을지도 모른다. 지금 한 지붕 아래 함께 있는 가족을 안아주고, 이야기를 나누자.

§ 엄마 무덤에 한 번 가보는 게 소원인 아이가 있었다. 가정방문 가서 할머니에게 들었다. 아이 엄마는 어려서 집을 나갔고 아이가 중학생이 되도록 소식이 없다. 할머니는 아이에게 엄마가 죽었다고 했으나 사실이 아니니 무덤이 있을 리 없다. 10대라고 사연이 없는 것은 아니다. 다들 크고 작은 사연을 품고 아무렇지 않은 듯 살아가고 있다.

◎ 아침 명상 한 잔, 모닝페이퍼 한 장

이순신은 난중일기에 전날 밤 꿈 얘기를 여러 번 썼다. 예지몽도 여러 번 보인다. 깊은 잠을 못 잤을까. 전쟁과 나랏일 걱정으로 깊이 잠들기 어려웠을지도 모른다. 늘 근무지와 객사와 전장을 이동 중이었으므로 잠자리도 편치 않았으리라. 꿈에서 깨어 가족과 어머니의 안위를 염려했다. 길하지 못한 꿈을 꾸고, 집으로 사람을 보냈지만 돌아온 것은 어머니의 부음이었다.

아침 일기에는 어젯밤 꿈을 적어 보는 것도 좋겠다. 머리맡에 노트와 필기구를 준비해 두고 아침에 잠에서 깨면 바로 꿈 일기를 적는다. 자신의 무의식을 분석 탐구해 보거나 하루 운세를 예측하는 데 유용하다.

◎ (나의 소중한) 나중일기

집과 학교를 떠나온 지 10일이다. 오늘 일기는 집에 있는 가족 이야기를 쓰자. 어머니 아버지 할머니 할아버지는 잘 계실까. 언니 오빠 형 누나 동생에게 하고픈 말을 적어 보자. 평소 집에서 하지 못한 말을 편지처럼 적어 보자. 멀리 떨어진 곳에서 가족을 떠올리면 집에서와 달리 어쩐지 측은한 느낌이 든다. 어쩌다 지구별에서 가족이란 이름으로 만나 생의 고락을 함께하는 사이가 되었을까.

이순신도 난중일기 곳곳에 어머니와 아들에 대한 정을 많이 적었다.

§ 정이의 라떼 일기 훔쳐보기

2023년 8월 13일 (일) 볕이 몹시 몹시 뜨거움.

오늘 도착지는 낙안, 숙소는 읍성 안 초가 민박집이다. 사립문에 부부 이름이 궁서체로 나란히 새겨진 문패가 정겹다,

오랜 세월 전생에서도 함께였을지 모르는 노부부가 이른 새벽부터 두런두런 얘기를 주고받는다. 자식 손주들에 관한 일과, 집안 대소사와 농사 일정을 의논한다. 잠시 후 오토바이 시동 거는 소리가 나고 할아버지가 나가시는 것 같다. 이어서 도마에 칼질하는 소리가 타악기 연주처럼 들려온다. 나도 자리에서 일어나 이부자리를 정리하고 나간다.

할머니는 들깻잎을 씻어 바구니에 수북이 담아 놓고 두툼한 나무 도마에 양파를 다지는 중이다. 횡으로 종으로 리드미컬한 칼질에 둥근 양

파가 눈처럼 하얗게 소복이 부풀어 오른다. 그걸 빨간 고추 양념에 버무려 순식간에 깻잎 사이사이에 묻혀서 가지런히 그릇에 담는다. 예술가다. 생활의 달인 경지를 넘어서 생활예술가라고 불러본다.

두 손으로 능숙하게 깻잎을 다루면서, 도회에 나가 사는 두 아들 얘기를 한다. 주제는 아들과 손주 자랑이다. 무형문화재급 구수한 방언으로 듣는 자식 자랑, 한 편의 장편 서사시다. 즉흥 시낭송이다. 다른 사람 눈에 어떻게 보이든 세상 모든 자식은 부모의 자랑이다. 들어보자.

> 큰아들은 시청에 댕겨. 공무원이여. 둘째는 한전에 댕기고. 큰놈은 응강(햇볕이 들지 않는 서늘한 그늘)에서 일허는디 작은놈은 땡볕에서, 그것도 위험한 전봇대에 올라가야 하니 내가 집에 앉아 있어도 맴이 안 편치. 요새 툭하면 정전 사고가 많이 난다망. 날마다 집에 전화를 해. 날 더운께 밭에 나가지 말고 집에서 에어콘 틀고 있으라고. 효자여. 그란디 난 집에 에어콘이 있어도 덥고 무서운 전봇대에 올라가 있을 작은것 생각에 에어콘을 못 튼당께.

어느 시가 이렇게 진실할까. 가장 시적인 시 한 편을 낙안읍성 민박집 초가지붕 아래서 들었다. 나도 따라서 에어컨을 맘 놓고 켜지 못할 것만 같다.

빛바랜 클림트 복사본 액자가 걸려있는 민속마을 민박집 방과 할머니의 목소리가 잊히지 않는다. 할머니 이름은 옥자 씨. 이 또한 여행의 맛, 민박의 맛이다.

5

상유십이 득량길(낙안-열선루)

-군량미를 확보하다

낙안읍성
태백산맥문학관
조양창 터(고내마을)
벌교역
오충사
양산항의 집(다전마을)
보성
열선루(보성군청)
보성역
쇠실마을
예당역
득량역

명량으로 가는 길 - **제5부 상유십이 득량길**

https://www.youtube.com/watch?v=lAgzGXsUJws

타임리프 『난중일기』 1597년 8월 9일(양력 9월 19일) 맑음

저녁에 보성 조양창(조성면)에 이르니 사람은 하나도 없었다. 창고에는 곡식이 묶어진 채 그대로 있었다. 군관 네 명을 시켜 지키게 하고, 나는 김안도의 집에서 잤다.

타임리프 『난중일기』 1597년 8월 10일(양력 9월 20일) 맑음

몸이 몹시 불편하여 그대로 김안도의 집에 머물렀다.

타임리프 『난중일기』 1597년 8월 11일(양력 9월 21일) 맑음

아침에 박곡 양산항 집으로 옮겼다. 이 집 주인도 벌써 바다로 피난갔다. 곡식은 가득 쌓여 있었다. 저녁나절에 송희립 · 최대성이 와서 봤다.

타임리프 『난중일기』 1597년 8월 12일(양력 9월 22일) 맑음

아침에 장계 초를 잡고 그대로 머물렀다. 저녁나절에 거제현령(안위), 발포만호(소계남)가 들어와 명령을 들었다. 보성군수가 왔다.

타임리프 『난중일기』 1597년 8월 13일(양력 9월 23일) 맑음

거제현령 안위, 발포만호 소계남이 와서 인사하고 돌아갔다. 수사(배설)와 여러 장수, 그리고 피해 나온 사람들이 머무는 곳을 들었다.

타임리프 『난중일기』 1597년 8월 14일(양력 9월 24일)

아침에 각각으로 장계 일곱 통을 봉하여 윤선각에게 지니고 가게 했다. 저녁에 어사 임몽정을 만나러 보성에 갔다가 열선루에서 잤다. 밤에 큰비가 쏟아지듯 내렸다.

∞ 타임리프 『난중일기』 1597년 8월 15일(양력 9월 25일) 비 오다가 저녁나절에 맑게 갰다.

식사 후 열선루에 앉아 있으니 선전관 박천봉이 임금의 분부를 가지고 왔다. 8월 7일에 만든 공문이다. 영의정은 경기지방으로 나가 순시 중이라고 했다. 곧 잘 받들어 받았다는 장계를 썼다. 보성의 군기를 검열하여 네 말에 나누어 실었다. 저녁에 밝은 달이 수루 위를 비추니 심회가 편치 않았다. 술을 너무 많이 마셔서 잠을 자지 못했다.

∞ 타임리프 『난중일기』 1597년 8월 16일(양력 9월 26일) 맑음

아침에 보성군수와 군관들을 굴암으로 보내 도피한 관리들을 찾아오게 했다.

선전관 박천봉이 돌아갔다. 나주목사와 어사 임몽정에게도 답장을 부쳤다.

박사명 집에 심부름꾼을 보냈더니, 집이 이미 비어 있다고 했다. 오후에 활장이 지이와 태귀생, 선의, 대남 등이 들어왔고 김희방, 김붕만이 뒤따라왔다.

∞ 타임리프 『난중일기』 1597년 8월 17일(양력 9월 27일) 맑음

아침 식사를 하고 나서 백사정(벽교리)에 이르러 말을 먹였다. 점심 먹은 뒤 군영구미(군학마을)에 이르니 일대가 무인지경이 돼 있었다. 수사 배설은 내가 탈 배를 보내지 않았다. 장흥 군량감관과 색리가 군량을 맘대로 모조리 훔쳐 나누어 갈 적에 잡아다가 호되게 곤장을 쳤다. 거기서 잤다. 배설이 약속을 어겼다.

11일

순천시 낙안면 낙안읍성 ~ 보성군 득량면 예당 다목적센터

1) 여정

낙안읍성–벌교 홍교–벌교역–열가재–조성역–조양창–예당역–예당 다목적센터: 27㎞

2) 여기 멈춤

◈ 뿌리깊은나무 박물관

이런 박물관이 낙안에 있어 좋다. 모르고 지나치면 아까운 곳이다. 우리 문화와 얼을 연구하고 발굴한 한창기 선생, 그의 고향이 벌교이기에 가까운 이곳에 그가 수집한 유물 6,500여 점을 보관한 박물관을 세웠다. 우리 건축, 우리 옷, 우리 그릇, 우리 것이라면 가장 작은 것 하나까지 아끼고 다듬어 바로잡은 민족문화운동가다. 꼼꼼히 공부해야 할 박물관이다. 그의 안목과 열정에 탄복하며 관람했다.

그가 발행한 《샘이 깊은 물》과 1980년대 잡지와 간행물, 판소리 LP 전집 등을 나는 보물처럼 간직하고 있다.

벌교 홍교

보성 벌교 홍교(寶城 筏橋 虹橋)는 전라남도 보성군 벌교읍에 있는 조선시대 아치교다. 홍교는 벌교천에 걸쳐진 돌로 만든 무지개다리로, 전체 길이 27m, 높이 약 3m, 폭 4.5m 내외다. 1729년(영조 5) 순천 선암사 승려 초안과 습성 두 선사가 만들었다고 전해진다. 불교에서는 다리를 놓아 사람이 편하게 다닐 수 있게 하는 월천공덕(越川功德)을 중요한 보시로 꼽는다. 한국에 남아 있는 홍교 가운데 가장 규모가 큰 대표적인 돌다리다. 홍교가 놓이기 전에는 뗏목다리를 놓아 건너다녔다는데, 벌교라는 지명이 여기에서 유래했다.

태백산맥 문학관

'문학은 인간의 인간다운 삶을 위하여 인간에게 기여해야 한다.' 벌교 태백산맥 문학관 벽에 쓰여있는 조정래 선생의 말이다.

태백산맥 문학관은 조정래 선생의 대하소설 『태백산맥』을 기리는 문학관이다. 작품 배경인 벌교에 있다. 문학사에 남을 위대한 작품을 남긴 작가들의 문학관을 답사하는 것도 의미 있는 여행이다. 역사는 문학의 옷을 입고 비로소 완성된다.

『태백산맥』은 1948년부터 1953년까지 우리 민족의 6·25 전쟁과 분단, 이념 대립을 제재로 삼았다. 준비와 집필 기간은 10여 년에 이른다. 선생의 키보다 높은 육필 원고와 가족의 필사 원고도 있다. 등장인물 300여 명, 영어와 러시아어로 번역되었다.

필사는 정독 중의 정독이다. 가장 완전한 독서, 궁극의 독서라고 한다. 문학관에는 독자들이 필사한 원고를 전시하는 공간이 따로 있다. 사람들의 『태백산맥』 사랑에 놀라고 필사 원고 분량에 놀란다.

책 읽고 낭독하고 필사하며 우리는 다른 사람, 더 나은 사람이 된다.

■ 조정래 선생이 쓴 이순신 전기도 있다. 『이순신』(큰작가 조정래의 인물 이야기-07, 조정래 저, 문학동네, 2008.)

조양창 터

조선시대 군량을 보관하던 창고 터다. 고내마을에는 당시 조양현성이 있었다. 757년 조양현이 설치된 이후 1441년(세종 23)까지 700여 년 동안 유지됐다. 고내마을은 현청 소재지로 군사와 행정의 요지였다. 이순신이 묵었던 김안도의 집이 있었다. 군량 창고인 조양창은 마을 뒷산에 있다. 다전마을 양산항의 집 양곡 창고와 함께 조선수군에 군량미를 보급한 곳이다. 보성에 '득량(得糧)'이란 지명이 생긴 연유다.

이순신이 도착한 조양창에는 창고를 지키는 병사도 없이 정적만 감돌았지만, 창고는 온전하게 있었다. "곡식이 그대로 있습니다. 장군, 봉인도 뜯지 않았사옵니다." 군량미 600석을 확보한 순간이다. 김안도의 집으로 향했다. 다음날 이순신은 몸이 천근만근이었다. 배흥립에게 하루 더 머물자고 했다. 경상도 성주 출신 배흥립은 이순신의 신망이 두터운, 전장의 동지다. 김안도 집터가 어디인지는 알 수 없다. 배흥립, 송희립, 최대성과 함께 확보한 군량미를 어떻게 옮길지 상의했다. 최대성은 이 지역 겸백 출신 부하 장수다. 군사들도 오랜만에 허기진 배를 채우고 푹 쉬면서 먼 길 떠날 힘을 얻었다.

고내마을 이순신 기록벽화

§ 고내마을과 아이스크림 비비*

운전할 때 내비게이션을 켜고도 길을 못 찾는 나, 샘들의 짐을 싣고 조성으로 먼저 가서 점심 식당과 쉴 곳을 알아보는 임무를 맡아 무사히 완수하고 오후가 되었다. 샘들은 서둘러 조양창으로 떠났고, 나는 여유 있게 출발하여 저녁 목적지 예당 다목적센터에서 합류하기로 되어 있었다. 조성면 소재지 거리를 구경하면서 천천히 달리는데 농협 ㅎ마트가 눈에 띄었다. 녹색 배경의 간판을 보는 순간, 전날 샘들이 맛있게 드시던 팥 아이스크림을 배달해야겠다는 기특한 생각이 들었다. 천국처럼 시원하고 보송보송한 매장 안에 들어가 비비*을 넉넉하게 샀다. 이 뜨거운 날씨에 얼마나 달게 드실까, 기대하며 전화해 보니 벌써 고내마을에 도착했다고 했다.

고내마을을 향해 한적한 국도를 달렸다. 그런데 논길 들길을 아무리 달려도 고내마을회관 옆 조양창은 나오지 않았다. 동서남북 방향도 모르겠고, 제자리를 빙빙 돌고 있는 것 같았다. 무엇보다 아이스크림이 녹을까 봐 걱정이었다. 에어컨을 켜고 방향을 바꿔 다시 ㅎ마트에 갔다.

난처해하는 직원에게 부탁해서 겨우 교환한 새 비비*을 은박지 보냉 봉투에 담아 차에 싣고 다시 고내마을 찾기 도전에 나섰다. 같은 장소인 듯싶은 곳을 몇 바퀴를 돌고 돌아서 논길을 달려 마을로 들어가니 담장에 그림이 눈에 띄었다. 두둑한 쌀가마니를 쌓아놓고 옮기는 병사들 그림을 보고 고내마을회관임을 알았다. 나무 그늘에 앉아 쉬고 있는 샘들을 만나 비비*을 전해줄 수 있었다.

나만의 서사와 사연이 있는 장소는 세월이 지나도 잊히지 않는다. 명랑 10대 청소년들이 길에서 가능한 한 많은 경험을 하고 서사 부자가 되기를 축원한다.

타임리프 『난중일기』 1597년 8월 9일(양력 9월 19일) 맑음

늦게 보성 조양창에 가서 김안도의 집에서 잤다.

타임리프 『난중일기』 1597년 8월 10일(양력 9월 20일) 맑음

몸이 불편하여 그대로 김안도의 집에 유숙했다.

이순신과 함께 함경도에서 초급장교를 지낸 선거이는 임진왜란이 나자 남해에서 왜군과 싸웠다. 어느 날 선거이가 황해도 병마절도사로 발령이 나자, 이순신은 석별의 정을 「증별선수사거이(贈別宣水使居怡)」라는 시로 남겼다.

증 별 선수사거이 贈 別 宣水使居怡

북거 동근고 北去 同勤苦

남래 공사생 南來 共死生

일배 금야월 一杯 今夜月

명일 별리정 明日 別離情

이해를 위해 띄어 썼다. 홍기문은 이렇게 번역했다. 이별의 정마저 군더더기 없이 깔끔하다.

선수사(충청수사 선거이)를 보내며

북에서 서로 만나 고생을 함께하고
남으로 내려와서 생사를 같이했네
오늘 밤 달빛 아래 술 한 잔 잡읍시다
밝은 날 떠나간 후 그리움 어이하리

선거이(1550-1598)는 이순신과 각별한 인연이 있다. 선거이가 함경도에서 근무할 당시 이순신과 함께 여진족에 맞서 싸웠다. 조산보 만호였던 이순신이 1587년 여진족의 침입을 막지 못했다는 이유로 제1차 백의종군할 때 함경도 북병사 이일의 군관이었던 선거이는 술을 권하면서 억울한 이순신을 진심으로 위로했다. 예나 지금이나 마음을 알아주는 지음(知音) 같은 존재는 귀하고 귀하다.

이후 임진왜란이 일어나자 선거이는 전라우수영 관할의 진도군수로서 1592년 한산대첩에 참전하여 이순신과 함께 싸워 승리했다. 그 후 충청수사가 된 선거이가 황해병사로 발령 나자, 1595년 9월 한산도 진중에서 이별을 아쉬워하며 이순신은 이 시를 지었다. 그동안 많은 사람이 이 시를 번역했지만, 홍기문의 번역이 가장 빼어난 우리말 번역으로 평가된다. 선거이는 보성 오충사에 제향되었다.

■ **알놀Q** 가야금 열두 줄은 1년 12달을 의미한다. 악기 뒷면에 조그만 구멍이 두 개 있는데 각각 무슨 모양일까?

3) 디저트 카페

플레이리스트

〈쑥대머리〉 오태석 가야금 산조

낙안읍성 안 동내리에 오태석 가야금 명인 생가가 있다. 방문객을 위한 가야금 체험장인데, 스승의 계보를 잇는 제자들이 머물며 가야금을 조금 가르쳐주기도 하고 산조도 연주하여 들려준다. 초가집 일자형 마루와 둥근 마당은 멋진 무대 공연장이자 관람석이다.

〈쑥대머리〉는 여러 국악인이 부르는 음원이 있다. 이탈리아 칸초네보다, 프랑스 샹송보다, 포르투갈의 파두보다 절절한 사랑 노래, 우리 소리 〈쑥대머리〉가 있다. 애간장을 녹이는 쑥대머리를 들어보자.

우리나라에서 가장 오래된 악기, 가야금 연주를 즐겨 감상해 보자. 음과 음 사이 여백에 귀 기울여 보자. 고요한 연주곡은 일상의 배경으로 혹은 공부할 때 들어도 좋으리라.

〈고향의 봄〉 이원수 시, 홍난파 곡

민속마을에도 사계절이 있겠지만, 그래도 여기는 항상 포근한 봄일 것 같다. 항상 봄이었으면 좋겠다. 이순신 은행나무와 푸조나무에 연둣빛 어린잎이 삐죽이 솟아나고, 성 둘레에 냇물이 돌고, 이곡리 배꽃마을에는 하얀 꽃이 머금겠지.(쉿! 그 옛날 읍성 안에 있던 낙안국민학교는 나의 모교다. 지금은 성 밖에 건물을 지어 이사했지만, 언제라도 생생하게 떠오르는 어릴 적 학교는 마음이 몽글몽글해지는 내 정서의 탯자리다. 낙안은 내 고향이다.)

필사 와플 한 장

보성군 벌교읍 회정리에 태백산맥 문학관이 있다. 지금도 여전한 필력으로 작품을 쓰는 조정래 작가의 문학관 세 곳 중 하나다. 김제에 아리랑 문학관, 고흥에 가족문학관이 있다. 조정래 가족문학관에는 작가의 아버지 조종현 시인과 부인 김초혜 시인의 방이 있다. 『태백산맥』을 읽고 문학관을 순례하는 주제가 있는 문학여행, 멋지지 않은가.

문학관 2층에는 『태백산맥』 육필 원고 15,700매가 믿기 어려운 높이로 쌓여 전시되어 있다. A4 용지로는 약 1,570매다. 그보다 놀라운 것은 작가의 가족과 독자들이 필사한 원고지와 노트다. 지금도 많은 이가 『태백산맥』을 읽고, 손으로 또는 키보드로 필사하고, 문학기행을 다니고, 모여서 작가의 이야기를 듣고, 토의토론을 한다. 독자들이 있으니 『태백산맥』은 생명체로 살아 숨 쉬고 있다. 가히 '필사의 성지'다. 문학관에 와서 필사 원고를 보면 누구나 필사하고픈 마음이 생길 터다.

장대한 대하소설 『태백산맥』은 이렇게 시작한다. 자, 『태백산맥』 1~10권 필사, 오늘부터 1일이다!

일출 없는 새벽

언제 떠올랐는지 모를 그믐달이 동녘 하늘에 비스듬히 걸려있었다. 밤마다 스스로의 몸을 조금씩 조금씩 깎아내고 있는 그믐달빛은 스산하게 흐렸다. 달빛은 어둠을 제대로 사르지 못했고, 어둠은 달빛을 마음대로 물리치지 못하고 있었다. 달빛과 어둠은 서로를 반반씩 섞어 묽은 안개가 자욱이 퍼진 것 같은 미명을 만들어 내고 있었다. 그 아슴푸레함 속으로 바닷물이 실려 있는 포구와 햇솜 같은 흰 꽃의 무리를 이루고 있는 갈대밭이 아득히 멀었다. 바닷가를 따라 이어지고 있는 긴 방죽 위의 길은 희끄무레한 자취를 이끌며 뻗어나가고 있었다. 그 끝머리에 읍내가 잠들어 있었다.

선생은 우리 민족이 겪은 역사적 수난과 아픔을 글로 쓰고자 했다. 우리 민족의 시련은 조선시대의 왜란과 호란으로 끝나지 않는다. 일제 강점기도 극복하고 광복이 되었건만, 오늘날이라고 아픔이 사라진 것은 아니다. 이루 헤아릴 수 없이 많은 만행에 진심을 담은 사과나 보상도 없이 갈등을 봉합해 두고 아무렇지 않은 듯 지내고 있다. 바로 지금도 일본 자본의 회사에서 노동을 착취당하고 임금 체불과 강제 해고의 수난을 당한 이들이 고통을 호소하는 실정이다.

염상구와 하대치와 소화가 되어 작품의 배경이 되는 벌교 곳곳을 답사한다. 현부자집과 김범우 집 등을 방문하고, 방죽길을 걸어보고, 소화다리를 건너보고, 이제 『태백산맥』은 우리 가슴으로 들어와서 웅장한 산맥 하나 단단한 기둥 하나가 되어 우리를 앞으로 나아가게 할 것이다.

◎ 아침 명상 한 잔, 모닝페이퍼 한 장

어젯밤 잠에서 꿈을 꾸었다면 일어나자마자 바로 기록한다. 여유 없이 바쁘게 일상으로 들어서면 인상적이고 놀라운 꿈이라도 잊어버리기 쉽다. 기록은 기적적인 힘이 있다. 이순신처럼 기록하자.

난중일기에도 꿈 얘기가 꽤 많다. 나랏일 걱정에 깊은 잠을 이루지 못해서였을까.

◎ (나의 소중한) 나중일기

오늘은 무얼 보았니. 무슨 생각을 했니. 오늘 하루 다시보기를 하자. 돌아보고 일기를 쓰는 일은 하루를 두 배로 사는 비법이다. 일찍이 이순신은 그걸 깨닫고 난중일기를 써서 우리에게 남겨주었을까.

§ 정이의 라떼 일기 훔쳐보기

뿌리깊은나무 박물관 주인공 한창기 선생을 생각한다. 가히 K-문화의 원조다. 사진에 한복을 갖춰 입은 모습이 우아하고도 당당하다.

평생 한옥, 한복, 한글, 그림, 도자기, 가구 등 의식주에 관한 모든 우리 것을 수집하고, 연구하고, 그릇된 것이 있으면 바로잡으려 애썼다. 언문일치와 토박이말로 민중의 삶을 기록하여 펴낸 책들이 모두 보물이다. 전시품들을 꼼꼼히 살펴보면 예술 그 이상으로 와닿는 감동이 있다.

문득 지금 나는 어떻게 살고 있는지 돌아보니 부끄럽다. 선생은 한글을 사랑하여 최초로 가로쓰기 잡지 《뿌리깊은나무》를 창간했다. 나는 지금 이 책에도 외래어와 영어를 많이 쓰고 있으니 어이할꼬…. 10대에게 쉽게 잘 읽히는 글을 쓰겠다는 얄팍한 이유로 국적 없는 글을 마구 쓰고 있다. 더 공부하고 다듬어 한옥의 들보와 마룻장 같은 글, 달항아리 같은 글을 써야 하리.

해묵은 일상용품에서 미를 발견하고 우리 문화를 공부해서 내 삶을 소박하고도 고졸(古拙)하게 경영해야겠다. 몇 번 입다 넣어둔 한복을 다시 꺼내 손질하여 입어야겠다. 일상에서 우리 것을 향유하고 나만의 멋을 가꾸라고 한창기 선생은 삶의 자세 한 수를 가르쳐 준다. 여행은 성인도 성장하게 한다.

12일

보성군 득량면 예당 다목적센터 ~ 보성군 보성읍 열선루

이순신은 아직 몸이 성하지 않았지만 더 이상 머물고 있을 수 없었다. 해안의 출구 확보가 시급했다. 군사들을 모아 격려하고 행군을 시작했다. 이순신이 박실마을에 들른 것은 영해부사 양산항(양산원)의 집을 염두에 둔 행보였다. 이순신이 양산항의 집에 도착했을 때 모두 피난 가고 아무도 없었으나, 창고에는 곡식이 가득 쌓여 있었다. 그가 집에 있었으면 흔쾌히 내어줬을 텐데 어쩔 수 없었다. 집 창고에 있는 식량을 거두도록 했다. 이순신은 조양창에서 600석과 양산항의 집에서 얻은 식량으로 군량미 걱정을 떨칠 수 있었다. 이렇게 먹을 식량을 구한 곳이 득량만 일대다. 이곳 지명이 '득량(得糧)'으로 된 것도 여기서 유래한다. 이제 무기와 전함만 갖추면 수군 진용을 구축할 수 있게 된 것이다.

1) 여정

예당 다목적센터–득량역–양산항 집–충절사–쇠실마을–기러기재–방진관–열선루: 19㎞

2) 여기 멈춤

양산항 집

양산항은 참봉 양응덕의 아들이며 양팽손의 손자다. 기묘명현(己卯名賢)의 후손이다. 기묘명현은 정암 조광조와 함께 중종 때 기묘사화로 화를 입은 사림을 일컫는다. 이순신과는 대대로 정을 나눠온 가문이다. 이순신이 도착했을 때 그의 집 창고에는 곡식이 가득 쌓여 있었다. 다전마을에는 양산항의 집터가 그대로 남아 있다. 돌로 길게 쌓은 연못과 복원된 오매정(五梅亭)도 있다. 그 옆에 '절충장군수 전라도병마절도사 양공휘우급 유장비(折衝將軍守 全羅道兵馬節度使 梁公諱禹及 遺庄碑)'가 있다. 양우급은 양산항의 증손자다. 지금은 후손 양재평 씨가 살고 있다.

∞ 타임리프 『난중일기』 1597년 8월 11일(양력 9월 21일) 맑음

아침에 양산항 집으로 옮겼다. 이 집 주인(양산원)도 벌써 바다로 피난했는데 곡식이 집에 가득 쌓여 있었다.

늦게 송희립과 최대성이 보러 왔다.

∞ 타임리프 『난중일기』 1597년 8월 12일(양력 9월 22일) 맑음

계본을 등서했다. 그대로 유숙했다. 거제현령 안위와 발포만호 소계남이 와서 만났다. 아침에 장계의 초고를 고쳤다.

늦게 거제현령(안위), 발포만호(소계남)가 들어와서 나의 명령을 들었다. 그들에게서 배설이 당황하고 두려워하는 모양을 전해 들었다. 괘씸하고 한탄스럽기 짝이 없다. 배설 같은 자들이 권세 있는 사람들에게 아첨이나 해서 자신이 감당하지 못할 지위에 올라 나랏일을 크게 그르치고 있건만, 조정에서 살피지 못하니 어떻게 할 것인가? 보성

군수가 왔다.

타임리프 『난중일기』 1597년 8월 13일(양력 9월 23일) 맑음

거제현령과 발포만호가 와서 인사하고 돌아갔다. 수사 배설과 여러 장수 및 피란하여 나온 사람들이 유숙하고 있다는 소식을 들었다. 우후 이몽구가 오긴 했지만 만나지 않았다. 하동현감 신진을 통해 진주 정개산성과 벽견산성은 병사 이복남이 스스로 밖의 진을 파괴시켰다는 소식을 들으니 비통하다.

충절사

전라남도 보성군 득량면 송곡리에 있다.

충절사(忠節祠)는 임진왜란 때 의병을 일으켜 국난극복에 앞장선 보성군 겸백면 출신 장군 최대성(崔大晟, 1552~1598)과 두 아들의 충절을 기리는 곳이다.

그는 선조 18년 무과에 급제했다. 임진왜란이 일어나자 이순신의 부하 장수로 나서 한산대첩 등에서 큰 공을 세웠다. 정유재란 때는 두 아들과 동생을 포함한 의병 수천 명을 이끌고 순천과 고흥, 보성 등지에서 일본군을 무찔렀다.

일본군과 접전을 계속하던 그는 송곡리에서 조총에 맞아 45세 나이에 전사했다. 이 전투를 안치전투(鴈峙戰鬪)라고 부른다. 그가 숨진 득량면 삼정리 삼거리를 군머리 혹은 군두(軍頭)라 부른다.

득량역

경상도와 전라도를 잇는 경전선(慶全線) 역이다. 경전선이 개통된 1930년 문을 열었다. 2000년대 들어 이용객이 뜸해지면서 폐역 논의가

있었다. 지금은 옛 간이역의 정취를 느낄 수 있는 역사(驛舍)로 거듭나 많은 관광객이 찾는다. 득량역 추억의 거리는 1970~1980년대 풍경이 살아있는 득량역 앞 골목을 일컫는다. 50년 넘은 이발소가 있고, 40년 된 역전다방도 있다. 초등학교 교실, 만화방, 오락실 등 옛 추억을 떠올려주는 볼거리가 많다.

열선루

보성군청에 있던 정면 5칸, 측면 4칸 누각이다. 이순신이 여기서 수군 철폐령이 담긴 선조 임금의 유지(諭旨)를 받고, 이에 맞서 '아직 신에게는 12척의 배가 있습니다(금신전선 상유십이, 今臣戰船 尙有十二)'라는 장계를 쓴 곳이다.

당시 보성읍성은 낮은 구릉을 연결해 쌓은 평산성이었다. 둘레 2,953척, 높이 9척이었다. 안에 샘 4개와 못 2개가 있었다. 시가지로 개발되면서 성곽 흔적이 사라졌다. 당시 심은 것으로 보이는 노거수 네 그루가 보성초등학교에 있다. 이순신의 장인이 거주했던 방진관도 군청 뒤편에 복원돼 있다.

방진관은 규모는 크지 않지만 알차게 운영되고 있어 아이들 체험학습지로 좋을 듯하다. 이순신과 부인에 관한 꼭 필요한 자료가 전시되어 있고, 당시 수군과 장군 옷을 입고 간단한 소품과 무기를 만져볼 수 있게 해 놓은 점이 인상적이다.

보성 열선루

타임리프 『난중일기』 1597년 8월 14일(양력 9월 24일) 맑음

아침에 이몽구에게 곤장 80대를 쳤다.

식후 장계 7통을 봉하여 윤선각에게 주어 보냈다. 오후에 어사 임몽정을 만날 일로 보성군에 가서 잤다. 밤에 큰비가 물 쏟아지듯 내렸다.

타임리프 『난중일기』 1597년 8월 15일(양력 9월 25일) 비가 계속 오다가 쾌청

식후 열선루에 나가 공무를 보니, 선전관 박천봉이 왕명서를 가지고 왔다. 8월 7일에 작성한 것이다. 영의정 유성룡은 경기지방 순행 중이라니, 바로 잘 받았다는 장계를 작성했다.

보성 군기를 검열하여 네 마리 말에 나누어 실었다. 저녁에 밝은 달 비치는 누대 위에서 몹시 마음이 편치 않았다.

타임리프 『난중일기』 1597년 8월 16일(양력 9월 26일) 맑음

아침에 보성군수와 군관 등을 굴암으로 보내 피난 간 관리들을 찾아

> 내게 했다. 선전관 박천봉이 돌아가기에 그편에 나주목사와 어사 임몽정에게 답장을 보냈다. 사령들을 박사명 집에 보냈더니 사명의 집은 이미 비었다고 했다. 오후에 궁장 지이와 태귀생, 선의, 대남 등이 들어왔다. 김희방과 김붕만도 왔다.

'신에게는 아직 열두 척의 배가 있습니다.'

이 글을 쓴 장군의 마음에 이입해 보자. 지난날을 핑계 삼거나 남 탓하지 말고 지금의 자신을 직시하자. 나에게는 지금 몇 척의 배가 있는지 보자. 너무 낡았거나 부서진 곳이 있으면 당장 수선하자. 물 새는 구멍을 단단히 막고, 산뜻한 색으로 페인트도 칠하자. 눈에 띄는 깃발을 달고, 멋진 이름도 지어주자. 그것은 나의 배, 튼튼하고 예쁜 나의 배를 타고 세상으로 나아가자.

쇠실마을(김구 선생 은거 마을)

김구 선생의 기억을 품고 사는 쇠실마을 안동 김씨 집성촌이다. 우리 민족의 큰 스승 백범 선생이 40여 일 동안 머물던 집이 있다. 백범 선생이 이 마을을 찾은 건 1898년 5월이다. 청년 김구가 명성황후 시해 사건의 하수인인 일본인 쓰치다 조스케(土田讓亮)를 맨손으로 죽인 사건(치하포 의거)으로 체포돼 인천 감영에 수감됐다가 탈옥한 후다. 선생은 '감옥에서 죽는 것은 왜놈들에게만 좋은 일'이라며 탈옥을 결행했다. 백범은 그 해 3월 삼남 지방을 다니다가 산 깊은 이 마을에 숨어들었다. 마을에 있는 김광언의 집이었다. 선생은 이 집에 머물면서 마을 사람들에게 우리 역사를 가르쳤다. 김구 선생이 은거했던 김광언의 집이 보존돼 있고 그 앞에 기념관도 있다.

쇠실마을 김구 선생 은거지(옛 김광언의 집)

3) 디저트 카페

플레이리스트

〈저 구름 흘러가는 곳〉 김용호 시, 김동진 곡

여름 하늘의 주인은 구름이다. 헤르만 헤세가 좋아하던 구름, 톨스토이의 『전쟁과 평화』에서 주인공 안드레이에게 문득 깨달음을 준 구름. 정자에 누워 가곡을 들으며 구름이 가는 곳을 가늠해 보자. 자유와 방랑을 상징한다. 현실에 얽매여 구속되어 있다고 여겨지면 너른 풀밭에 누워 흘러가는 구름을 좀 바라볼 일이다.

〈부용산〉 박기동 시, 안성현 곡, 안치환 노래

애절한 가사와 곡조의 구전 민중가요다. 민주화 운동가들이 저항가요로 불렀고 지리산 빨치산의 노래로 불리기도 했다.

도올 김용옥 선생이 여순민중항쟁을 강의하는 도중 이 노래를 부르는 영상을 본 적이 있다. 흰 두루마기 입은 노학자 도올 선생은 2절까지 참으로 온 정성을 다하여 열창했다. 의미 있는 노래들은 사라지지 않고 어딘가에 살아있는 것인가. 부용산은 낙안 옆 벌교에 있다.

〈빼앗긴 들에도 봄은 오는가〉 이상화 시, 노래를 찾는 사람들 곡·노래

임진왜란과 정유재란에서 이순신과 의병이 지킨 조선, 일제강점기에 빼앗기고 말았으니 다시 의병과 독립투사들이 나서야 했다. 시인들도 시로 저항했으니 이상화도 그중 한 사람이다. 시에 곡조가 입혀지니 사람들이 부르기 좋고 듣기에 좋았더라.

❗ 필사 와플 한 장

나는 우리나라가 세계에서 가장 아름다운 나라가 되기를 원한다. 가장 부강한 나라가 되기를 원하는 것은 아니다. 내가 남의 침략에 가슴이 아팠으니 내 나라가 남을 침략하는 것을 원치 아니한다.

우리의 부력(富力)은 우리의 생활을 풍족히 할 만하고, 우리의 강력(强力)은 남의 침략을 막을 만하면 족하다. 오직 한없이 가지고 싶은 것은 높은 문화의 힘이다. 문화의 힘은 우리 자신을 행복하게 하고 나아가서 남에게 행복을 주겠기 때문이다.

지금 인류에게 부족한 것은 무력도 아니요, 경제력도 아니다. 현재의 자연 과학만 가지고도 편안히 살아가기에 넉넉하다. 인류가 현재에 불행한 근본 이유는 인의가 부족하고 자비가 부족하고 사랑이 부족한 때문이다. 이 마음만 발달이 되면 현재의 물질력으로 20억이 다 편안히 살아갈 수 있을 것이다. 인류의 이 정신을 배양하는 것은 오직 문화이다.

진정한 세계 평화가 우리나라에서, 우리나라로 말미암아서 세계에 실현되기를 원한다. 홍익인간(弘益人間)이라는 우리 국조(國祖) 단군(檀君)의 이상이 이것이라고 믿는다.

_김구, 「내가 원하는 우리나라」 중

우리 민족의 영원한 지도자다운 글이다. 옳고, 힘 있고, 뛰어난 문장이다. 이 시대 우리가 나아갈 방향을 정확하게 짚어 가리킨다. 이 길이라고, 이것이 아니면 길이 아니라고 준엄하게 알려준다. 노트에 적고 낭독해보자. 나라와 민족을 걱정하는 선생의 심정이 되어 소리 내어 읽어보자. 묵독할 때와 달리 울림이 느껴질 것이다. 이순신 정신과도 다르지 않다. 드높은 정신문화의 힘으로 세계를 이끄는 아름다운 우리나라, 바로 10대의 손에 달렸다. 명랑하고 순정하고 고결한 정신의 청소년이 희망이다.

◎ 아침 명상 한 잔, 모닝페이퍼 한 장

모닝페이퍼 한 장을 쓰기 위해 잠시 척추를 곧게 펴고 심호흡을 하자. 아침 기록도 명상도 점점 길어지고 있는가.

◎ (나의 소중한) 나중일기

오늘은 무엇을 보았는가, 무엇을 느꼈는가. 매일 조금씩 달라지고 성장하고 있는 자신의 모습이 보이는가.

§ 정이의 라떼 일기 훔쳐보기

득량역에서 예술가 셰프를 만났다. 특별한 셰프가 주인인 특별한 식당에서 점심을 먹었다. 음식도 맛있고 실내 인테리어는 비엔날레 전시장 못지않은 갤러리다. 음식을 내오며 자신의 철학과 서사를 재미나게 이야기한다. 자신의 재주와 덕을 펼쳐서 봉사도 하며 즐겁게 산다. 독특한 개성과 색깔을 지닌 예술가다. 매체에 이름이 안 알려졌으면 어떤가. 도처에 숨어있는 고수들과의 만남은 늘 경이롭다.

주변의 지인들을 자세히 관찰하자. 의외로 높은 예술성을 발견할 수 있다. 양귀자 작가의 「길모퉁이에서 만난 사람」에서 우리 동네 예술가가 떠오른다. '끝없는 자기 극복과 한없는 자기 단련으로 고통의 창조 작업을 하고 있는 예술인'은 바로 우리 곁에 있다.

& 생생 톡 10대가 말한다 ❽

나에게는 세상을 건너갈 배가 있는가?

J샘 이순신은 명량해전에서 단 13척의 배로 왜적의 배 133척을 이기고 조선을 지켜냈다. 이 땅과 바다를 터전으로 살아가는 백성을 지켜냈다. **나는** 세상을 건너갈 무기가 있는가? 내가 나아가고 싶은 세상은 어떤 세상이며, 어떤 세상을 만들고 싶은가?

태율 세상을 살아가는 데는 인맥이 가장 중요한 것 같다. 나는 단단한 인맥을 갖추고 세상으로 나아갈 것이다. 아직은 아니다. 지금 알고 있는 사람들이 내가 성장한 후에도 도움이 될 인맥인지는 잘 모른다. 나는 지금 투자 중이다.

J샘 하지만 나도 남에게 좋은 인맥이 되어줘야 하지 않을까.

나경 나에게는 무슨 일이 일어나든 그에 대처하는 능력이 있다. 이런 능력으로 나를 힘들게 하는 각박한 사회에서도 실수 없는 삶을 살고 싶다.

예슬 나 자신이 무기다. 이 무기를 가지고 세상을 도와주고 사람들에게 편안한 세상을 만들어 주고 싶다.

윤재 인기가 무기가 될 수 있다. 사람들이 나를 좋아하게 만들고 싶다. 이 무기로 양파를 없애고 싶다.(지금 햄버거 먹는 중ㅋ), 폭력 없는 평화로운 세상을 만들고 싶다. 호감과 인기를 바탕으로 서로 좋아하는 세상이 되면 좋겠다.

지수 나에게는 두 가지가 있다. 첫째는 모든 사람과 잘 지내는 척할 수 있다. 이걸 그 사람이 모르게 할 수 있다. 그건 다른 사람과 원만한 관계를 맺게 해준다. 둘째는 용기다. 걱정이 많지만, 닥친 일을 그냥 해본다! 이 두 가지를 가지고, 누구나 자신을 숨기지 않고 터놓고 이야기하는 세상을 만들고 싶다.

하연 나는 자기 객관화가 잘되어 있다. 장단점을 잘 안다. 이 무기를 가지고 서로를 배려하고 좋아하는 세상을 만들고 싶다.

지원 호불호가 분명한 점이 나의 무기다. 줏대가 나의 무기다! 나는 잘 밀고 나갈 수 있다. 세상이 너무 빠르게 변하는 것 같다. 천천히 여유 있게 흘러가는 세상을 만들고 싶다.

선주 나는 한 가지를 깊이 연구할 수 있는 끈기가 있다. 화학 분야의 안전 문제에 관심이 있다. 화학공학 분야가 인정받는 세상이 되면 좋겠다. 안전한 세상, 지속 가능한 친환경적 세상을 만들고 싶다.

J샘 여러분의 무기를 정말 소중하게 생각하고 갈고 닦아라. 그 무기를 좋은 일에 쓰고, 멋진 세상을 만들어 보자. 여러분이라면 할 수 있다.

6

회령진 출항길(열선루–마도진)
– 해상 출전을 결의하다

회진 지명은 회령포진을 따서 만들었다. 마을 뒤에는 회령진성이 있는데, 회령진성은 마을 뒷산을 이용해서 쌓았다. 지금도 그 흔적이 남아 있다. 회령포진성은 전라우수영에 소속된 수군만호가 주둔하면서 형성되었고, 전쟁 때는 수군 집결 장소였다.

회령진성에 도착한 이순신은 임금께 충성을 맹세하는 숙배를 올렸다. 이 숙배에 참여하지 않은 경상우수사 배설을 비롯하여 물건에 손댄 자들을 군율로 다스렸다. 이렇게 군율을 정비하고, 경상우수사 배설에게서 회수한 12척에 전라우수사 김억추가 가져온 1척을 모아 총 13척을 판옥선으로 개조하는 작업에 착수했다. 백병전에 능한 왜군들에게 전투력을 높이기 위해 거북 모형의 구선으로 바꾸게 했다. 김억추를 전선 수리 책임자로 지정하고 군관 권준, 임준영, 송희립, 배문길, 조기 등이 밤낮으로 전선 개조에 매달렸다. 이렇게 요새화된 판옥선이 13척이 되었다. 1597년 8월 3일 삼도수군통제사로 임명된 후 17일 만이다.

이순신과 조선수군은 장흥 회령포에서 전선을 판옥선으로 개조, 요새화하여 출항했다. 조선수군 함대를 이끌고 바다로 나간 이순신은 마량항 앞바다에서 해상 훈련을 하면서 본격적으로 전쟁 준비에 들어갔다.

이렇게 단기간에 조선수군을 재건할 수 있었던 것은 전라도 백성의 도움 덕분이다. 군관 배흥립, 송희립, 최대성, 정사립, 김붕만, 이기남, 연해안에서 연해민 마하수, 김명립과 궁장 지이, 퇴귀생, 선의, 대남 등도 자발적으로 참여했다. 강진의 황대중은 배 10척에 곡식 100석을 싣고 왔다. 장흥의 마하수는 향선을 동원해 해상 이동을 도왔다. 일반 백성도 가족을 뒤로하고 자발적으로 의병에 참여했다. 이순신이 '약무호남 시무국가(若無湖南 是無國家), 즉 호남이 없다면 국가도 없다.'고 단언한 이유도 이 때문이다.

타임리프 『난중일기』 1597년 8월 18일(양력 9월 28일) 맑음

늦은 아침에 곧바로 회령포에 갔다. 경상 수사 배설이 멀미를 핑계로 나오지 않았다. 다른 장수만 보았다. 회령포 관사에서 잤다.

타임리프 『난중일기』 1597년 8월 19일(양력 9월 29일) 맑음

여러 장수들이 교서에 숙배를 하는데, 수사 배설은 받들어 숙배하지 않았다. 숙배하지 않은 군관과 관리들을 군율로 다스렸다. 회령포 만호 민정붕이 전선에서 받은 물건을 사사로이 피난민 위덕의 등에게 줘서 그 죄를 곤장으로 다스렸다.

명량으로 가는 길 - 제6부 회령진 출항길

https://www.youtube.com/watch?v=_VFS9tBS7B0

13일

보성군 보성읍 열선루 ~ 장흥군 안양면 수문항

1) 여정

열선루–보성역–보성소리 득음길–턱골고개–봇재–율포해수욕장–명교마을–군학마을–수문항: 25㎞

2) 여기 멈춤

 # 오충사 전라남도 보성군 보성읍 중앙로 80(보성리 751)

오충사는 선윤지를 비롯하여 선형·선거이·선세강·선약해 등 보성 선(宣)씨 다섯 분을 모신 사당이다. 보성읍 중심가에 있는 언덕에 자리 잡은 사당 경내에는 정면 3칸 맞배지붕을 한 사당과 기역(ㄱ) 자 형 강당 충의당, 내삼문, 외삼문, 문간채 등의 건물이 있다.

보성 선씨 다섯 분의 영정을 봉안하고 있는 오충사 충의당 앞에는 사당의 내력을 일러주는 비석 4기가 있다.

선윤지는 중국 노나라 대부 선백의 후손 선윤지(宣允祉)가 1382년(고려 우왕 8) 명나라 사신으로 고려에 왔다가 귀화하여 보성 선씨의 시조가 되었다. 선윤지는 고려에서 전라도 안렴사가 되어 해안 지방에 침입한 왜구를 물리치고 민심을 안정시켰으며 유교의 진흥과 후진 양성에 진력했다.

선형(宣炯, 1434~1479)은 세조 때 안주목사, 한성부윤, 황해도 관찰사 등을 거쳐 1467년(세조 13) 이시애의 난이 일어나자 형조참판으로서 군사를 이끌고 나가 공을 세워 적개공신 3등에 올랐다.

선거이(宣居怡, 1550~1598)는 도사(都事) 선상(宣祥)의 아들로 본관은 보성, 호는 친친재(親親齋)다. 1569년에 선전관이 되고 이듬해 무과에 급제했다. 1586년 함경북도 병마절도사 이일의 추천으로 함경북도 군관이 되었고, 이듬해 조산만호 이순신과 함께 녹둔도에서 여진족을 막아냈다. 그 뒤 거제현령, 진도군수, 성주목사를 거쳐 전라우도 수군절도사가 되었다.

임진왜란 때 이순신을 도와 한산해전에 참전했다. 그해 12월 전라도 병마절도사로 독성산성 전투에서 권율과 함께 활약했으며, 1593년 2월 행주산성 전투에서도 권율을 도왔다. 남원 운봉전투에서도 일본군을 격퇴하는 등, 잇따라 전공을 세웠다.

그 뒤 충청도 병마절도사에 올랐으며, 1594년 9월에는 장문포해전에 참전하여 일본군을 격퇴했다. 4년 후인 1598년 명나라 군대와 연합하여 울산왜성에 주둔 중인 일본군을 공격하다 전사했다. 1605년 선무원종공신 1등에 책봉되었다.

선세강(宣世剛, 1576~1636)은 선조 때 무과에 급제했으며, 병자호란 때 안동 영장으로 출전하여 격전을 벌이다 전사했다.

선약해(宣若海, 1585~1643)는 병자호란에 전공을 세우고 평산부사, 정주목사 등을 거쳐 경상좌도 수군절도사를 지냈다.

백사정

명교마을은 능주에 살던 인천 이씨 입향조 이무가 임진왜란 때 들어와 정착하면서 형성된 마을이다. 이곳은 예부터 우물과 식수가 풍부했다. 모래 해변도 넓었다. 군대가 머물며 전열을 정비하기에 제격이었다. 이순신은 여기 머물며 말을 쉬게 하고 군사를 도열시켜 점검했다. 경상우수사 배설이 이끄는 조선수군 함대가 대기하기로 한 군영구미로 가기 위해서였다.

군영구미

1457년(세조 3) 수군만호진이 개설되면서 군영구미(軍營龜尾)라 불렸다. 회령면 '휘리포'라 부른 기록도 있다. 임진왜란 때는 구미영성(龜尾營城)이라 했다.

이순신은 여기서 수사 배설의 함대와 만나기로 했다. 이순신이 타고 바다로 나갈 배였다. 그러나 경상우수사 배설이 오지 않아서 전함을 이용할 수 없었다.

이순신은 이 마을의 김명립, 해상의병 마하수, 정경남, 백진남, 문영개, 변홍원, 변홍제 등의 협조로 향선 10척을 얻어 병참 물자를 싣고 출항했다.

마을에 김명립 장군의 유적비가 있다. 진터, 성머리, 성안, 진밖, 사장등, 사장터 등 마을 이름도 남아 있다. 500년 넘게 산 느티나무가 마을회관 앞에 있다. 성터 흔적도 일부 남아 있다.

보성 군학해변

타임리프 『난중일기』 1597년 8월 17일(양력 9월 27일) 맑음

아침 식사 후 곧장 장흥 땅 백사정(보성군 회천면 명교마을)으로 갔다. 점심 후 군영구미로 가니 온 경내가 이미 무인지경이 되었다. 수사 배설은 내가 탈 배를 보내지 않았다. 장흥의 군량을 감독관과 하급관리가 모두 훔쳐 갔는데, 관리들이 나누어 가져갈 때 마침 가서 붙잡아 중한 장형을 내렸다. 그대로 유숙했다.

@ 보성차밭

녹차 수도, 보성이다. 모든 생물의 생태가 오묘하고 신비롭지만 차나무도 그렇다. 땅 속 뿌리와 땅 위 가지의 길이가 같다고 한다.

차밭 경치 아름답다고, 드라마 촬영지라고 사진만 찍지 말고, 잠시 고요하게 앉아 차를 우리고, 그윽한 차 맛도 느껴보자. 녹차와 발효차는 맛이 다른지 마셔보자. 우리가 주로 어떤 음료를 마시는지 돌아보자. 그 음료들이 건강에 괜찮을지 생각해 보자. 미세플라스틱과 생수병,

음료병, 캔 등도 이대로 괜찮을까.

한승원 문학길

안양면 수문리 바닷가에 한승원의 시비 30기가 줄지어 있다. 여다지 어민들의 일상과 자연을 노래한 시들이다. 한승원은 「해변의 길손」 「흑산도 하늘길」 「동학제」 「추사」 「다산」 등 많은 소설을 썼다. 지금은 '한강 작가의 아버지'로 불린다. 한강이 영국 부커상, 프랑스 메디치 상 등 국제적인 문학상을 받아 더 유명해졌기 때문이다.

우리나라 곳곳에 이런 길이 많이 생기면 좋겠다. 시인의 길, 소설가의 길, 철학자의 길, 음악가의 길, 화가의 길… 그러면 우리나라는 예술의 나라, 김구 선생이 바라는 문화의 나라가 되겠지.

3) 디저트 카페

플레이리스트

〈흥보가〉

아무래도 흥보 가족 박 타는 대목이 가장 신명 나고 듣기 좋을 것이다. 흥보처럼 살아가던 가난하고 착한 백성들을 떠올리며 들어보자.

〈떠나가는 배〉 정태춘·박은옥

이들의 노래는 들어도 들어도 더 듣고 싶다. 둘 다 시인이며 철학자이고 수행자다. 그리고 투사다. 고요하고 낮고 부드러우면서도 강한 목소리로 우리 의식이 무디어지지 않게 지켜준다. 가수로서 대중의 인기에 영합하지 않고, 부를 좇지 않고 지조를 지키며 선비같이 자기만의 노래를 부른다. 각계 각 분야에 이순신 같은 사람들이 있어 우리나라는 희망이 있다.

^ 판소리 〈흥보가〉의 박 타는 대목을 배우자. 자, 우리도 득음을 하자. 소리가 아니라도 괜찮다. 나만의 분야에서 득음 통달을 하자.

! 필사 와플 한 장 _

직장에서 틈틈이 필사하는 사람들이 많다. 어느 병원 물리치료사는 틈틈이 성경을 필사하는데, 그분이 환자를 대하는 자태와 말씨를 보면 바로 앞에서 예수를 보는 듯하다. 불경을 필사하는 분도 많이 보는데, 신기하게도 그분들 또한 부처 같다. 늦은 나이에 소설가의 꿈을 가진 어느 지인은 자신의 일터인 회사 구내매점에서 닥치는 대로 독서하고 필사하여 한국의 소설가협회에 이름을 올렸다.

- 이순신의 명대사를 적어 보자.

금신전선 상유십이 미신불사(今臣戰□ 尙有十二 微臣不死)

"아직 신에게 12척의 배가 있습니다. 미천한 신, 아직 죽지 않았습니다."

* 한자의 뜻과 음을 새기고 필사하자.

■ **알놀Q** 위 문장의 □에 들어갈 한자는?

저것은 벽
어쩔 수 없는 벽이라고 우리가 느낄 때
그때,
담쟁이는 말없이 그 벽을 오른다

물 한 방울 없고,
씨앗 한 톨 살아남을 수 없는
저것은 절망의 벽이라고 말할 때
담쟁이는 서두르지 않고 앞으로 나간다

한 뼘이라도 꼭 여럿이 함께
손을 잡고 올라간다
푸르게 절망을 잡고 놓지 않는다

저것은 넘을 수 없는 벽이라고
고개를 떨구고 있을 때
담쟁이 잎 하나는
담쟁이 잎 수천 개를 이끌고
결국 그 벽을 넘는다

_도종환, 「담쟁이」

담쟁이 넝쿨이 덮인 담장을 보고, 그 흔한 담쟁이 이파리를 소재로 이런 시를 쓰다니 시인이 평소 어떤 사유를 하고 있는지 알 수 있다.

여름에 윤기 나는 푸르른 이파리로 담을 뒤덮는 담쟁이는 바로 이순신과 흰옷 입은 백성과 의병의 모습 같다. 앞을 가로막는 벽 앞에서 절망하지 않은 사람들, 힘없이 돌아서지 않고 붉은 손 맞잡고 벽을 넘어간 사람들, 그들이 바로 강산을 푸르게 지켜온 선조들이다. 가만히 낭독하면 뜨거운 그 무엇이 목울대를 타고 넘어올지도 모른다.

열선루에서 출발하는 오늘, 다시 한번 열두 척의 배를 떠올린다.

◎ 아침 명상 한 잔, 모닝페이퍼 한 장

그동안 길을 걸으며 독서 위시리스트를 만들었는가. 목록이 많은 사람이 부자다. 아침 일기에 기록해 보자. 제목을 기록해 놓으면 언젠가는 읽게 된다.

필독도서, 권장도서, 추천도서 등 독서를 외부에서 강제하는 목록을 좋아하지 않는다. 스스로 만든 목록이라야 의미가 있다. 이런저런 틀에 책을 가두지 말고 드넓은 책의 바다에 빠져보자. 책은 타인에게 추천받을 수도 있지만 운명으로 만나 알 수 없는 힘에 이끌려 읽게 되는 것이다.

끝까지 다 읽지 않아도 되고, 읽고 나서 내용을 기억하지 못하더라도 괜찮다. 줄거리를 잊어버린 것 같아도 읽는 순간의 감상은 살과 뼈에 스며들어 나를 변화시키고 다른 존재로 만든다.

좋아하는 것, 하고 싶은 일, 만나보고 싶은 사람, 친해지고 싶은 친구, 가보고 싶은 나라, 무슨 주제로든 꿈 목록을 적어 보자.

◎ (나의 소중한) 나중일기

나는 어떻게 변화하고 있는가.

벌써 13일간 13구간을 걸었다. 읽고 쓰고 걷고 그 경험을 친구와 나누고 있다. 몸과 마음이 얼마나 단단해졌는가. 혼자서는 어려운 일도 함께하면 할 만한 일이 된다. 서로 돕고 격려하며 나아가자. 우정에는 신비한 힘이 있다.

§ 정이의 라떼 일기 훔쳐보기

파울로 코엘료의 소설 「연금술사」는 세계에서 가장 많은 언어로 번역된 책으로 기네스북에 올랐다. 2009년의 일이다. 작가 자신이 산티아고 길을 걸었고, 그 경험으로 쓴 소설이다. 연간 수백 명이었던 산티아고 순례자 수가 그의 작품 「순례자」와 「연금술사」 발간 이후 연간 600만 명 이상으로 늘었다. 오늘도 많은 사람이 그 길을 걷고 있고, 아직 가지 못한 많은 사람이 산티아고 길 순례를 인생 버킷리스트로 삼고 있을 터다.

남도수군 재건길이 우리 역사와 소리와 문학을 만나 세계인의 길이 되기를 기대한다. 언젠가 올 그날에 대비해서 길과 주변의 자연을 다듬고, 이순신의 유적을 정비하고, 숙소와 식당과 쉼터를 만들어야 한다.

작가 코엘료는 작품에서 우리에게 말한다.

"자네가 무언가를 간절히 원할 때
온 우주는 자네의 소망이 실현되도록 도와준다네."

이 말을 증명해 보여주는 예가 바로 이순신 아닌가. 시대와 공간을 초월하여 통하는 진리에 서늘해진다.

■ **알놀Q** 파울로 코엘료 소설 「연금술사」의 주인공 양치기의 이름은?

14일

장흥군 안양면 수문항 ~ 장흥군 회진면 회령진성

우리가 세상에서 읽어 낼 것이 어디 책뿐이랴. 길 따라 흐르는 강 물결을 읽고, 물에 잠긴 산그림자를 읽는다. 하늘을 배경으로 떠가는 구름을 읽고, 먼지 뒤집어쓰고 길가에 앉아 있는 풀포기를 읽는다. 공중을 날아간 새의 흔적을 읽고, 어린 바람 머물던 나뭇가지도 눈으로 좇는다.

그중에 사람, 사람은 갈피갈피 읽어 내야 할 의미가 가득 담긴 깊고 위대한 책이다. 불멸의 의인들 생애야말로 우리가 읽어 내야 할 고전이다. 이순신과 조선수군의 발자국에 우리 발걸음을 포개며 장흥 여정을 이어간다.

1) 여정

수문항–장재도–남포마을–죽청마을–장환도–정남진 전망대–명덕초–노력도 입구–회령진성: 29㎞

2) 여기 멈춤

@ 정남진

전라남도 장흥군 관산읍 정남진 해안로. 서울 광화문을 기점으로 위도상 정동쪽에 정동진이 있고 경도상 정남쪽에 정남진 장흥이 있다. 전망대에서 바라보면 먼바다의 섬들을 내려다볼 수 있는데, 득량만 일대와 고흥 소록도 거금도 금일도 생일도 등 수많은 섬을 한눈에 볼 수 있는 명소다.

푸르른 에메랄드빛 남해와 그림을 그린 듯한 하늘, 저 멀리 서 있는 웅장한 천관산! 한 폭의 그림이 아닐 수 없다.

전망대 계단을 오르면 '통일광장'의 한반도 모양 바닥분수가 시원한 물줄기로 맞이한다. 통일광장 분수를 지나면 안중근 동상이 바다를 향해 있다. 전망대 앞에는 귀여운 12간지 조형물이 방문객을 반긴다. 전망대 탑의 높이는 45.9m로 상층은 떠오르는 태양을, 중층은 황포돛대를, 하층은 파도를 형상화했다.

정남향이라는 방향 축을 상징적으로 나타내는 '율려'라는 둥근 조형물은 분지처럼 생긴 땅에 바닷물이 찼다는 의미를 담아, 정남진의 둥근 바다를 표현했다고 한다. 정남진 전망대는 황홀한 야경과 일출이 볼 만하다. 밤이면 색깔별로 변하는 불빛과 어둠에 잠긴 앞바다를 내려다보

정남진 전망대

는 것도 운치 있다. 또한 정남진은 해돋이 명소다.

회령진성

회령진은 조선 초기 1490년(성종 21)에 시작해 1554년(명종 9)까지 설치되었다. 남해에 출몰하는 일본군을 막아내는 수군진이었다. 전쟁 시에는 수군 집결지였다. 평상시엔 군량과 군기를 쌓아두는 보급기지였다.

회령진성은 토성과 석성이 혼재됐다. 마을 뒷산을 이용해 쌓은 만호진성이다. 둘레 1990척*, 높이 2.3~4.4m에 이른다. 남아 있는 성벽의 총길이는 616m. 동쪽 벽은 벼랑 위에 쌓았으나 지금은 모두 없어졌다. 당시의 석축이 군데군데 남아 있다. 육지에 이어진 덕도와 노력도, 대마도 등 크고 작은 섬이 둘러싸고 있다. 이순신은 1597년 8월 20일 여기서 처음으로 조선수군 함대를 이끌고 해상전투를 위해 출항했다. 조선함대는 13척으로 구성됐다.

*1척(1자)≒30㎝

회령진성

타임리프 『난중일기』 1597년 8월 18일(양력 9월 28일) 맑음

회령포에 갔더니, 경상 수사 배설이 배멀미를 핑계 대므로 만나지 않았다. 회령포 관사에서 잤다.

타임리프 『난중일기』 1597년 8월 19일(양력 9월 29일) 맑음

장수들이 교서에 숙배했는데, 배설은 교서에 공경히 맞이하여 절하지 않았다. 그 능멸하고 오만한 태도를 이루 말할 수 없기에 그의 관리에게 곤장을 쳤다.

회령포 만호 민정붕이 전선에서 받은 물건을 사사로이 피란민 위덕의 등에게 준 죄로 곤장 20대를 쳤다.

회진항 풍경을 그림으로 그려보자. 디지털카메라가 보급되고 곧 모두가 휴대폰을 갖게 된 후로 사람들은 어디서나 바로 사진을 찍는다. 기억하고 싶은 것, 다시 보고 싶은 것이 눈앞에 보이면 자동으로 휴대폰 카메라 앱에 손이 간다. 한 번 터치만으로 내가 원하는 것이 갤러리에 저장되고 내 소유가 된다. 나를 둘러싼 사방 360도의 풍경, 공기의 흐름과 냄새와 질감, 그곳의 스토리까지 모두 7×15cm 액정화면에 압축된다. 그렇게 해서 우리는 그것을 '소유한다'고 느낀다. 하지만 그것은 진정 내 것인가.

그러니 가끔은 휴대폰을 끄고 눈앞의 풍경을 말없이 그윽히 오래 바라보자. 소리에 귀 기울이고, 냄새도 맡아보고, 공기와 바람도 느껴보자. 오감을 동원한 느낌 있는 여행, 어떤가. 폰에 저장하기보다 내 몸에 저장하기다. 디지털 디톡스. 때로는 시간을 가지고 오래 들여다보고, 그림으로 그려보고, 글로 묘사하는 아날로그식 기록을 해 보자.

3) 디저트 카페

플레이리스트

〈빈센트〉 돈 맥클린

많고 많은 별 노래 중 세 곡을 골랐다.

정남진에는 별이 많을까. 그래서 천문대가 있을까. 빈센트 반 고흐는 천체 망원경으로 별을 관측했을까. 눈으로만 보고 소용돌이 모양으로 휘몰아치는 별을 그렸을까. 천문학자들이 관측하고 인공위성이 찍은 성운의 모양은 그가 그린 별과 비슷하다. 화가 고흐의 눈으로 별을 바라본다.

장군도 이곳 장흥을 지날 때 별을 보았을 것이다. 우리가 지금 보고 있는 바로 저 별을. 어쩌면 전쟁 중 매일 저녁 어두운 하늘을 올려다보며 내일의 전세를 예측하고 전략을 짜고 국운을 빌고 마음을 가다듬었으리라.

「별 헤는 밤」 윤동주 시

〈별〉 이병기 시, 이수인 곡

시에 곡을 붙여 만든 가곡이다. 가곡이 점점 좋아지지 않는가. 합창으로 부르는 곡도 멋지다.

필사 와플 한 장 _

윤동주 시인의 「별 헤는 밤」 전문을 손글씨로 써보자. 여기 4연만 인용한다. 「별 헤는 밤」 정도는 다 암송하고 있을 것 같아서. 우리에겐 윤동주 시인이 있고 그가 지은 시 「별 헤는 밤」이 있다.

혹시 「별 헤는 밤」이 길다고 여겨진다면 「서시」는 다 외우고 있을 것이다. 「서시」를 친구와 소리 맞춰 암송해 보자. 그 친구는 조선수군재건길 명량 챌린지 중 어느 밤 정남진 어느 바닷가 숙소에서 「서시」를 함께 낭송한 친구로 평생 기억되리라.

별 하나에 추억과
별 하나에 사랑과
별 하나에 쓸쓸함과
별 하나에 동경과
별 하나에 시와
별 하나에 어머니, 어머니,
어머님, 나는 별 하나에 아름다운 말 한마디씩 불러봅니다.

오늘 주제는 별….

추 억, 사 랑, 동 경, 시, 어 머 니, 음절 하나하나가 모두 별이다. 오늘 낮에 우리가 남긴 발자국 중 몇 개는 하늘의 별이 되었을지도 모른다. 오늘 우리가 걸으며 흘린 땀방울도 하늘로 올라가 별이 되고 있는지도 모른다.

몇 광년 밖에서 가뭇가뭇 신호를 보내오는 저 별들은 이 땅에서 무구하고 순정하게 살다 전장에서 죽임을 당한 백성과 의병들의 영혼인지도 모른다. 그들이 지금도 우리에게 외치고 있고 시인과 예술가들은 그걸 들을 수 있는 이들이다. 어린 아이들과 순정한 영혼의 청소년들도 마찬가지다.

드디어 지구별에 와 내 눈에 빛으로 닿은 별들이 하는 말에 귀 기울여 본다.

사람들이 착하게 사는지 별들이 많이 떴다.
개울물 맑게 흐르는 곳에 마을을 이루고
물바가지에 떠 담던 접동새 소리 별 그림자
그 물로 쌀을 씻어 밥 짓는 냄새 나면
굴뚝 가까이 내려오던
밥티처럼 따스한 별들이 뜬 마을을 지난다.
사람들이 순하게 하는지 별들이 참 많이 떴다.

_도종환, 「어떤 마을」

오늘 지나온 여러 마을을 떠올려 본다. 산줄기가 품을 내어준 골짜기에 모여 다정하게 이마를 맞대고 살아가는 사람들, 착하고 순한 사람들, 더위를 이기며 노동을 해내고 하루를 살아낸 순박한 사람들, 이제 편안한 잠자리에 들었을지. 숙소 마당에 서서 별을 바라보자. 본 적 없지만 모른다고 할 수 없는 사람들의 평화를 기원한다. 도종환 시인의 시는 「담쟁이」와 「어떤 마을」, 두 편을 필사했다.

◎ 아침 명상 한 잔, 모닝페이퍼 한 장

남해 바닷가에 오니 장군에게 한 걸음 더 가까워진 것 같다. 이순신은 바다의 신. 오늘 여정에서 기대되는 곳을 모닝페이퍼에 적어 보자. 생각은 글로 적어야 구체화되고 실현 가능성이 커진다.

좋아하는 것이 많으면, 우리 인생은 성공이다.

◎ (나의 소중한) 나중일기

명량 챌린지 14일, 이제 종아리도 제법 단단해지고 종아리 근육만큼 마음 근육도 단단해졌을 터, 잠들기 전에 오늘을 글로 그려보자.

장군도 하루 일과를 마치고 늦은 밤에 먹을 갈아 일기를 썼다. 고단해도, 몸이 아파도 고요하게 마음을 가라앉히고 하루를 돌아보는 시간은 소중하다.

§ 정이의 라떼 일기 훔쳐보기

세상 모든 길은 노래와 서사를 품고 있다. 사람들이 모이고, 모르는 이들이 만나 함께 걸으며 노래와 이야기가 쌓인다. '여기 멈춤'에 적은 유적지에 자신의 흔적을 남기고 온라인에 공유하면서 우리 여정을 풍부하게 만들 수 있다.

보성, 장흥, 강진 남해안의 바다 물빛과 바람이 참 아름답구나. 나중에 혼자 호젓하게 다시 오고 싶구나.

15일

장흥군 회진면 회령진성 ~ 강진군 마량면 마량항

길에 모든 것이 있다. 역사, 철학, 문학, 미술, 건축, 생태….

그걸 겪고 받아들이고 낮은 자세로 그것에 스며들 마음만 있다면 길은 품을 활짝 열어 우리를 맞아줄 것이다. 그리하여 길은 위대한 학교다. 길 걷기는 광대한 교육과정이다. 다른 누구가 아닌 '나'가 되는 경험, 내 삶의 주인이 되는 경험을 할 수 있는 곳이 바로 길이다. 두 발을 대지에 내디뎌 뚜벅뚜벅 걸으며 나에게로 간다. 일찍이 이 길을 간 그가 있어 우리도 뒤따라 걷는다.

길동무는 많다. 바람도 구름도 친구다. 구름은 자유다. 구름은 방랑이다. 어느 예술가가 있어 저런 작품을 만들어 푸른 벽에 걸어둘 수 있으랴. 헤세와 톨스토이의 구름만으로도 충분하다.

1) 여정

회령진성–천년학 세트장–삭금 다목적회관–덕촌 방조제–마량항: 21㎞

2) 여기 멈춤

◈ 천년학 세트장

영화 〈천년학〉 촬영지 바닷가 선술집이다. 선학동마을 앞 해변에 있다. 이청준의 소설 「선학동 나그네」를 원작으로 한 〈천년학〉은 의붓남매 동호와 송화의 이루어질 수 없는 사랑 이야기다. 선술집 세트장은 소설과 영화 줄거리처럼 쓸쓸하고 고적하다.

§ 쓸쓸하구나. 도시에 이런 건물이 있다면 이야깃거리가 될 텐데. 이런 느낌의 건물에 갤러리나 카페 등을 차리면 사람들이 몰려와 사진도 찍고 유명해질 텐데, 이렇게 텅 빈 벌판에 남겨져 있다니, 아쉽고 아깝다. 선술집 촬영지는 사람들이 찾지 않아도 의연하게 자리를 지키며, 바람을 맞고 서 있으리라. 그 적요(寂寥)함과 고적함으로 방문객의 마음에 깊이 새겨져 잊히지 않을 것이다.

◈ 이청준 생가

이청준(1939~2008) 선생은 장흥의 많은 문학가 중 천재 작가로 꼽힌다, 대표작은 가슴 저리게 아름다운 소설 「눈길」, 그가 이루고자 했던 문학의 세계를 소설로 구현한 「당신들의 천국」, 「서편제」, 「축제」, 「선학동 나그네」 등이다. 이청준은 남도 사람들의 웅숭깊은 한과 소리를 소설로 풀어냈다. 교과서에 가장 많은 작품이 실린 작가이고, 대학수능시험에 많이 출제되는 작가이기도 하다. 생가는 회진면 진목리에 있다. 그가 태어나고 자란 곳으로 소박하게 복원되어있다.

진목마을은 임진왜란 때 군마를 기르던 곳이다. 발길 닿는 곳마다 역사가 없는 곳은 없다. 도시 농촌 어촌 가릴 것 없이 우리가 지나가는 곳의 옛이야기를 찾아보자. 향토사가 중요한 이유다. 마을 어른들에게 청하여 살아있는 입말로 이야기를 듣는 것도 좋다. 지금은 문화해설사들이 그 역할을 해준다.

보림사

우리나라에 선종이 가장 먼저 들어온 가람으로, 759년 원표스님이 세웠다. 헌강왕이 보림사로 칭하게 하고 선종 종찰로 인정했다. 선종은 문자를 알지 못해도 근기만 있다면 누구든지 도를 깨칠 수 있다는 평등사상을 토대로 한다. 당시 신라의 계급제도를 혁파하는 개혁적인 종파로 의미가 크다.

대적광전 앞 삼층석탑과 대적광전 안 철조비로자나불 좌상은 국보이며, 부도와 탑, 목조 사천왕상 등 보물이 전한다.

@ 장흥다목적댐

장흥군 유치면 부산면과 강진군 옴천면에 걸친 댐으로, 전라남도 9개 시군에 생활용수를 공급한다. 댐을 만들며 시퍼런 물 아래 수몰된 마을들을 상상한다. 물이 구름으로, 구름이 다시 물로, 그 물이 지상의 뭇 생명으로 순환하는 섭리를 생각한다.

천도교당

장흥읍 교촌리 천도교 장흥교당을 찾아간다. 고요한 마을 골목 집집마다 손으로 부부 이름을 적어서 만든 문패들이 정겹다. 깊은 처마 안에 그윽이 들어앉은 방과 마루와 유리 미닫이문, 개화기 한옥으로 귀한 건축물이다. 암울한 일제강점기, 마루방에 모여서 비장한 얼굴로 회의하고 수련했을 동학교도들의 모습을 상상했다.

마당에 서서 하늘을 올려다본다. 조그만 종달새 한 마리가 푸른 하늘을 박차며 접영으로 날고 있다. 귀엽고 유쾌하여 한참 눈길을 준다. 오늘 우리가 누리는 이만큼의 자유와 평등은 온전히 선각한 조상들에게 빚지고 있음을 알겠다.

장흥동학농민혁명기념관과 기념탑

동학농민혁명 당시 최후 최대 격전지 석대들에 기념관과 기념탑을 세웠다. 모든 인간이 자유롭고 평등하고 인간답게 살기를 갈망하며 일본군과 항전하다 산화해 간 접주들과 무명의 농민군들을 추모한다. 새 하늘이 열리기를 기원하며 목숨 내놓고 싸웠지만 새로운 세상은 왔을까. 표고버섯 비닐하우스로 뒤덮인 석대들을 바라보며 생각한다.

장흥문학회 회원들과 참가자들은 송기숙 선생의 대하소설 「녹두장군 1~12권」 함께 읽기를 하고 있다고 한다, 역시 역사는 문학으로 완성된다. 또한 함께 읽기는 힘이 세다. 독서 챌린지 모임을 많이 만들어서 강물처럼 흐르는 대하 역사소설을 읽자.

마도진성

강진 마도진 만호성지(康津 馬島鎭 萬戶城址)는 전라남도 강진군 마량면에 있는 조선시대의 성터다. 마도진은 고려말 이래 영호남에서 조세로 내는 곡식을 실어나르는 조운선이 통과하는 지역으로, 이를 약탈하려는 왜구를 방어하기 위해 1499년(연산군 5)에 진성을 쌓게 되었다.

앞으로는 고금도, 까막섬 등이 이중 삼중으로 보호하고 있다. 뭍에선 말머리산 능선이 휘감고 있다. 외부에서 엿볼 수 없게 완벽하게 숨어있어 군항으로 천혜의 조건을 갖췄다. 임진왜란 당시에도 방어기지로 중요한 지역이었다.

@ 마량항

한때 번성했던 항구 강진의 남쪽 항구다. 고려시대부터 제주와 육지를 잇는 항구였다. 제주에서 훈련시킨 말이 배 타고 건너와 내렸다. 말은 여기서 일정 기간 적응훈련을 거쳐 한양으로 보내졌다. '말 마(馬)' 자를 쓰는 지명이 많다. 지금은 청정해역의 방파제를 따라 산책로가 단아하게 놓인 낭만적인 항구다. 등대와 조화를 이룬 풍경도 아름답다. 완도, 고금도와 연륙교로 이어져 있다. 이순신이 이끄는 조선수군의 함대가 8월 20일에 이 앞바다를 지났다. 마량항은 조선수군의 함대가 지나간 바다를 조망하기에 가장 좋은 지점이다.

회진로를 함께 걷는 명덕초등학교 학생들

3) 디저트 카페

♪ 플레이리스트

〈천년학〉(서편제 주제곡) 대금 연주, 김수철 곡

우리 전통 악기 대금 연주곡도 감상해 보자. 학이 우아한 자태로 날아가는 모습이 눈에 보이는 듯하다.

〈바람의 빛깔〉 오연준 노래

바람은 어디서부터 불어오는 걸까? 저 멀리멀리 아득한 별에서 불어오는 것 아닐까? 고흐가 그린 회오리치는 별에서. 오늘 함께 걸었던 명덕초 학생들을 보면서 제주 소년이 부르는 〈바람의 빛깔〉을 듣는다.

〈험한 세상에 다리가 되어(Bridge over Troubled Water)〉 사이먼과 가펑클

마량항에서는 고금도로 연결되는 고금대교가 보인다. 육지 끝에서 시퍼렇게 요동치는 바다를 가로질러 고금도에 닿는 다리는 위용이 대단하다. 신안, 완도, 진도, 남해의 섬들을 이어주는 다리를 건널 때마다 이 노래를 들어보자. 집에서 혼자 들을 때와는 다른 감흥이 있을 것이다.

믿을 수 없는 첨단 토목기술과 기계로 지어낸 육중한 연륙교들. 섬들은 이제 고립되어 있지 않다. 섬에 사는 사람들도 이제 섬사람이 아니다. 더는 외롭지 않다. 사람과 사람의 거리는 얼마쯤일까? 사람과 사람을 이어주는 것은 무엇일까. 사람이 외로울 때는 언제인가. 언제 외롭지 않은가. 노래를 들으며 생각해 본다.

! 필사 와플 한 장

그는 늘 해변 밭 언덕 가에 나와 앉아 바다의 노래를 앓고 갔다. 노래가 다했을 때 그와 그의 노래는 바다로 떠나갔다. 바다로 간 그의 노래는 반짝이는 물비늘이 되고 먼 돛배의 꿈이 되어 섬들과 바닷새와 바람의 전설로 살아갔다.

_이청준, 「해변 아리랑」에서.

그가 유서처럼 쓴 글귀다.(작품 속의 '그'는 바로 작가 자신이다.) 이청준 문학 자리인 그의 묘 앞 비석에 새겨져 있다. 열 번이고 스무 번이고 펜을 꾹

꾹 눌러 써보고 싶은 구절이다. 키보드 필사도 있지만 줄 노트에 손글씨로, 진짜 필사를 하고 싶은 것이다.

그의 오랜 친구 문학평론가 김병익의 조사(弔辭)도 적어 보자. 낭독도 해보자. 인간이 다른 한 인간을 이렇게 평하여 묘사하다니, 적다 보면 나도 그 언저리에 다가갈 수 있을 듯하다. 내 장례식에서 내 친구는 나를 뭐라고 추모해 줄까, 미리 생각해 보자.

그의 평생은 삶에서 고상했으며, 뜻에서 고원했으며, 인물에서 고매했고, 작가로서 한국 문학의 최고였으며, 무엇보다 세상에 대해 겸손하고 따뜻했습니다. 그는 남도 외딴 바닷가 마을에서 태어났지만, 보편을 지향하며 고뇌하는 지성인이었고, 한국의 현대인이었지만 옛것을 익히고 사랑하며 오늘의 새로움을 알아내려는 장인의 정신이었으며, 그리하여 척박한 이 땅에서 태어난 윤택한 세계인이었고, 그럼에도 그의 몸의 열기와 이 땅의 깊이가 하나가 되는 집요한 우리의 토박이 정서였습니다.

길에 대한 아름다운 시 한 편 더 적어 보자.

내를 건너서 숲으로
고개를 넘어서 마을로

오늘도 가고 내일도 갈
나의 길 새로운 길

민들레가 피고 까치가 날고
아가씨가 지나고 바람이 일고

나의 길은 언제나 새로운 길
오늘도…… 내일도……

내를 건너서 숲으로
고개를 넘어서 마을로

윤동주의 「새로운 길」이다.

세상의 모든 길은 매일 매 순간 새롭다. 내가 매일 매 순간 새로워지기 때문이다. 오늘의 나는 어제의 내가 아니다. 이 순간의 나는 조금 전의 내가 아니다.

오늘 걷는 도중에 무얼 보았는가. 초록빛 연한 풀밭에 낮게 노란 별로 피어있는 민들레꽃을 보았는가. 가벼이 나뭇가지 옮겨 앉는 까치를 보았는가. 바쁜 듯 사뿐히 지나가는 아가씨는? 바람 한 줄기 가만히 일어 억새 줄기 흔들리는 것도 보았는가. 서녘 하늘에 주홍빛 노을 밴 구름을 보았는가. 해 질 무렵 강물에 물고기들이 솟구치는 모양은 보았는가. 논에서 밭에서 일하는 사람들, 생명을 돌보고 살리는 사람을 보았는가.

산책은 '살아있는 책'이다. 집에서 학교까지, 학교에서 집까지 등하굣길도 멀지 않으면 걷자. 조금 멀어도 걸어보자. 걷는 동안 잠자던 뇌가 깨어나고 1교시부터 반짝반짝 학습에 몰입할 수 있다.

윤동주도 산책을 즐겼다. 모든 예술가와 학자는 사색하며 산책한다. 들길 산길 해변길 골목길… 세상에 길은 많고도 많다. 산책만으로도 누구나 철학자와 예술가가 된다.

교토 여행에서 윤동주의 「서시」가 새겨진 시비를 만났다. 그가 유학했던 도시샤 대학 교정에 정지용 시인 「압천」 시비와 나란히 있었다. 미처 꽃을 준비하지 못하여 단에 우리 과자와 사탕을 두고 추모했다. 전쟁

없는 평화의 시대를 꿈꾸던 청년 시인이 지금도 눈에 선하다. 윤동주의 시를 좋아하는 많은 일본인이 동호회를 만들어 시를 읽고 있다는 사실이 뜻밖이다. 일본과 우리나라의 관계를 다시 생각해 본다. 이준익 감독의 2016년 개봉작 영화 〈동주〉도 찾아서 보자.

◎ 아침 명상 한 잔, 모닝페이퍼 한 장

〈츠레가 우울증에 걸려서〉(사사베 키요시 감독, 2011 개봉)라는 영화가 있다. 주인공 남자가 우울증을 진단받는다. 의사가 처방 삼아 여러 가지 조언을 하는데, 그중 하나가 일기를 써보라는 것이다.

글쓰기는 고통을 이기게 한다. 당연하지만 마음의 병도 치유한다.

조선수군 재건길 주제는 이순신 장군, 일기, 걷기다.

걷기 쓰기 필사, 모두 마음을 담아서 한다면 명상이 된다. 마음으로 하는 일은 모두 명상이다. 청소도 공부도 모두 명상이다. 명상이 매일의 의식이 되고 일상이 된다면 이미 그는 위대한 인간이다. 습관은 힘이 세다.

◎ (나의 소중한) 나중일기

이청준 작가 작품 소감과 앞으로 읽을 책 목록을 적어 보자. 「눈길」, 「소문의 벽」, 「병신과 머저리」, 「축제」, 「서편제」, 「벌레 이야기」. 글을 읽고 필사하면 독해력, 문해력뿐만 아니라 글을 보는 안목도 생긴다.

고단한 하루, 숙소 마당에 나가 하늘을 한번 올려다보자. 휘영청 보름달을 볼 수도 있다. 상현달, 하현달도 볼 수 있고, 가을밤이라면 풀벌레 소리를 들을 수 있다. 낮과는 다른 밤의 정서를 아는가. 밤은 신비한 시간이다. 낮에 생각한 것들을 밤에 되새긴다. 걷기 친구들과 저녁에 소감을 나눈다. 스몰 토크로 시작해서 대토론 한마당으로 발전할 수도 있다. 밤을 온전히 지새울 수도 있으니 조심해야 한다. 내일 일정을 위해 취침 시간은 지킨다.

§ 정이의 라떼 일기 훔쳐보기

장흥군 회진면 진목리에 이청준 생가가 있다. 마루에 걸터앉아 그의 생애와 작품을 생각한다. 아직 아이나 다름없는 중학생 때부터 과외교사를 해서 생활과 학업을 이어갔다. 그런 중에도 학교 성적이 뛰어나 명문고 명문대에 진학했다. 서울대에 입학해서도 가정교사를 해야 했다. 집은 물론 방 한 칸도 없었지만, 입주 조건의 가정교사를 할 수 없었다. 자신이 덮고 잘 이불이 없어서였다. 그래서 시간제 과외를 마치고 학교 강의실에 가서 잠을 잤다. '게 자루' 일화도 가슴 아프다. 지금의 10대들은 이해할 수 있을까.

시대의 절대 궁핍과 그의 천재와 글에 담긴 그의 고매한 사상과 정신에 경배한다. 값진 유산으로 남겨주신 작품에 찬탄하며 감사한다. 그의 문학자리 미백 바위에 고운 명주 이불 한 채 덮어드리고 싶다. 임진왜란·병자호란 당시 민초들의 가난에도 포근한 이불을 덮어주고 싶다.

7

묘당도 통제영길(마도진-이진진성)
- 해상 기동 훈련을 하다

강진군 마량면의 지명 '마량'은 말과 관련이 있다. 마(馬)는 말, 량(梁)은 좁은 해로라는 뜻이다. 명량, 노량, 달량진 등이 모두 이에 해당하는데, 지금 이곳은 다리로 이어졌다. 마량은 고려시대부터 제주와 육지를 잇는 항구였다. 제주에서 훈련시킨 말을 배로 싣고 와서, 일정한 적응 기간을 거쳐 한양으로 보냈다. 말을 받아서 적응시키던 지역이 신마, 말을 잠재웠던 곳이 숙마다.

마량포구에는 마도진을 설치하고 병선과 수군을 배치했다. 군사적으로 중요한 지역이다. 마량항은 고금도, 약산도, 신지도 등 크고 작은 섬이 포구를 이중 삼중으로 감싸고 있어, 군항으로 적합한 곳이다. 마도진성은 임진왜란 당시 방어기지로 중요한 역할을 했다. 이순신 부대와 명나라 진린 부대가 연합 작전을 폈던 전략적 요충지다.

회령진에서 조선수군 함대를 이끌고 바다로 나간 이순신은 마량 앞바다에서 해상 훈련을 했다. 전진하던 함대를 멈추게 하고, 두 갈래로 나누고, 빠르게 방향을 바꿔 되돌아오게 하는 훈련을 반복하며 본격적으로 전쟁 준비에 들어갔다. 이렇게 적응훈련을 한 전략적 요충지 마량은 보성, 장흥에서 완도, 해남, 진도로 이어지는 중간 지점에 있다.

명량으로 가는 길 - 제7부 묘당도 통제영길

https://www.youtube.com/watch?v=nLcODgR2m8o

강진

영랑생가

다산초당

가우도

마도진성

마량항

이진진성

묘당도

고금도

송곡항

완도

신지도

청해진 유적지

신지대교

16일

강진군 마량면 마량항 ~ 완도군 신지면 송곡항

1) 여정

마량항–고금대교–묘당도 이충무공 유적지–고금면 행정복지센터–장보고대교–송곡항: 28㎞

2) 여기 멈춤

묘당도 이충무공 유적지

고금도는 이순신과 인연이 깊은 곳이다. 정유재란 때 이순신이 본영을 설치하고 일본군을 물리친 곳이다. 노량해전에서 전사한 장군의 유해를 임시로 안장했던 터가 월송대인데, 지금도 풀이 나지 않는단다.

월송대 앞 이충무공을 기리는 사당 충무사에는 조선수군의 해상 전투대형을 그려 놓은 '전진도첩'이 있고, 입구에는 관왕묘비가 있다. 비문에는 노량해전에서 이순신과 함께 연합군을 꾸린 명나라 장수 진린이 이순신의 전사를 애석히 여기고 피를 토하며 돌아갔다는 내용이 적혀 있다. 묘당도로 들어가는 입구 마을에는 2023년 개관한 기념전시관이 있다.

고금도에 속한 작은 섬 묘당도는 왜란 당시 조선수군의 마지막 본영이 있던 곳이다. 묘당도는 남해에서 서해로 진입하는 길목으로, 왼쪽으로는 마량, 오른쪽으로는 약산의 좁은 수로를 두고 있는 군사적인 요충지였다. 이곳을 거쳐야 완도, 강진, 해남, 진도 등지로 진입하기가 수월해진다.

묘당도 이충무공 유적은 정유재란 때 이순신의 조선수군과 명나라 장수 진린(陳璘)의 군사들이 힘을 합해 일본군을 물리친 장소다. 이곳은 충무공의 마지막 본영이 있었고, 조선과 명나라의 수군이 최초로 연합 전선을 형성했던 곳이다.

묘당도는 조선과 명나라 연합 수군의 근거지가 되었다. 이순신은 이곳에 본영을 설치하고 일본군을 물리쳤으나 그해 11월 노량해전에서 진린 도독과 함께 일본군과 싸우다가 적의 총탄에 전사했다.

고금면 묘당도 이충무공 유적지 전경

충무사

1598년 명나라 수군이 고금도에 주둔하고 있을 때 진린 도독이 관왕묘(關王廟)를 건립했다. 진린은 그의 꿈에 나타난 관운장(關運將)을 제향하여 휘하 장병들의 안녕과 승전을 기원하기 위해 관왕묘를 세웠다.

묘당도 충무사

고금도 본영 이충무공 가묘 유허

충무사 홍살문 맞은편 작은 언덕이 이순신의 두 번째 무덤이 있던 월송대다. 월송대는 이순신이 고금도에 머물 당시 군사들의 훈련과 장비 등을 점검하는 장소였다. 이순신이 고금도에 진을 치고 있던 8월 18일, 도요토미 히데요시가 사망했다. 조선군과 명나라군은 그의 죽음을 알지 못했으나 일본군이 철수하려는 움직임을 보이자, 이들에 대해 추격 태세를 갖추었다.

9월 15일 이순신의 조선수군과 진린의 명나라 수군이 연합하여 순천에 출몰한 일본군을 소탕했고, 9월 20일부터 10월 7일까지 순천왜성(왜교성) 전투에 참전했다. 순천왜성 공격 당시 수군은 이곳에서 발진했다. 10월 9일에는 나로도로 돌아와 전열을 재정비했다. 11월 19일 연합함대가 노량을 향해 출진했고, 전투를 지휘하던 이순신은 이날 아침 54세를 일기로 순국했다.

관왕묘비

충무공의 유해가 일시 모셔졌던 이곳에 명나라 수군 도독 진린이 관왕묘를 건립했다. 관왕묘비는 1713년(숙종 39)에 세웠다. 관왕묘 창건 전후의 전말을 기록한 묘비에는 명나라 수군 장수가 충무공의 전사를 애석히 여겼다는 내용이 있다.

옥천사

옥천사(玉泉寺)는 관왕묘 충무사의 수호사찰 성격을 띠고 건립되었다. 그 뒤 1791년 정조가 '탄보묘(誕報廟)'라는 사액을 내리고 1792년(정조 16) 노량해전에서 전사한 명나라군 부총관 등자룡을 함께 배양하게 했다. 1801년에는 수호암자의 이름도 옥천사라 고쳤다. 일제강점기 말기에는 민족말살정책에 의해 제사는 중단되고 그때까지 보존되었던 관왕상(關王像)과 위패 및 각종 유물이 바닷물에 던져졌다. 옥천사 불상만 가까운 백운사(白雲寺)에 옮겨 보관했다고 전한다.

3) 디저트 카페

♪ 플레이리스트

〈I'm sailing〉 로드 스튜어트(Rod) Stewart

노래연습장과 노래방이 성행하던 시기, 어울려 노래방에 가면 이 노래를 즐겨 부르던 샘이 있었다. 무릇 꿈을 지닌 자라면 누구나 망망대해를 외롭게 항해하는 사람이리라. 혹시 스스로 그렇게 느낀 적이 있는가. 내 곁에 누군가 그런 이가 있는지도 살펴보자. 풍랑 치는 바다에서도 목적지가 있고 뜻을 함께하는 동료가 있다면 두렵지 않을 터다.

이순신도 평생 거친 물살을 헤치며 항해했다. 뭍에서나 물에서나 거친 파도를 넘어 앞으로 나아갔다.

가수의 독특한 음색과 가사의 의미를 음미해보자.

〈천 개의 바람이 되어〉 클레어 하너(Clare Harner)의 「불멸(Immortality)」 원시, 임형주 노래

'그곳에서 울지 마오, 난 그곳에 없다오.'

노량해전에서 전사한 이순신의 가묘가 있던 묘당도에 왔다. 지금 그는 어디에 있는가. 그는 통영 여수 순천 고흥 완도 해남, 어디에나 있다. 남해안 모든 곳에 있다. 백의종군 길에도, 우리가 걷고 있는 순티아고 길에도 그는 있다. 서울 광화문에, 아산 현충사에, 명량 바다에 그는 있다. 우리가 그의 이름을 부를 때 가슴이 뜨거워지고 뭉클해지는 것이 바로 그가 우리 곁에 있다는 증거다. 천 개의 바람이 되어 우리에게 깃들어 있다. 그는 불멸이다. 불멸이어야 한다.

〈난 아무것도 후회하지 않아〉 에디트 피아프

이번엔 샹송 한 곡. 전설적인 프랑스 가수 에디트 피아프, 그녀가 부른 〈사랑의 찬가〉는 음악 교과서에 실려 있다. 〈난 아무것도 후회하지 않아〉, 이 사랑 노래를 후회도 회한도 없는 치열한 삶을 산 그, 이순신 장군을 위해 선정한다.

자신의 일생을 돌아보며 이런 노래를 할 수 있는 사람이 그리 많지는 않을 것이다. 자기 삶의 주인으로 산 사람. 자신을 넘어서 나라와 민족과 대의를 위해 큰 사랑을 한 사람이리라.

한번 들으면 뇌리에 새겨지는 에디트 피아프의 목소리와 멜로디에 빠져보자.

필사 와플 한 장 _

버려진 섬마다 꽃이 피었다. 꽃피는 숲에 저녁노을이 비쳐 들었다. 구름처럼 부풀어 오른 섬들은 바다에 묶인 사슬을 풀고 어두워지는 수평선 너머로 흘러가는 것 같았다. 뭍으로 건너온 새들이 저무는 섬으로 돌아갈 때, 물 위에 깔린 노을은 수평선 쪽으로 몰려가서 사그라졌다. 저녁이면 먼 섬들이 박모 속으로 잠겨 들고, 아침이면 떠오르는 해가 먼 섬부터 다시 세상에 비추어, 바다에서는 늘 먼 섬이 먼저 사라지고 먼 섬이 먼저 떠올랐다.

_김훈, 『청소년을 위한 칼의 노래』, 생각의 나무

아는 사람은 아는, 매우 유명한 첫 문장이다. 첫 문장으로부터 스르르 글 속으로 스며 들어간다. 언어로 그린 그림이다. 머릿속에 그림을 그려보자. 10대 청소년 시기에 김훈의 책을 읽고 필사한다면 그 노력만으로도 문해력과 문장력이 크게 늘 것이다. 독서와 필사를 권한다. 필사는 가장 수월하고 단순한 활동으로 놀라운 성과를 얻을 수 있는 비법, 비책이다.

이순신이 주인공인 소설이다. 이순신을 그린 어느 예술작품보다 뛰어나다. 『칼의 노래』를 읽고 독자는 누구나 이순신이 되어보거나 이순신을 사랑하게 될 것이다.

『칼의 노래』 서두 단락을 읽고 바닷가에 서서 멀리 섬들을 바라보자. 노을 지는 저녁 무렵과 아침 일출 무렵, 그리고 한낮에 시시각각으로 달라지는 섬 풍경을 작가의 눈으로 혹은 화가의 눈으로 바라보자. 그리고 본 것을 자신의 방법으로 표현해 보자.

◎ 아침 명상 한 잔, 모닝페이퍼 한 장

편안하게 잠을 자고 맞이한 기적 같은 아침, 떠오르는 한 문장을 기록하자. 꿈 이야기도 좋다. 머리맡에 일기장을 두고 잠에서 깨자마자 꿈을 기록하면 꿈 일기가 된다. 자신의 무의식을 분석할 수도 있고 트라우마를 극복하는 지점을 찾아낼 수도 있다.

오늘의 도전과제는 다시 디지털 디톡스, 어떤가. 휴대폰 끄고 삶을 켜자. 카메라를 끄고 내 눈을 뜨자. 6인치 11인치 네모난 액정 모니터를 끄고, 실경·진경을 보고 만지고 체험하자.

◎ (나의 소중한) 나중일기

고통 없는 인간은 없다. 어린 사람도 나름의 고통을 등에 지고 길을 간다. 고통을 치유하는 데 유용한 몇 가지 방법 중 한 가지는 글을 쓰는 것이다. 그중 일기는 최고의 장르다.

§ 정이의 라떼 일기 훔쳐보기

강진에 오래 근무했다. 그래서 강진은 내 고향이다. 남도땅 어디든 고향이 아닐까마는 월출산과 강진만이 있는, 아름다운 강진은 나에게 고향이다. 성전중 대구중 작천중, 성전과 대구는 두 번씩 근무했다. 한 학교에 보통 4년씩인데, 돌아보면 모든 학교에서 영원히 있을 것처럼 하루하루를 살았다. 같이 아침 독서로 하루를 시작하고, 아트홀 미술관 카페에 놀러 다니던 아이들도 금세 청년이 되어 더러는 고향을 떠나겠지. 그들에게 10대 중학 시절은 긴 인생에서 무슨 빛깔로 남을지, 마량항과 강진만은 어떤 풍경으로 기억될지…. 언젠가 그들은 장년 노년이 되어 고향으로 돌아올 것이다. 마량에서 옛 제자들을 그리워하며 잠시 지난날을 회고해 본다.

17일

완도군 신지면 송곡항 ~ 해남군 북평면 이진진성

전국에 걷기 열풍이 불고 있다. 걷기협회도 규모와 성격이 다양하고 걷기에 관한 강좌와 행사도 많이 열린다. 전문적인 연구자도 많고, 걷기 지도자·걷기 인솔 전문가 등의 과정도 생겼다고 한다.

걷는 방법도 다양하다. 만보 걷기, 뒷걸음으로 걷기, 맨발 걷기, 지압 걷기, 네 발 걷기…. 또한 길이 있으면 어디든 걸을 수 있다. 붉은 황톳길도 걷고, 고운 모래밭도 걷는다.

이순신과 조선수군을 기리며 걷는 이 길은 더욱 의미가 크다.

1) 여정

송곡항–명사갯길–신지대교–청해진유적지–완도대교–남창교–달량진성–이진진성: 27㎞

2) 여기 멈춤

@ 신지대교와 명사십리 해변

고금대교, 장보고대교, 신지대교, 완도대교…. 리아스식 해안 남해 연안에 점점이 흩어진 섬들을 이어주는 다리의 위용이 장엄하다. 퍼렇게 굽이치는 바다를 사이에 두고 숱한 이별과 사연을 간직한 섬들은 이제 섬이 아니다. 손에 잡힐 듯 가까이 보이지만 뱃길을 30분이나 1시간씩 달려야만 닿을 수 있었던 건너편 섬, 이제 5분 10분이면 갈 수 있으니 꿈만 같다. 밤을 배경으로 조명을 켜면 이 세상이 아닌 듯 황홀하다.

완도와 신지도를 잇는 1.11㎞ 다리 덕에 신지 명사십리 해변에도 금방 갈 수 있다. 명사십리의 순우리말 이름은 '울모래등'이다. 모래를 밟으면 모래가 울음을 운단다. 무슨 사연일까. 울모래등은 폭이 150m 길이 4㎞, 십 리다. 십 리도 못 가서 발병 난다, 아리랑 십 리다. 우리 산하 곳곳의 지명 중 뜻을 알기 쉽고 울림이 있는 우리말 이름을 살려서 부르면 좋겠다. 언어에는 언중의 얼과 넋이 담기는 법이니 그렇지 아니한가.

바다는, 하늘은 왜 해 질 무렵에 더 아름다운가. 하루를 마감하고 집에 돌아갈 시간이기 때문일까. 해변에서 모색(暮色)을 바라보며 잠시 향수에 젖는다.

신지대교 휴게소 전망대

@ 완도대교

완도군 군외면과 해남군 북평면을 이어주는 다리다. 길이 500m. 남해 섬과 바다 곳곳은 이순신의 숨결이 서린 곳, 가는 곳마다 공원과 사당과 이순신의 이야기가 전한다.

달량진 왜변과 달량진성

달량진은 해남군 북평면 남창리 해안을 일컫는다. 여기에 진은 1406년(태종 6) 이전에 설치됐다. 달량진성은 조선 초 만호가 배치돼 배와 군사를 거느렸던 진성이다. 1483년과 1552년과 1555년, 세 차례 왜구의 침탈을 겪었다. 이른바 '달량진 왜변'이다. 1555년 왜구 침탈로 폐허가 됐다. 임진왜란 때 이진으로 만호를 옮겼다. 지금은 동벽과 북벽 일부가 남아 있으며, 마을의 담장으로 쓰이고 있다.

해남 달량진

3) 디저트 카페

♪ 플레이리스트

장군을 기리는 노래 두 곡을 듣는다. 충무공의 노래를 아는가. 어린 날 음악 시간에 배웠다. 가슴이 웅장해진다. 요즘 10대들은 충무공의 노래를 알까.

〈충무공의 노래〉 이은상 시, 김동진 곡

그날 땅과 하늘을 울리시던 그의 맹세
저 언덕 저 바다에 배고 스민 그의 정신
그가 우리를 부르신다.

〈한산섬 달 밝은 밤에〉 이순신 시, 박용민 노래

강산은 참혹하게 짓밟히는데, 물고기와 새들도 슬피 운다네
나라는 풍파로 어지럽건만 이 나라를 지킬 자 아무도 없네

장군의 음성이 연상되는 바리톤 가수가 처절하게 부르짖듯이 부른다. 장군이 쓴 시의 내용은 더욱 처절하다.

이순신은 문과 과거를 준비하다 무과로 진로를 바꾸었다. 명심보감과 병법서를 읽었다는 기록이 있고, 한시와 시조를 남겼다. 장군은 문무를 겸비한 전인이라 하겠다.

〈섬집 아기〉 한인현 시, 이흥렬 곡

바다가 불러주는 자장노래에 팔 베고 스르르르 잠이 듭니다.

'동요 섬집아기'를 검색창에 적으니 사람들이 자장가라고도 분류해 놓았다. 가사 내용과 고즈넉한 느낌의 곡조를 보면 자장노래다. 엄마가 아닌 바다가 불러주는 자장가다. 하지만 가사를 깊이 새겨보면 마음이 서글퍼져서 부를 수도, 들을 수도 없다. 겨울에 굴을 먹을 때도 속이 편치 않다.

세상에서 가장 슬픈 사람은 아기를 두고 일하러 나가야 하는 엄마가 아닐까. 아빠도 마찬가지다. 한 돌도 안 된 아기를 어린이집에 보내고 돌아서서 일하러 가는 젊은 엄마 아빠들을 생각하며 듣는다. 어린이가 아닌 영유아들이 선생님의 돌봄을 받으며 집단생활을 해야 하는 현실이다. 최소한 세 돌까지는 가정에서 부모와 가족의 사랑을 받으며 자유롭게 자랄 수 있으면 좋겠다. 그게 그리 어려운 일일까. 노래 한 곡에서도 생각해볼 거리는 많다.

〈평화가 무엇이냐〉 문정현 시, 조약골 곡, 실버라이닝(박하재홍) 노래

공장에서 쫓겨난 노동자가 원직 복직하는 것이 평화

두꺼비 맹꽁이 도롱뇽이 서식처 잃지 않는 것이 평화

가고 싶은 곳을 장애인도 갈 수 있게 하는 것이 평화

이 땅을 일궈온 농민들이 더 이상 빼앗기지 않는 것이 평화

성매매 성폭력 성차별도 더 이상 존재하지 않는 세상

군대와 전쟁이 없는 세상 신나게 노래 부르는 것이 평화

이번엔 랩으로 한 곡 듣자. 반전 평화, 동물 복지, 자연 생태를 주제로 10대 청소년들과 거리에서 노래하는 박하재홍과 실버라이닝 노래다. 문정현 신부의 말에 곡조를 붙였다.

아무 일도 일어나지 않은 텅 빈 상태를 평화라고 하지 않는다. 생명 있는 존재들이 안전하고 존중받는 사회, 약자들이 보호받는 사회를 꿈꾼다. 세 살이 안 된 아기를 두고 엄마나 아빠가 생계를 위해 일하러 가야 하는 세상을 평화라고 할

수 있을까.

푸르른 10대 시절을 의병으로 전장에서 보낸 젊은이들이 있었다. 평화가 무엇인지 모르는 채, 나라를 지키고자 짧은 생애를 전장에서 살다 간 청춘들이 있었음을 기억하자.

필사 와플 한 장 _

나이 든 남자가 혼자 밥을 먹을 때
울컥, 하고 올라오는 것이 있다.
큰 덩치로 분식집 메뉴표를 가리고서
등 돌리고 라면발을 건져 올리고 있는 그에게,
양푼의 식은 밥을 놓고 동생과 눈 흘기며 숟갈 싸움하던
그 어린 것이 올라와, 갑자기 목메게 한 것이다.

몸에 한세상 떠넣어 주는
먹는 일의 거룩함이여.
이 세상 모든 찬밥에 붙은 더운 목숨이여.
이 세상에서 혼자 밥 먹는 자들
풀어진 뒷머리를 보라.
파고다공원 뒤편 순댓집에서
국밥을 숟가락 가득 떠넣으시는 노인의, 쩍 벌린 입이
나는 어찌 이리 눈물겨운가.

_황지우, 「거룩한 식사」

연극이나 드라마의 한 장면으로 상상하며 낭독해 보자. 시는 또한 낭독하는 맛이다.

해남에 시인이 많다. 김남주 고정희 박성룡 이동주, 백련재 문학의 집과 해남 땅끝순례문학관에 그들의 자취와 작품이 잘 정리되어 있다. 황지우 시인은 서늘하게 예언하는 시, 따뜻하게 불빛 밝혀주거나 매서운 촌철(寸鐵) 같은 시를 쓴다. 그는 얼마 전 도회에서의 분주한 삶을 정리하고 고향으로 돌아왔다. 와서 가난하고 상처 많은 고향을 어루만져 주며 살고 있다.

다 적고 나서 8일분 내용과 나란히 읽어보자. 시는 낭송하며 감상한다. 입으로 먹고 마시는 것, 오늘 먹은 점심 끼니를 떠올려 본다, 흰밥 한 술, 배추김치 한 줄기도 얼마나 엄중한가. 얼마나 지엄한가. 더불어 이 시대 혼자 밥 먹는 이들을 떠올린다. 식량이 귀할 때, 임진왜란 당시 이곳 해남 백성들의 밥상을 떠올려 본다.

◎ 아침 명상 한 잔, 모닝페이퍼 한 장

오늘 일정을 보고 미리보기로 그림을 그려보자. 완도에서 바다를 가로지르는 대교를 지나 해남을 향해 걷는다. 바다 위를 걷는 느낌은 어떨까. 육지와 섬, 섬과 섬을 이어준 연륙교 공사 장면을 생각한다. 위험을 무릅쓰고 현장에서 땀 흘리며 고단한 노동을 제공한 이름 없는 얼굴들을 떠올리며 잠시 묵언 명상을 한다.

◎ (나의 소중한) 나중일기

오늘 나의 역사를 기록하자. 걷고 있는 나의 멋진 모습을 글로 기록하자. 많이 읽은 사람이 잘 쓸 수 있다. 독서에 다른 목적은 없어도 된다. 글을 잘 쓰기 위함은 더더욱 아니다. 하지만 읽다 보면 누구든 쓰게 되고, 많이 읽으면 잘 쓰게 된다.

책이 인간에게 주는 것은 지식만이 아니다. 인간의 삶과 세계를 보는 따스하고도 관대한 시선을 갖게 해준다. 하지만 역시 우리는 책을 잘 선정해야 한다. 세상의 모든 책을 읽을 수는 없기 때문이다. 자기계발서보다 고전문학을 권한다. 자기계발서에는 문학이 없지만, 고전문학작품에는 자기계발 내용이 들어있다. 오래가는 고급의 자기 계발이 녹아있다. 그것은 일생을 좌우하는 영양소 같은 것으로 우리에게 스며든다.

일기에 필사 소감, 플레이리스트 감상 소감을 적어 보자. 시인, 소설가, 가수 등 궁금한 사람들을 검색해서 새로이 알게 된 사실도 기록해두자. 플리에 언급한 가수들의 다른 노래도 들어보고 음악 취향과 지평을 넓히자. 그것이 또한 풍요롭게 사는 법, 10대에 하면 좋은 일들이다.

§ 정이의 라떼 일기 훔쳐보기

해가 지면 생업에서 돌아온 부모와 학교에서 돌아온 자녀가 한 상에 모여 저녁밥을 먹는 것이 평화다. 부모와 자녀가 하루 세끼 중 단 한 끼도 같이 먹지 못하는 경우도 많다. 부모는 이른 아침에 출근하여 늦도록 잔업과 야근을 하고, 어린 자녀는 학원과 돌봄학교와 지역아동센터와 야간공부방에 맡겨진다. 한밤중에 잠들어서야 가족이 모일 수 있는 것을 평화라고 할 수 있는가.

지구촌의 나라와 나라가 가공할 무기로 살육 전쟁을 하고 있다. 한 나라 동족 형제끼리도 전쟁을 한다. 인간의 역사(History)는 곧 전쟁의 역사다. 전쟁과 전쟁 사이 잠깐 휴전 기간에 문명인인 척하는 게 호모 사피엔스 아닌가. 평화는 어디 있는가.

7년간 임진왜란과 정유재란을 겪은 당시 이 땅의 가족과 10대를 생각한다. 그들이 바로 우리이기에.

8
우수영 명량해전 승전길(이진진성–우수영)
–명량대첩을 구상하다

이순신은 첩보전과 탐색전을 벌이며 벽파진에 머물렀다. 그는 기록한다.

중양절에 점세가 제주도에서 가지고 온 소 다섯 마리를 잡아, 군사들에게 풍족하게 먹여 사기를 높였다. 9월 15일 벽파진에서 우수영 앞바다로 진을 옮기고, 장수들을 모아 "필사즉생 필생즉사(必死卽生 必生卽死, 반드시 죽고자 하면 살고, 살려고만 하면 죽는다). 일부당경 족구천부(一夫當逕 足懼千夫, 한 사람이 길목을 지키면 천 사람이라도 두렵게 한다). 너희 장수들이 살려는 생각은 하지 마라. 조금이라도 명령을 어기면 군법으로 다스릴 것이다"라고 엄중히 경고하여 전쟁에 임하는 각오를 단단히 하게 했다. 이날 밤 이순신의 꿈에 신인이 나타나 이기고 지는 방법을 알려주었다.

타임리프 『난중일기』 8월 20일(양력 9월 30일) 맑음

앞 포구가 몹시 좁아서 진을 이진(해남군 북평면)으로 옮겼다. 창고로 내려가니 몸이 몹시 불편하여 음식도 먹지 못하고 앓았다.

타임리프 『난중일기』 8월 21일(양력 10월 1일) 맑음

날이 채 새기 전에 도와리가 일어나 몹시 앓았다. 몸을 차게 해서 그런가 싶어 술을 마셨더니 한참 동안 인사불성이 되어 하마터면 깨어나지 못할 뻔했다. 토하기를 10여 차례나 하고 밤을 앉아서 새웠다.

타임리프 『난중일기』 8월 22일(양력 10월 2일) 맑음

몸이 점점 심하게 아파, 일어나 움직일 수가 없다.

타임리프 『난중일기』 8월 23일(양력 10월 3일) 맑음

병세가 심해져 배에서 지내기가 불편하다. 바다에서 나와 (뭍에서) 잤다.

타임리프 『난중일기』 8월 24일(양력 10월 4일) 맑음

아침에 도괘땅(도괘포)에 이르러 아침밥을 먹었다. 낮에 어란 앞바다에 이르니, 가는 곳마다 텅텅 비었다. 바다 위에서 잤다.

타임리프 『난중일기』 8월 25일(양력 10월 5일) 맑음

그대로 어란포에 머물렀다. 아침밥을 먹은 뒤 당포의 보자기(어부)가 놓아둔 소를 훔쳐 끌고 가면서 "적이 쳐들어왔다. 적이 쳐들어왔다" 하고 헛소문을 냈다. 그게 거짓말인 줄 알고 헛소문을 낸 두 사람을 잡아다가 군법으로 다스렸더니 군중 인심이 크게 안정되었다.

타임리프 『난중일기』 8월 26일(양력 10월 6일) 맑음

그대로 어란 바다에 머물렀다. 저녁나절 임준영이 말 타고 와서 급히 보고하기를, "적선이 이진에 이르렀다."라고 했다. 전라우수사가 왔다. 배의 격군과 기구를 갖추지 못했다.

타임리프 『난중일기』 8월 27일(양력 10월 7일) 맑음

그대로 어란 바다 가운데에 있었다.

∞ 타임리프 『난중일기』 8월 28일(양력 10월 8일) 맑음

새벽 여섯 시쯤 적선 여덟 척이 뜻하지도 않았는데 들어왔다. 여러 배들이 두려워 겁먹고, 경상수사 배설은 피하여 물러나려 했다. 나는 꼼짝하지 않고 있다가 적선이 바짝 다가오자, 호각을 불고 깃발을 휘두르며 따라잡도록 명령하니 적선이 물러갔다. 뒤쫓아 갈두(송지면 땅끝마을)까지 갔다가 돌아왔다. 적선이 멀리 도망하기에 더 쫓지 않았다. 뒤따르는 배는 50여 척. 저녁에 진을 장도(노루섬)로 옮겼다.

명량으로 가는 길 - 제8부 우수영 명량해전 승전길

https://www.youtube.com/watch?v=79bhpakUV4E

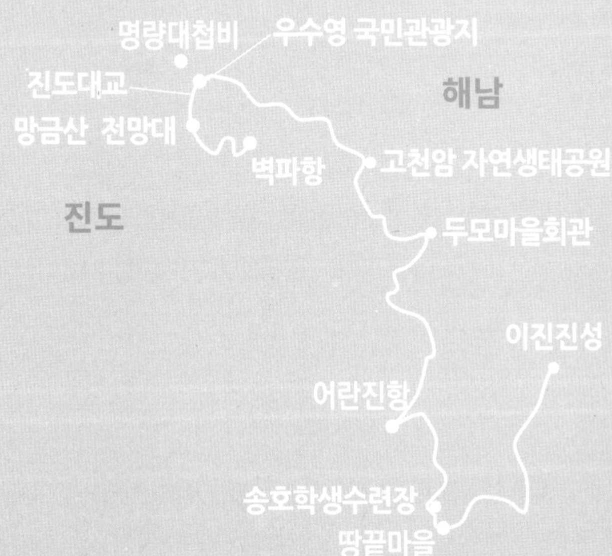

18일

해남군 북평면 이진진성 ~ 해남군 송지면 송호학생수련장

1) 여정

이진진성–남성항–땅끝조각공원–땅끝탑–송호학생수련장: 23㎞

2) 여기 멈춤

이진진성

며칠 동안 심하게 앓은 이순신을 백성들이 극진히 보살피며 치료해 준 곳이다. 이진은 당시 군사와 교통의 요충지였다. 1598년(선조 21) 이진진이 설치됐다. 1627년(인조 5) 만호진으로 승격됐다. 이진진성은 1648년(인조 26)에 쌓았다. 남쪽과 북쪽이 높고 중앙이 낮은 분지형으로 마을을 에워싸고 있다. 성벽은 바깥을 돌로 쌓고 안쪽은 자갈과 흙으로 채웠다. 성안에는 두 곳의 샘과 객사, 동헌, 군기고가 있었다. 외곽으로 1차 방어시설인 해자와 목책을 뒀다. 지역을 방어하고 제주도와 물자를 교류하는 통제소 역할을 했다. 성곽 흔적이 많이 남아 있다. 일부 복원도 했다. 당시 우물도 남아 있다.

∞ 타임리프 『난중일기』 1597년 8월 20일(양력 9월 30일) 맑음

앞 포구가 매우 좁아 이진으로 진을 옮겼다.

∞ 타임리프 『난중일기』 1597년 8월 21일(양력 10월 1일) 맑음

날이 새기 전에 곽란이 나서 심하게 아팠다. 몸을 차게 했다는 생각이 들어 소주를 마셨더니 조금 후 인사불성이 되어 거의 구하지 못하게 될 뻔했다. 밤새도록 새벽까지 앉아 있었다.

∞ 타임리프 『난중일기』 1597년 8월 22일(양력 10월 2일) 맑음

곽란이 점점 더 심해져서 일어나 움직일 수 없었다.

∞ 타임리프 『난중일기』 1597년 8월 23일(양력 10월 3일) 맑음

통증이 매우 심해져서 배에 머무르기가 매우 불편하여 배를 버리고 바다에서 나와 육지에서 잤다.

@☆ 땅끝(토말, 갈두)

땅끝은 북위 34°17′21″, 동경 126°31′22″에 해당한다. 소백산맥에서 갈라진 지맥의 한 가닥이 노령산맥이 되어 무안반도(務安半島)와 압해도(押海島)로 뻗어 내리고 또 한 가닥은 무등산(無等山)·월출산(月出山)·두륜산(頭輪山)으로 이어지면서 해남 반도를 이루는데, 이 반도 끝이 땅끝이다. 토말 또는 갈두마을이라고도 한다. 해남군 송지면 송호리 갈두마을은 '땅끝마을'이라고 하는데, 이 지역은 '땅끝'이라는 지리적 이미지를 내세워 관광지로 만들어졌다. 땅끝마을은 '한국의 전통과 문화' 찾기와 '국토 순례'로 더 많이 알려졌다. 매년 국토 순례의 시작점으로 많은 사람이 땅끝을 찾는다. 1986년부터 갈두항과 보길도, 노화도, 넙도와의 뱃길이

열려 연계 관광이 가능해짐에 따라 땅끝의 관광지화가 가속화되었다.

토말탑

땅끝 조각공원

해남군 송지면 통호리, 남쪽 바다가 내려다보이는 야트막한 산자락의 야외 조각공원이다. 〈역사의 흔적〉(김경화), 〈바다의 향기〉(이동훈), 〈강강수월래〉(김경원), 〈생명의 땅 해남〉(양화선) 등 조각작품 26점이 전시돼 있다. 일몰 때 낙조를 배경으로 감상하면 더 아름답다.

땅끝전망대

소백산맥에서 내려온 마지막 봉우리인 사자봉 정상에 세워져 있다. 건축물 모양은 역동적으로 활활 타오르는 횃불을 형상화하고 있다. 여기 서면 흑일도, 백일도, 보길도, 노화도 등 남해안 다도해 풍광이 한눈에 들어온다. 모노레일을 타고 바다 풍경을 보며 편안하게 올라갈 수도 있다. 지금은 관광지와 생업의 터전으로 평화롭게만 보이는 풍경이 그동안 나라를 지키는 전쟁터였다는 사실이 믿어지지 않는다.

땅끝 전망대

@☆ 송호 해변

^ 맨발 걷기는 해변에서 해야 제맛이다. 파도 소리 들으며 바닷가에 가만히 서 있기만 해도 좋지만, 물 빠진 모래밭에 발자국을 남기며 걸어보자. 젖은 모래는 바위처럼 단단하다. 어싱(Earthing)이다. 긴 여정을 걸어온 내가 태초 생명의 시원인 바다와 지구에 가 닿아 하나가 된다. 우주도 좋지만, 땅과 바다와 지구를 먼저 알아야겠다. 바다와 바다가 품고 있는 생명들이 모두 무사하기를.

해변에 늘어선 노송의 자태가 우람하다. 해변의 모래도 곱다. 물결도 잔잔해 이름이 '송호(松湖, 소나무 호수)'다. 수심이 얕고 경사가 완만해 해수욕장으로 인기가 좋다. 오토캠핑장도 있다.

3) 디저트 카페

♪ 플레이리스트

〈내 나라 내 겨레〉 김민기 시, 송창식 곡·노래

여러 가수와 중창단이 이 노래를 불렀다. 관현악 연주에 맞춰 합창단이 웅장하게 부르는 음원은 듣는 이의 가슴을 뜨겁게 한다. 혹자는 친일·친나치 혐의가 있는 안익태가 작곡한 〈애국가〉 대신 이 노래를 애국가로 정하자는 의견을 내기도 했다. 원로 가수 송창식은 흉내 내기 어려운 그만의 창법으로 온 정열을 끌어올려 이 노래를 부른다.

〈얼굴〉 심봉석 시, 신귀복 곡

집 떠나온 지 벌써 18일째, 그리운 얼굴들을 떠올리며 듣는다. 가곡을 찾아 즐겨 들어보자. 친해지자. 좋은 음악을 들으면 내가 조금 예뻐지는 것 같다. 아니, 실제로 예뻐진다. 내면 깊은 곳에서 우러나는 빛을 머금게 된다.

〈이등병의 편지〉 현성 시·곡, 김광석 노래

풋풋한 20대, 가족 학업 친구 연애… 많은 걸 접어 두고 입대하는 대한민국 청년들이 소리 높여 외친다. '이제 다시 시작이다'라고. 사람은 가도 우수 어린 목소리는 남아 듣는 이의 마음을 적신다.

임진년과 정유년, 당시 수군과 의병으로 집 떠나던 조선 청년들 한 명 한 명을 생각한다. 가족과 친구들과 헤어질 때 뭐라고 인사를 나누고, 무슨 다짐을 하며 길을 떠났을까. 무슨 언약을 하며 돌아섰을까. 해남 이진진성에서 그들을 떠올린다.

필사 와플 한 장

이순신의 한시 한 수를 천천히 적어 보자.

閑山島夜吟 한산도야음

水國秋光暮 수국추광모(에)

驚寒雁陣高 경한안진고(라)

憂心輾轉夜 우심전전야(하니)

殘月照弓刀 잔월조궁도(라)

한시 감상, 이렇게

- 쨍한 색볼펜으로 아는 한자에 ○표시를 하고, 뜻과 음을 적는다.
  (꼭 좋아하는 색볼펜이나 색연필로 ○를 그려야 한다.)
- 아는 한자만으로 구절의 뜻을 짐작해 본다.
- 모르는 한자를 검색한다.
- 문맥에 적절한 조사를 붙여 낭독한다.
- 구의 주술-술목-수식-술보 관계를 새기며 구절의 뜻을 새긴다.
- 내용을 이미지로 그려본다.
- 운자(韻字)를 찾아본다.
- 시의 분위기에 맞는 어조로 다시 낭독한다.
- 암송한다.
- 여행지에서, 장기 자랑 시간, 축하 파티 등에서 보란 듯이 암송한다.
  (한시 몇 편쯤 암송하고 있으면 있어 보인다. 무엇이? 멋이.)

한산도의 밤

물나라 가을빛이 어느듯 저물에라

높이 뜬 기러기 떼 추위에 놀랐고나

근심에 잠 못 이뤄 이리저리 뒤척일 때

지새는 저 달빛이 활과 칼을 비춰여라.

이순신 장군도 가을밤엔 잠 못 이루고 시를 지어 심사를 달랬다. 그는 글을 읽고 쓰는 사람이었다. 글을 쓰면서 자신을 다스리고 정서를 정리했다. 아름답고 쉬운 한글로 우리의 순정한 정서를 서정시, 자유시로 지어 보자. 여행지에서는 누구나 시인이 된다.

사람들은 좋은 글 필사에 적어도 다섯 가지 이상의 효용이 있다고 한다. 어떤 좋은 점이 있을지 생각해 보자.

◎ 아침 명상 한 잔, 모닝페이퍼 한 장

남해 바다 가까이에서 아침을 맞는다. 아침일기를 쓰고 시작한 하루는 그렇지 않은 날보다 20%쯤 밀도가 높아진다. 명량 챌린지를 마치고 집에 돌아가서도 이어 쓰자. 개학해서 학교에 다니면서도 계속 쓰자. 방학에도 쓰자. 좋은 건 계속하자. 60일 후, 1년 후, 3년 후 나는 다른 사람이 되어있을 것이다. 습관은 처음에 거미줄처럼 가늘고 약하지만, 나중엔 동아줄처럼 두텁고 단단해진다.

◎ (나의 소중한) 나중일기

장군은 난중일기에 술 얘기도 감추지 않고 가감 없이 상세히 적었다. 몸이 아픈 중에도 일기를 거르지 않았다. 어머니와 아들 등 가족에 대한 염려와 사랑을 절절하게 적어서 인간적인 면모도 엿볼 수 있고, 엄하고 단호한 수군 지휘자로서 지도력과 행정력도 알 수 있다.

짧은 일상 기록의 효용과 가치를 강조하는 기록학자의 책이 화제가 되기도 했는데, 이순신은 이미 430년 전 전쟁 상황에 일기를 썼다는 점이 놀랍다. 청소년들이 읽기 좋게 번역하고 연구하여 많은 이가 읽는데, 우리도 일상을 기록하며 일기를 비롯한 '쓰기'를 통해 나를 바꾸고 역사를 기록한다. 사소한 것도 나중엔 의미 있는 사료가 될 수 있다.

일상 기록과 읽기가 변화와 기적을 만든다. 더 나아가 글쓰기는 슬픔을 이기게 하고 삶을 되찾게 해준다. 기적을 일으키는 글쓰기다.

§ 정이의 라떼 일기 훔쳐보기

좋은 삶이란 어떤 삶일까?

건강하고 기름진 땅에서 난 식량으로 몸에 좋은 음식을 만들어 먹고, 피부에 좋은 자연 소재의 옷을 입고, 숲길을 걸어 가까운 도서관에 가서 책을 읽는 삶. 하루 8시간은 일하고 8시간은 걷기나 춤추기, 책 읽기, 글쓰기 그리고 악기를 연주하는 삶.

도시에서나 시골에서나 생태적으로 인문적으로 철학·미학적으로, 문학적으로 살아가는 삶. 일터에서 퇴근하여 음악회나 전시회에 가고, 집에 오는 길 도서관 앞 작은 동네 카페에서 텀블러에 커피와 홍차도 받아오는데, 그 동네 카페는 아기를 키우는 젊은 부부나 씩씩한 청년이 운영하면 더 좋겠다.

이런 정도의 삶이 그리 어려운 일일까. 이건 좋은 삶이라기보다는 풍족하고 평화로운 삶이다. 좋은 삶이란 나 스스로 고요하고 자족하는 삶을 영위하면서 이웃을 돕고 선한 영향력을 주고받으며 더불어 살아가는 삶이 아닐까.

19일

해남군 송지면 송호학생수련장 ~ 해남군 현산면 두모마을 회관

해남군 송지면 송호리 학생수련장에서 출발한다.

중·고등학교에서 거의 해마다 한 번씩 수련회에 간다. 예전엔 산이나 들판에 텐트 치고 밥 지어 먹으며 실외활동을 하는 야영 수련을 주로 했으나, 지금은 시설이 갖춰진 수련장을 이용한다.

집과 학교를 떠나 친구들과 밥 지어 먹고 함께 이불 덮고 밤을 보내면서 우정을 쌓는다. 수련장은 추억이다. 울창한 송림과 너른 백사장과 바다를 바로 앞에 둔 송호학생수련장은 많은 학생이 중고생 시절 한두 번은 거쳐 간 명소다. 10대의 시선으로 생각하니 이곳의 의미가 새롭다. 푸른 바다에서 보트 타는 수상 훈련은 오래 기억될 것이다. 좋은 기억을 많이 간직한 이가 부자다. 뜻밖에도 몸이 수고로웠던 순간이 나중에는 성취감으로 기억되며 도전정신과 자신감을 키워준다. 잊지 못할 이야깃거리를 간직하고 학교를 졸업하고 성숙한 어른으로 성장한다.

바닷가 수련장은 이제 다시 조선수군 재건로의 명소가 된다. 이순신 길을 걷기 위해 전국에서 온 10대들이 심신을 수련하고 이순신 정신을 배우는 곳, 잊지 못할 장소로 기억될 것이다.

1) 여정

송호학생수련장–어란진–농장길–우근교–땅끝해안로–송암 천수문–두모마을회관: 23㎞

2) 여기 멈춤

어란진성

어란진은 조선시대 수군만호가 머물던 곳이다. 왜구 방어, 조운, 세곡 징수 등을 위해 설치됐다. 한반도 서남단에 위치한 어란은 고대부터 한·중·일이 만나는 국제 해상로였고, 제주도 해로와 조운로의 중간 기착지로 중요한 곳이었다. 어란에는 만호진성의 흔적이 일부 남아 있다. 마을회관에 만호비도 남아 있다.

∞ 타임리프 『난중일기』 1597년 8월 24일(양력 10월 4일) 맑음

어란 앞바다에 도착하니 가는 곳마다 이미 텅 비었다. 바다 가운데서 잤다.

∞ 타임리프 『난중일기』 1597년 8월 25일(양력 10월 5일) 맑음

그대로 어란포에 머물렀다. 아침 식사할 때 당포의 포작(해산물을 진상한 어민)이 방목한 소를 훔쳐 끌고 가면서 허위 경보를 알리기를, "왜적이 왔다. 왜적이 왔다."고 했다. 그것이 거짓임을 알고 허위 경보를 낸 두 사람을 잡아다가 바로 목을 베어 걸게 하니, 군중의 민심이 크게 안정되었다.

타임리프 『난중일기』 1597년 8월 26일(양력 10월 6일) 맑음

그대로 어란포에 머물렀다. 임준영이 말 타고 와서 "왜적이 이진에 도착했다."고 했다. 우수사 김억추가 왔다.

타임리프 『난중일기』 1597년 8월 27일(양력 10월 7일) 맑음

그래도 어란 바다 가운데에 머물렀다.

타임리프 『난중일기』 1597년 8월 28일(양력 10월 8일) 맑음

적선 8척이 뜻하지 않게 들어오자 여러 배들이 두려워 겁을 먹고 피하려 하고, 경상 수사 배설도 피하려고 했다. 나는 동요하지 않고 적선이 가까이 오자 호각을 불어 깃발을 지휘하며 뒤쫓게 하니, 적선들이 물러갔다. 갈두까지 뒤쫓아 갔다가 돌아왔다. 저녁에는 장도(해남군 송지면 내장)로 옮겨 정박했다.

여낭터

송지면 어란리에 있다. 정유재란 당시 일본군은 명량에서 30km쯤 떨어진 어란진에 주둔하며 출병 날짜를 기다리고 있었다. 이때 포로로 잡혀가 일본 장수 칸 마사카게(菅正陰)의 여인이 된 어란은 그에게 명량해전의 기밀을 전해 듣고 이를 이순신에게 알림으로써 명량해전을 승리로 이끄는 데 기여한 인물이다.

이후 어란은 자신의 첩보로 적장 칸 마사가게가 전사했다는 소식을 듣고 명량이 바라다보이는 여낭터 벼랑에서 몸을 던져 목숨을 끊었다. 평양의 계월향, 진주의 논개와 더불어 임진·정유 양란의 '3대 의녀'로 추앙받아야 할 역사적 인물이다.

■ **장군의 명대사**

일부당경 족구천부(一夫當逕 足懼千夫)

“한 사람이 길목을 지키면 천 명도 두렵게 할 수 있다.”

* 한자의 뜻과 음을 새기고 필사하기

해남 송호해수욕장

3) 디저트 카페

플레이리스트

〈I Have A Dream〉 ABBA 노래

어렵지 않은 가사가 부드러운 멜로디에 실려 귀에 감긴다. 꿈을 가지고 세상의 강과 내를 건너겠다는, 달콤해서 힘이 나는 노래다. 중학교 때 영어 공부 삼아 친구들과 가사를 외우고 해석하던, 추억의 노래다.

〈나는 문제없어〉 김성호 곡, 황규영 시·노래

발표 이후 30년간 국민응원가였다. 이 노래로 나와 우리 걷기 선수들을 응원하자.

우리 민족은 특별히 노래를 즐겼다. 당시 조선수군 의병과 백성들도 노래를 불렀으리라. 추위와 더위, 배고픔과 목마름을 잊기 위해서도 노래는 필요했으리라. 군사 훈련, 군수 물자와 짐을 부리는 수고, 판옥선 노 젓기는 또 얼마나 고단했으랴. 고향과 가족이 그리워지는 향수를 달래고, 죽음에 대한 두려움을 이기고, 사기를 돋우기 위해서도 노래는 필요했으리라.

필사 와플 한 장

함평 천지 늙은 몸이 광주 고향을 보려 하고
제주 어선 빌려 타고 해남으로 건너갈 제
흥양에 돋은 해는 보성에 비쳐 있고
고산의 아침 안개 영암을 둘러 있다
인자한 우리 성군, 예악을 길이 흥하게 하니
삼태육경의 순천심이요 방백 수령의 진안군이라

_〈호남가〉

〈호남가〉에 나오는 지명을 지도에서 찾아보자. 우리나라 도시의 특색을 살려서 고쳐 짓기를 해도 좋겠다.

한 편 더, 〈I Have A Dream〉. 마틴 루터 킹 주니어 목사의 1963 워싱

턴 행진 연설문 일부다. 킹은 링컨 기념관 앞에서 흑인과 백인의 평등과 공존을 주장하는 이 연설을 했다. 세계 3대 연설문 중 하나다. 그의 육성을 상상하며 필사하자. 낭독도 하자. *튜브에서 그의 연설 장면을 찾아서 보자. 세계에는 아직도 해결해야 할 문제들이 젊은 여러분의 손을 기다리고 있다. 10대들이 희망이다. 필사하면서 나의 꿈은 무엇인지, 무엇을 외치고 싶은지 생각해 보자.

I have a dream that one day this nation will rise up and live out the true meaning of its creed: "We hold these truths to be self-evident: that all men are created equal."
(나에게는 꿈이 있습니다. 언젠가 이 나라가 모든 인간은 평등하게 태어났다는 것을 자명한 진실로 받아들이고, 그 진정한 의미를 신조로 살아가게 되는 날이 솟아오리라는 꿈입니다.)

I have a dream that my four little children will one day live in a nation where they will not be judged by the color of their skin, but by the content of their character.
(나에게는 꿈이 있습니다. 그것은 네 명의 내 자식들이, 피부색이 아닌 그들의 품성에 의해 평가받는 나라에서 살게 되는 것입니다.)

_마틴 루터 킹, "나에게는 꿈이 있어요": 위키백과 인용

가슴 뭉클해지는 절절한 외침, 원문 그대로 외워 간직하고 싶은 문장이다. 영어 공부도 필사로 가능하지 않을까. 눈 밝고 귀 밝은 총명한 10대들은 이런 명문장을 필사하고 외우기를 계속하여 국외 어학연수를 가

지 않고도 고급 영어를 독해하고 작문도 할 수 있을 것이다.

■ **이순신의 명대사**

약무호남 시무국가(若無湖南 是無國家)

호남이 없으면 국가도 없다.

* 한자의 뜻과 음을 새기고 필사

오늘날 우리나라에서 호남 지역의 의미를 다시 질문하게 하는 문장이다. 전 국민이 화합하고 협력하여 조화롭게 살아가야 하는 것은 당연한 전제다.

◎ 아침 명상 한 잔, 모닝페이퍼 한 장

오늘도 새날, 모닝페이퍼 한 장으로 하루를 설계하자.

아침 기록은 하루를 밀도 있게 만들어 준다. 하루 미리보기, 일생 미리보기는 의미 있는 활동이다. 미리보기는 막연하게 하지 말고 선명하고 구체적으로 한다. 매일 하는 잠깐의 명상도 훌륭한 습관이다.

◎ (나의 소중한) 나중일기

일기 쓰기 시작한 지 벌써 19일, 어휘력과 문장력이 점점 늘고, 분량이 많아지고, 내용이 풍부해지고 있지 않은가.

나는 국민학교(지금의 초등학교) 시절에 적은 일기장을 간직하고 있다. 제자들과 아들딸은 50년도 지난 낡은 일기장을 읽으며 어느 역사책보다 흥미진진하다고 한다. 『식객』(허영만)을 즐겨 읽던 한 아이는 그보다 재미있다고 했다.

10대 여러분이 지금 적은 일기를 30대, 40대가 되어 다시 열어본다면 어떨 것 같은가. 2020년대 나날의 기록을 여러분의 자녀와 함께 읽는 모습을 상상해보자.

『난중일기』는 430년이 지난 지금 우리 곁에 있지 않은가.

§ 정이의 라떼 일기 훔쳐보기

어란, 슬픈 이름이구나. 전에는 알지 못했다. 이런 슬픈 여인의 이야기가 있을 줄은. 여낭터 절벽 아래 해변에 서서 그녀의 심정이 되어본다. 전쟁은 전장에서 싸우는 사람들만의 일이 아니다. 지구촌 그 누구도 무관할 수 없고, 그중 약자나 빈자는 가장 먼저 가장 큰 희생자가 될 수밖에 없다.

지구는 인류가 생겨난 이래 언제나 전쟁 중이었다. 지금도 전쟁 소식이 뉴스에 나오고 있다. 알지 못하는 지구 곳곳에서 작은 전쟁들이 끊임없이 일어나고 있을 것이다.

평화는 어떻게 오는가? 얼마나 많은 희생이 있고서야 인간은 깨우칠 것인가. 가만히 앉아 있는 우리에게 평화가 저절로 다가오지는 않을 것이다. 어쩌면 유토피아처럼 인류에게 평화는 영영 불가능한 건 아닐까.

20일

해남군 현산면 두모마을회관 ~ 해남군 황산면 행정복지센터

501 명량 챌린지, 위대한 대여정의 종착지가 다가온다. 영웅서사 오디세우스를 떠올리며 서서히 대미(大尾)를 준비하자.

이순신 장군의 일생은 그대로 영웅서사다. 영웅서사의 조건을 다 갖추었다. 우선 능력이 뛰어나다. 타고난 성정에 부단한 수련으로 갖춘 실력이다. 국난에 그 능력을 펴다가 시련을 겪고, 의병과 전라 백성 조력자가 있고, 대의에 목숨을 바친다. 이게 신화나 허구가 아니라 다큐다.

우리에게도 시련이 와서, 우리가 그에 굴복하지 않고 극복한다면 우리도 영웅으로 도약할 수 있다.

1) 여정

두모마을회관–안정리–시목마을–가좌리–고천암 자연생태공원–한자 보건진료소–황산면 행정복지센터: 23㎞

2) 여기 멈춤

@ 고천암 자연생태공원

해남군 해남읍과 황산면, 화산면에 이르는 철새도래지다.

우리나라는 지리적으로 철새 이동 경로에서 중요한 위치에 있으며, 철새들의 번식지, 월동지, 중간 기착지 역할을 하고 있다. 강, 하구, 호수, 갯벌 등 다양한 환경의 습지가 전국에 분포하여 다양한 수조류(水鳥類)의 서식지로 이용되고 있다.

고천암호는 매년 겨울 수십만 마리의 철새들이 찾아오는 우리나라 대표적인 철새도래지다. 매년 1~2월 초 전 세계 가창오리 중 95%가 중국~일본 간, 시베리아, 알래스카~호주, 뉴질랜드 간 이동 통로의 중간 기착지로 고천암호를 찾아온다. 가창오리는 대부분 고천암호나 금강 하구, 서산 일대에서 지낸다. 가창오리는 충청남도 서산시 부석면 간월도리 간월호에 9월 중순에 찾아와 10월 말이나 11월 초까지 머물고, 서해안 금강 하구를 거쳐 해남으로 이동하여 겨울을 난다.

매년 겨울이면 가창오리 군무를 보러 오는 사람들의 발길이 끊이지 않는다. 사람들은 왜 새들을 좋아할까. 하늘을 날고 싶은 염원이 있기 때문일까. 하늘을 난다는 것은 중력을 이기고 자유를 누리는 일, 먼 곳을 동경하면서도 우리는 떠날 기회가 오면 머뭇거린다. 가녀린 몸으로 그 먼 하늘길을 날아 이동하는 새에게서 자유를 읽는다. 혹은 사람이 죽어서 새가 된다고 믿는 건 아닐까. 하늘나라 누군가의 영혼이 바로 새들은 아닐지.

지구는 인간만을 위한 게 아니다. 자연과 동식물이 없는 지구는 상상할 수조차 없다. 해남 자연생태공원에서 지구라는 생명체를 생각한다.

@ 해남 우항리 공룡 · 익룡 · 새 발자국 화석지

해남군 황산면 우항리에 공룡 화석지와 공룡 박물관이 있다. 건물도 인상적이다. 익룡과 시조새 발자국도 있는 대규모 화석지다. 이곳은 물에 잠겨 있던 해안이었으나 화원반도와 목포를 연결하기 위해 해안에 둑을 쌓으면서 해수면이 낮아지며 대규모 화석지가 드러났다. 현재 유네스코 세계문화유산 잠정 목록에 있다.

유년기 한때 우리는 공룡시대였다. 고무로 된 공룡 모형을 안고 다니고, 주머니에는 늘 무서운 꼬마 공룡 하나씩 들어 있었다. 장래 꿈이 뭐냐고 물으면 공룡이 되고 싶다고 한 아이를 알고 있다. 그렇게 아이는 어른이 되는 것이다.

브라키오사우루스, 스테고사우루스… 어른 귀에는 구분도 안 되고 애를 써도 외워지지 않는 이름들을 아이들은 어떻게 외우는 걸까. 그것은 아이들이 공룡을 좋아하기 때문이다. 그것은 공부의 비결이기도 하다.

해남의 중생대를 상상한다. 지구는 인간 이전에 식물과 동물의 세계였음을 인정하지 않을 수 없다. 이순신 시대보다 더 먼먼 옛날이다.

해남 송지 두모마을

3) 디저트 카페

플레이리스트

〈호남가〉 단가·구전, 신재효 정리, 박귀희 소리

'함평 천지 늙은 몸이~'로 시작하여 광주, 해남 등 호남 54개 고을 지명의 뜻과 그곳의 특색, 풍광을 노래한다. 구절을 열거하는 구조를 살펴보고, 우리나라의 모든 지역이 누군가의 고향이며 친구의 집이 있는 정다운 동네라는 사실을 새겨보자. 호남 곳곳에 대한 애향심이 불쑥불쑥 솟아나는 노래다.

〈El Condor Pasa(철새는 지나가고)〉 페루 민요, 페루 제2의 국가. 사이먼과 가펑클 노래

1780년 스페인 통치하의 페루에서 일어난 농민 혁명의 지도자와 자유를 노래한 곡. 잉카인은 영웅이 죽으면 콘도르(독수리)가 되어 날아간다고 믿었다. 페루에는 쿠스코에서 마추픽추까지 가는 잉카 트레일이 있다.

〈노을〉 이동진 시, 최현규 곡

나이가 들어도 유년의 기억과 동심은 사라지지 않는다. 잠시 의식 뒤편으로 밀려나 보이지 않을 뿐, 아주 없어지지는 않는다. 유소년기의 맑은 눈동자로 해 질 무렵 서녘 들판과 분홍빛 하늘을 바라보며 듣는다.

필사 와플 한 장 _

필사, 내용도 중요하지만 필사하는 몸의 자세도 중요하다. 의자에 앉아 척추를 곧게 펴고 양쪽 어깨에 힘을 뺀다. 책과 공책을 가지런히 놓고 필기구를 바르게 잡는다. 바른 자세에서 모든 것이 비롯된다. 가능한 한 정자체로 쓴다. 글자를 쓰지 않고 치는 시대, '밖으로 나와 있는 뇌'라고 하는 손으로 펜을 잡고 하얀 종이의 푹신한 질감을 느끼며 한 자 한 자 적는다. 분명 특별한 경험이 될 것이다.

김남주(1946~1994), 고정희(1949~1991), 두 시인의 시를 골랐다. 해남군 삼산면 송정리에 고정희 시인, 봉학리에 김남주 시인의 생가가 있다. 걸어서도 갈 만한 거리다. 생가 시비와 담장에 쓰여 있는 시다. 살았던 연대도 가까운데 살아생전 얼마나 친했을까.

이 두메는 날라와 더불어 꽃이 되자 하네, 꽃이.
피어 눈물로 고여 발등에서 갈라진
녹두꽃이 되자 하네
이 산골은 날라와 더불어 새가 되자 하네, 새가.
아랫녘 웃녘에서 울어 예는 파랑새가 되자 하네

이 들판은 날라와 더불어 불이 되자 하네, 불이.
타는 들녘 어둠을 사르는 들불이 되자 하네
되자 하네 되고자 하네 다시 한번 이 고을은
반란이 되자 하네
청송녹죽 가슴에 꽂히는 죽창이 되자 하네
청송녹죽 가슴에 꽂히는 죽창이 되자 하네

_김남주, 「죽창가」

산 넘고 물 건너
언젠가는 가야 할 길 시련의 길 하얀 길
가로질러 들판 누군가는 이르러야 할 길
해방의 길 통일의 길 가시밭길 하얀 길
가다 못 가면 쉬었다 가자
아픈 다리 서로 기대며

_김남주, 「함께 가자 우리 이 길을」

샘솟는 기쁨 같은 당신이라 썼다가 지우고
아니야 아니야
사랑하고 사랑하고 사랑하는 당신이라 썼다가
이 세상 지울 수 없는 얼굴이 있음을 알았습니다

_고정희, 「지울 수 없는 얼굴」

◎ 아침 명상 한 잔, 모닝페이퍼 한 장

모닝페이퍼에 하루 계획을 적고, 실행 과정을 기록하고 보완하고, 그렇게 하루를 산다면 의미를 탑처럼 쌓아간다는 느낌이겠다.

이순신은 틈틈이 활쏘기를 한다. 무예를 닦는 훈련이지만 평정심과 집중력을 키우는 명상 효과도 있었을 것이다. 아침 기록을 하면서 잠시 정신을 모아 명상을 하자.

◎ (나의 소중한) 나중일기

이순신과 조선수군 재건길에 대한 배경 지식이 많아지면 따라서 일기 내용도 풍성해질 것이다. 그를 뛰어난 영웅으로만 생각하지 말고, 알려진 부분만으로 잘 안다고 자만하지 말고 끝없이 탐구하자.

우리는 살아가는 동안 내내 지식을 추구한다. 독서와 인문 강의, EBS *튜브 등으로 끝없이 지식을 탐구한다. 지식은 힘이 세다. 지식에서 감동과 짜릿한 희열을 맛볼 수 있다. 일기에 기록하여 자신의 역사를 만들자. 기록하지 않으면 사라지고 만다. 나중에 그 소중함을 더욱 절실하게 알게 될 나의 나중일기다.

§ 정이의 라떼 일기 훔쳐보기

바삭바삭 자박자박 내 발자국 소리를 들으며 앞으로 나아간다. 걷는 동안 나는 살아있다.

우리 학교 아이들은 이 방학을 어떻게 보내고 있을까? 지금 뭘 하고 있을까? 밤새 온라인 게임을 하고 아직 자고 있으려나. 하루 10시간 이상씩 게임을 한다고 고백한 녀석, 의자에 비스듬히 앉아서 혹은 거북이처럼 목을 내밀고, 데스크탑 컴퓨터나 휴대폰으로 게임을 하고 있을지도 모른다. 침대에 누워서, 혹은 소파에 기대어서….

10대들아, 모두 떨치고 일어나 명량 챌린지에 나오너라. 걷자. 두 발로 우리 땅을 걸어 보자. 발을 내딛는 만큼 앞으로 나아가는, 그것이 바로 기적이 아니고 무엇이랴.

21일

해남군 황산면 행정복지센터 ~ 해남군 문내면 우수영 국민관광지

1) 여정

황산면 행정복지센터–명량로–문내면 행정복지센터–망해루–충무사–명량대첩비–우수영 국민관광지: 18㎞

2) 여기 멈춤

해남 옥매산

해남군 황산면 옥동리와 문내면 용암리 경계에 있는 산이다. 조선시대에 옥(玉)이 생산되었고, 전라우수영의 군함 제조에 목재를 공급했다.

명량대첩 승전지 울돌목 입구에 있어 왜적의 동태를 감시하고, 강강술래를 했다는 설화가 전한다. 1910년부터 장식용 석재가 채취되었고, 1924년부터는 명반석을 집중적으로 채굴하기 시작했다. 일제는 알루미늄의 원료가 되는 명반석을 전투기 등 군수품 제작을 위해 채굴했다.

이 옥매광산에 해남군 문내·황산면에 살던 주민 500~1,200여 명이 채굴을 위해 강제로 동원됐다. 옥매산 정상은 해발 173.9m였지만 채굴이 진행되면서 깎여 나갔고, 지금은 168m의 다른 봉우리가 정상이다.

명량대첩비

우수영 명량대첩비

이순신의 명량대첩을 기념해 1688년(숙종 8) 전라우도 수군절도사 박신주가 전라우수영 동문 밖에 세웠다. 일제의 민족말살정책에 따라 1942년 전남 경찰부에 의해 강제로 뜯겨 조선총독부로 압송돼 경복궁 근정전 뒤뜰에 버려졌다. 1945년 해방 뒤 주민들의 노력으로 다시 해남 충무사 지금의 자리로 옮겨 세웠다. 명량대첩비 주변이 당시 우수영 성터였다. 성지 북문 쪽에 망해루가 복원돼 있다. 망해루 부근에 돌과 흙으로 쌓은 성벽 흔적이 조금 남아 있다.

§ 비석에 새겨진 비문은 오늘날의 도서나 블로그, SNS의 글이라고 할 수 있다. 비문을 함께 읽고 탁본을 하고 낭독하면서 청소년들이 흥미롭게 접근하는 기회가 많아지면 좋겠다.

전라우수영

전라우수영은 1440년(세종 22) 대굴포(함평)에서 이곳으로 옮겨왔다. 전라우도의 수군 본부로 당시 행정과 군사의 중심지였다. 해남과 진도를 비롯하여 나주와 영광, 함평, 무안, 영암까지 관할했다. 어란진, 고금도, 신지도, 목포진, 법성포, 흑산도 등 19곳을 속진으로 뒀다. 성은 남북으로 10리, 동서 5리에 이르렀다. 석축 둘레가 1,100m를 넘는 장대한 성이었다. 지금도 성터 일부 구간이 남아 있다. 망해루도 복원돼 있다. 이순신이 명량해전 승리로 수군 제해권을 찾은 역사 깊은 곳이다.

우수영 충무사

⑮ 법정스님 마을도서관

길을 걷다 보면 뜻밖에 귀한 장소를 마주치기도 한다. 해남군 문내면 선두리, 옛 모습을 간직한 아늑한 골목을 지나다 담장 없는 너른 터에 들어앉은 맞배지붕 한옥 한 채를 만난다. 법정스님 생가 터에 마련한 마을도서관이다. 방문객을 위한 포토존도 인상적이다. 회색 옷 입은 스님 뒷모습에 숙연해진다. 방금 빠삐용 의자에서 일어나 계단 몇 개를 올라와 훌훌 털고 흰 구름 걸린 푸른 하늘을 향해 한 걸음 내디딘 모습이다. 정갈하고 엄정하게 사셨던 스님은 '맑은 가난'마저 훌훌 버리고 어디론가로 떠나는 뒷모습으로 거기 계셨다.

묵언 중인 듯 묵직하게 닫힌 출입문을 조심히 열고 안을 들여다본다. 다큐멘터리 〈법정스님의 의자〉가 작은 모니터에서 상영되고 있다. 서가에는 스님의 저서만 소박하게 놓아두었다.

서늘한 실내에서 신을 벗고 앉아 다리를 쉰다. 나는 지금 어디로 가고 있는가? 방향이 옳지 않다면, 그른 곳이라면, 아무리 빨리 간다 해도, 아무리 멀리 간다 해도 무슨 소용인가? 당장 멈춰 처음으로 돌아와 다시 시작해야 하는 것을. 그러니 인생에는 길잡이와 안내자가 필요하다.

스님은 손수 만든 '빠삐용 의자'에 앉아서 자신이 삶을 낭비하고 있지 않은지를 되새겼다고 한다. 인생은 시간으로 이루어져 있다. 천주교계의 존경받는 지도자 정진석 추기경은 하루를 분 단위로 나누어 관리하셨다고 한다. 물론 1초도 소중하고 긴 시간이지만, 1분은 얼마나 되는 시간일까? 하루는 1,440분이다. 그러면 1년은? 나의 소중한 하루, 소중한 1년, 어떻게 살아야 할까.

법정스님 생가 터

■ 알놀Q 1년 365일은 몇 분일까?

T톡 시간을 알차게 보내는 비결이 있으면 공유하자.

3) 디저트 카페

플레이리스트

〈길〉 GOD

21일 전 순티아고 순례길 출발할 때의 첫 마음을 돌아보며, 완주 하루를 앞둔 오늘 다시 듣는다. 아직 우리 길 위에 있다. 여정은 곧 끝나겠지만, 인생에 끝이 있던가. 죽음마저도 끝이 아닐지 모른다. 어떤 이는 불멸의 삶을 산다. 죽어서 오히려 더 위대한 삶을 사는 사람을 우리는 안다. 끝이라니, 우리는 계속 걸어서 앞으로 나아간다.

〈Imagine(이매진)〉 John Lennon(존 레논)

김연아 선수는 연기할 때 이 노래를 선곡했다. 존 레논이 노래하는 세상은 지구에 없다. 그러니 상상해야 한다. 그는 나라와 나라를 나누는 국경마저 없는 세상을 꿈꾸었구나. 종교도 소유도 탐욕과 배고픔도, 어떤 경계도 없이 지구가 하나 되는 세상을 상상했구나.

이 순간도 곳곳에서 전쟁이 벌어지고 있다. 은유나 상징으로서의 전쟁이 아니다. 살상 무기로 사람을 죽이고 있다는 의미다. 임진왜란, 정유재란, 1·2차 세계대전으로 끝난 게 아니다. 지금도 계속되고 있다.

무기를 들고 전쟁을 일으키지 않는 세상, 공적을 쌓기 위해 상대방을 모함하지 않는 세상, 모함과 위해가 통하지 않는 세상을 꿈꾸어 본다. 그런 세상은 꿈꿀 수조차 없어서 상상하라고 하는가. 어딘가 그런 세상이 있으리라고, 언젠가는 그런 시대가 오리라고 상상하자.

이 책에서 언급한 곡들은 노래의 바다, 음악의 바다에서 조가비 몇 개 주운 것에 지나지 않는다. 외롭고 괴로울 때 혹은 경이의 순간에 만들어 읊은 곡조와 노랫말을 많이 찾아서 맛보자. 장르를 가리지 말고 시대와 공간을 넘어서 세상 모든 음악을 맛보고, 위로받고, 영감을 받고 서로 나누자.

❗ 필사 와플 한 장

법정스님의 글 두 구절을 적어 본다. 정신이 번쩍 나게 하는 죽비 같은 문장이다.

삶은 소유물이 아니라 순간순간의 있음이다.
영원한 것이 어디 있는가. 모두가 한때일 뿐,
그러나 그 한때를 최선을 다해
최대한으로 살 수 있어야 한다.
삶은 놀라운 신비요, 아름다움이다.

무소유란 아무것도 갖지 않는다는 것이 아니라
불필요한 것을 갖지 않는다는 것이다.
우리가 선택한 맑은 가난은
부보다 훨씬 값지고 고귀한 것이다.
이것은 소극적인 생활 태도가 아니라 지혜로운 삶의 선택이다.

반듯한 글씨로 적어놓고 골똘히 들여다보자. 의욕이 없고 모든 게 무의미하게 느껴질 때 이런 문장들은 살아갈 힘을 준다.

김수환 추기경은 『무소유』를 읽고 "이 책이 아무리 무소유를 말해도, 이 책만큼은 소유하고 싶다."라고 했다.

나는 범우사 판(版)을 가지고 있는데, 제목 글자체와 표지와 책의 자태가 '무소유'답다. 제목은 무소유지만 오래도록 소유하고 싶다. 처음부터 끝까지 한 장 한 장 넘기며 필사하고 싶다. 스님이 쓴 모든 책을 하얀 노트에 연필로 필사하고 싶다. 스님의 카랑카랑한 음성이 글에서 울린다.

T톡

우리가 소유한 물건 중 살아가는 데 꼭 필요한 것은 무엇이고, 필요 없는데 가지고 있는 것은 무엇일까? 나의 소유물, 우리 집의 소유물을 돌아보자. 소용없이 공간만 차지하는 물건은 없는지 살펴보고 내 삶의 공간을 정리하자.

◎ 아침 명상 한 잔, 모닝페이퍼 한 장

아침에 잠깐 멈춰서 한 줄 기록을 하자. 이제 요가 자세도 한 가지쯤 하고, 척추를 바르게 펴고 심호흡하는 명상 자세도 비슷하게 흉내 내 보자. 필요하면 싱잉볼이나 우리 악기로 소리 명상도 하자. 자신만의 아침 의식을 하고, 심신을 들여다보고 기록을 남기자.

하얀 쌀밥에 계란과 당근과 우엉이 들어간 김밥 한 줄 같은 일기를 쓰자. 영양, 빛깔, 모양, 식감이 고루 갖춰진 김밥 같은 일기를 쓰자.

◎ (나의 소중한) 나중일기

인간은 기록하는 존재다. 호모 스크리벤스(Homo Scribens), 호모 노트쿠스(Homo Notecus)다. 기록은 인간의 본능이다.

나중에 나의 소중한 역사가 될 일기를 기록하자. 오늘 나의 위대한 여정을 정리하자.

진도 다리에서 울돌목 시퍼런 물을 보았는가. 무슨 생각을 했는가. 430년 전 그날의 광경을 보았는가. 일찍이 장군은 지형을 읽고 물길을 읽었다. 땅을 재고 물을 살펴 적을 내치고 사랑하는 사람들을 지켜냈다.

§ 정이의 라떼 일기 훔쳐보기

뾰족한 주탑이 위용을 뽐내는 다리와
관광 케이블카가 오가는 울돌목 물가에 섰다.

길은 또 다른 길을 만나서 나란히 동행하다 교차하고
다시 여러 갈래로 나뉘어 점점 멀어지고 영영 헤어진다.

우리 조선수군 재건길은 백의종군로와 만나고
지리산 둘레길을 멀리 바라보며 섬진강과 동행하고
남파랑길 서해랑길과 만나고 헤어지며
마침내 울돌목에 이르렀다.

명량, 바닷물이 울며 휘돌아 간다는 울돌목
울돌목에서 우는 것은 바닷물만이 아니다.
흰옷 입은 백성들, 허름한 군복 입고 몸으로 싸운 병사들
백성과 병사의 목숨, 강토의 운명을 등에 지고
고뇌한 장군의 속울음도 섞여 있다.

되지 않은 탐욕을 품은 장수들에게 끌려와
이순신의 전략에 패배하고 이곳에
수장된 7만 명이 넘는 일본군 병사들과 그 가족도
돌아가지 못하고 어디선가 여기를 내려다보며
울고 있을 것만 같다.

9

벽파진 명량해전 승전길(우수영-벽파진)

- 호남의 승리

이순신이 탄 배에서 다시 북소리가 울려 퍼졌다. 승리를 알리는 북소리였다. 조선수군은 울돌목이 떠나가도록 승리의 함성을 외쳤다. 승전가가 명량 바다에 울려 퍼졌다. 칠천량 전투에 패하면서 잃은 제해권을 두 달여 만에 다시 장악하는 순간이었다. 짜릿한 대역전승, 13척으로 이루어낸 쾌거였다. 전라도 백성들의 헌신적인 참여로 조선수군을 재건해 이룬 승리였다. 목숨까지 내던진 전라도 의병과 백성들의 희생이 만들어 낸 눈물겨운 승리였다. 이순신이 4년 전(1593)에 명쾌하게 정리한 '약무호남 시무국가(若無湖南 是無國家), 호남이 없으면 국가도 없다'를 증명하는 장면이었다.

명량으로 가는 길 - 제9부 벽파진 명량해전 승전길

https://www.youtube.com/watch?v=mHtz5TJHrWQ

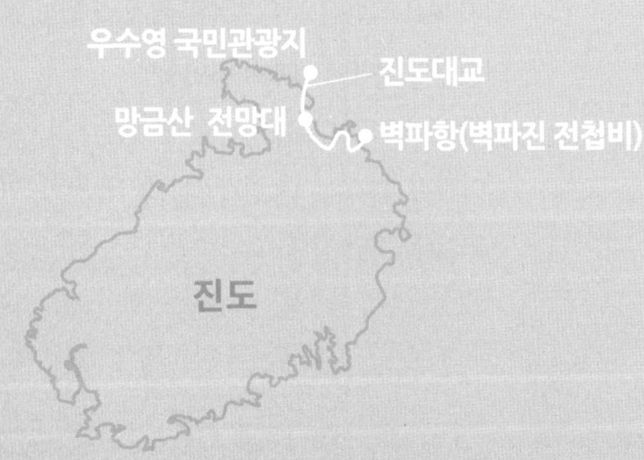

∞ **타임리프 『난중일기』** 1597년 9월 13일(양력 10월 23일) 맑은데 된 바람이 세게 불었다.

배가 가만히 있지 못했다. 꿈이 이상하다. 임진년 대첩 때와 비슷하다. 무슨 징조일까?

∞ **타임리프 『난중일기』** 1597년 9월 14일(양력 10월 24일) 맑음

북풍이 세게 불었다. 벽파정 맞은편에서 연기가 오르기에 배를 보내어 싣고 오니 임준영이었다. 육지를 정탐하고 와서 말하기를, "적선(賊船) 2백여 척 가운데 55척이 이미 어란 앞바다에 들어왔습니다. 적에게 사로잡혔던 김중걸이 전하는데, 이달 6일 달마산으로 피난 갔다가 왜놈에게 붙잡혀 묶여서 왜선에 실렸는데, 임진년에 포로가 된 김해에 사는 이름 모르는 한 사람이 왜장에게 빌어서 묶인 것을 풀고 같이 배를 탔다고 알려주었습니다." 그날 밤 김해 사람이 김중걸의 귀에다 대고 말하기를, "왜놈들이 모여 의논하는 말이 '조선수군 10여 척이 왜선을 추격하여 사살하고 불태웠으므로 할 수 없이 보복해야 하겠다며 극히 통분할 일이다. 각 처의 배를 불러 모아 조선수군을 모조리 죽인 뒤 한강으로 올라가겠다.'고 했습니다"라고 했다. 모두 믿긴 어렵지만 그럴 리가 없는 것도 아니기에 바로 전령선을 우수영으로 보내 피난민들을 타일러 곧 뭍으로 올라가라고 했다.

∞ **타임리프 『난중일기』** 1597년 9월 15일(양력 10월 25일) 맑음

조수를 타고 여러 장수를 거느리고 우수영 앞바다로 진을 옮겼다. 벽파정 뒤에는 울돌목이 있는데, 적은 수군으로 명량을 등지고 진을 칠 수 없기 때문이다. 여러 장수를 불러 모아 약속하면서 이르되, "병법에 '반드시 죽고자 하면 살고, 살려고만 하면 죽는다.'고 했으며, 또

'한 사람이 길목을 지키면 천 사람이라도 두렵게 한다.'고 한 것은 지금 우리를 두고 한 말이다. 너희 여러 장수들이 살려는 생각은 하지 마라! 조금이라도 명령을 어기면 군법으로 다스릴 것이다. 조금도 용서하지 않을 것이다." 하고 재삼 엄중히 약속했다. 이날 밤 꿈에 어느 신인(神人)이 나타나 "이렇게 하면 크게 이기고, 저렇게 하면 지게 된다."고 일러주었다.

∞ 타임리프 『난중일기』 1597년 9월 16일(양력 10월 26일) 맑음

아침에 별망군이 나와서 보고하는데, 적선이 헤아릴 수 없을 만큼 많이 울돌목을 거쳐 곧바로 진 치고 있는 곳으로 온다고 했다. 곧 여러 배에 명령하여 닻을 올리고 바다로 나가니, 적선 133척이 우리 여러 배를 에워쌌다. 나는 합력하여 적을 쏘아 한 놈도 몸을 움직이지 못했다. 곧 명령하여 붉은 비단옷 입은 적장 마다시를 사살하니 적의 기운이 크게 꺾여 버렸다. 적선들은 물러나 달아나 버리고 다시는 우리 수군에 감히 가까이 오지 못했다. 그곳에 머무르려 했으나 물살이 무척 험하고 형세 또한 외롭고 위태로워 건너편 포구로 새벽에 진을 옮겼다가 당사도(신안군 암태면)로 다시 옮겨 밤을 지냈다.

■ **알놀Q** 모둠별 스피드 퀴즈: 장군의 명대사 한문 문장을 낱장 카드로 만들어 문장 완성하기

湖	無	若	家	無	是	國	南

22일

해남군 문내면 우수영국민관광지 ~ 진도군 고군면 벽파진 전첩비

501 명량 챌린지 대여정의 마지막 날이다.

1) 여정

우수영 국민관광지–진도대교–진도각 휴게소–둔전방조제–벽파항–벽파진 전첩비: 11㎞

2) 여기 멈춤

@ 망금산 전망대

망금산(해발 111.5m) 정상부에 설치된 전망대다. 녹진 관광지, 진도대교와 울돌목 및 인근 다도해 풍경을 조망할 수 있다. 녹진 나루터 쪽에는 집단시설지구와 소공원 및 이순신 장군 동상이 있고, 망금산 남쪽 완만한 기슭에는 '울돌목 무궁화동산'에서 다양한 품종의 무궁화를 볼 수 있다.

이충무공 벽파진 전첩비

벽파항 언덕에 우뚝 서 있다. 한국전쟁 직후인 1956년 진도군민과 교직원들이 성금을 모아 세웠다. 비문에는 이렇게 씌어있다.

> 벽파진 푸른 바다여! 너는 영광스런 역사를 가졌도다. 민족의 성웅 충무공이 가장 외롭고 어려운 고비에 고작 빛나고 우뚝한 공을 세우신 곳이 여기더니라. 옥에서 풀려나와 삼도수군통제사의 무거운 짐을 다시 지고서 병든 몸을 이끌고 남은 배 십이 척을 겨우 거두어 일찍 군수로 임명되었던 진도 땅 벽파진에 이르니 때는 공이 53세 되던 정유년 8월 29일. 이때 조정에서는 공에게 육전을 명령했으나 공은 이에 대답하되 '신에게 상기도 십이 척의 전선이 남아 있삽고 또 신이 죽지 않았으니 적이 우리를 업신여기지 못하리이다.' 하고 그대로 여기 이 바다목을 지키셨나니, 예서 머무신 십육 일 동안 사흘은 비 내리고 나흘은 바람 불고 맏아들 회와 함께 배 위에 앉아 눈물도 지으셨고, 9월 초 칠일에는 적선 13척이 들어옴을 물리쳤으며, 초 구일에도 적선 2척이 감포도까지 들어와 우리를 엿살피다 쫓겨났는데, 공은 다시 생각한 바 있어 15일에 우수영으로 진을 옮기자 바로 다음 날 큰 싸움이 터져 열두 척 적은 배로써 삼백삼십 척의 적선을 모조리 무찌르니 어허 통쾌할 사 만고에 길이 빛날 명량대첩이여. 그날 진도 백성들은 모두 달려 나와 군사들에게 옷과 식량을 나누었으며 이천구, 김수생, 김성진, 하수평, 박헌, 박희령, 박후령과 그의 아들 인복 또 양응지와 그 조카 계원, 그리고 조탁, 조응양과 그 아들 명신 등 많은 의사들은 목숨까지 바치어 천추에 호국신이 되었나니 이는 진실로 진도민의 자랑이로다. (후략)…

@# 진도대교

전라남도 해남군 문내면과 진도군 군내면을 연결한다. 1984년에 완공했으며 484m 길이의 2차로 다리 두 개가 한 쌍이다. 상수도관이 이 교량을 통과하게 되어 진도지역의 식수난이 해소되었다. 2021년에는 해상케이블카가 개통되어 다리와 나란히 왕복한다. 진도 타워 전망대가 높은 곳에 웅장하다. 조명을 밝힌 야경은 꿈인 듯 황홀하다. 물살이 거센 명량 울돌목에 어떻게 다리를 지었을까? 장군이 지금의 모습을 본다면 뭐라고 할까?

진도에서 바라본 울돌목 진도대교

우수영 명량대첩 축제장으로 향하는 답사팀

^ 진도대교 건설 과정을 알아보자. 사장교와 현수교의 건설 방식이 어떻게 다른지도 알아보자. 건축과 토목, 지리에 관심 있고 진로를 생각하는 사람이라면 흥미 있는 주제다.

벽파진

진도 동북쪽 끝자락에 있는 포구다. 어란진에서 울돌목으로 가는 길목이다. 오랫동안 진도의 관문 역할을 했다. 진도대교가 놓이기 전까지 자동차가 배에 실려 바다를 건너와 여기에 내렸다. 이순신은 명량대첩 현장인 울돌목으로 수군진을 옮기기 전까지 여기 머물면서 명량해전을 구상했다. 포구 뒤쪽 언덕에 이충무공 전첩비가 있다.

벽파진 전첩비

^ 힘차게 비문 낭독: 화강암 비석에 새겨진 비문을 읽어보자. 소리 맞춰 낭독해보자. 낭독에는 묵독과 다른 힘이 있다.

^ 승리의 시 짓기

그날의 전투 장면을 상상하여 스케치해 보자. 여행을 기록하는 방식으로 사진 촬영만 있는 것은 아니다. 그림 그리기, 현장의 소리 녹음하기, 작품 배경이 되는 곳이나 작가의 집에서 작품 읽기, 현장에서 노래하기나 음악 감상하기, 연극 실연하기…, 역사적인 장소를 현장감 있게 즐기는 방법은 무궁무진하다. 어떤가? 이제 여러분만의 방식을 고안하여 공유하자.

3) 디저트 카페

플레이리스트

〈가고파〉 이은상 시, 김동진 곡

내 고향 남쪽 바다…

가곡을 가나다순으로 나열할 때 가장 먼저 언급되는 곡이다.

바다는 모든 생명체의 고향이다. 누구나 때로 못 견디게 바다를 그리워한다는 게 그 증거가 아닐까.

바닷가 마을에서 나고 자란 사람이라면 도시의 콘크리트 숲에서도 가슴에 파아란 바다 한 장 품고 있으리라. 남도 이순신길을 걸은 사람도 이제 바다 한 장 품게 되었으리라. 바닷가 마을이 고향인 모든 사람에게 들려주고 싶은 노래다. 비록 남해 서해 바닷가 마을에 인구는 줄고 마을은 갈수록 고요해져 가지만 그래도 바다는 바다다.

교실과 도서실 게시판에 늘 세계지도를 거꾸로 걸어놓았다. 우리가 나아갈 곳은 바다다. 우리의 희망 10대들이 나중에 이순신의 바다 장보고의 바다로 나아가기를 바란다.

진도아리랑

정선아리랑, 밀양아리랑과 함께 우리나라 3대 아리랑이다. 우리 민족의 핏속에 흐르는 아리랑 정서는 강인한 삶의 에너지다. 매김소리는 때와 장소와 참여자에 따라 얼마든지 다양하게 바꿔 부를 수 있다. 진도 들노래와 강강술래도 들어보자.

문경새재는 웬 고갠가, 구부야 구부구부 눈물이로구나
치어다 보니 만학은 천봉, 내려 굽어보니 백사지로구나
노다 가세 노다나 가세, 저 달이 떴다 지도록 노다나 가세
청천 하늘엔 잔별도 많고, 우리네 가슴 속엔 희망도 많다
약산 동네 진달래꽃은 한 송이만 피어도 모두 따라 피네
(후렴) 아리아리랑 쓰리쓰리랑 아라리가 났네
아리랑 음음음 아라리가 났네

우리 플레이리스트에 아리랑이 빠질 수 없다.
^ 곡조를 익히고 매김소리를 지어 불러보자.

! 필사 와플 한 장 _

– 이순신의 명대사

필사즉생 필생즉사(□死則□ 必生則死)

"반드시 죽고자 하면 살고, 살려고만 하면 죽을 것이다."

* 한자의 뜻과 음을 새기고 필사한다. 한자도 바르고 예쁘게 획순에 맞게 쓴다.

■ 알놀Q 위 문장의 □, □에 들어갈 한자는?

501 명량 챌린지 걷기 대장정은 오늘로 끝나지만, '필사 와플 한 장'은 계속된다. 필사의 맛을 알아버렸으니…. 내일도 모레도, 점점 많이, 점점 길게 하게 될지도 모른다. 우리는 영혼을 울리는 좋은 글을 영양소 삼아 매일 새로워지고, 더 나은 사람이 된다.

◎ 아침 명상 한 잔, 모닝페이퍼 한 장

"이날 밤 꿈에 어느 신인(神人)이 나타나 '이렇게 하면 크게 이기고, 저렇게 하면 지게 된다.'라고 일러주었다."

장군은 난중일기에 이렇게 적었다.

아침 일기엔 어젯밤에 꾼 꿈을 기록하자. 이순신 장군처럼. 장군은 잠 속에서도 전쟁을 생각하며 어떻게 해야 이길 수 있을지 생각했기에 그런 꿈을 꾸었으리라.

명량 챌린지, 순티아고 순례 마지막 날 아침이다. 오늘 어떻게 마무리할까.

◎ (나의 소중한) 나중일기

오늘 일기는 집에 돌아가서 쓴다. 그리운 내 방 내 책상에서…. 아마도 이렇게 시작하겠지.

'22일간의 조선수군 재건길 걷기를 마치고 집에 왔다. 나는 이제 ~~'

혹은 이렇게 쓸지도 모른다.

'501㎞ 걷기라니, 그것도 22일간. 처음엔 엄두가 나지 않았고, 이런 힘든 일을 왜 해야 하는가 의문이 들었는데, 지금 그 모든 여정을 마치

고 집에 와서 돌아보니 ~~'

명랑 챌린지는 끝났지만 일기는 계속 쓰게 될 것이다.(이제 일기 챌린지를 시작해야 할까?) 오늘까지 22일을 계속했으니, 몸과 뇌에 스미는 습관을 만드는 기적 60일을 채우려면 앞으로 40여 일 남았다. 명랑 챌린지를 완주한 우리는 이미 위대한 10대. 걷기, 독서와 필사, 일기 쓰기를 계속할 것이다. 나는 22일 전의 내가 아니다.

§ 정이의 라떼 일기 훔쳐보기

지난여름 나는 전 구간을 완주하지는 못했다. 더 많이 걸어야 했는데 아쉽다. 8월에 2학기 개학일을 핑계로 참여하지 않았다. 다음에 혼자 몰래 가봐야겠다. 정식 프로그램으로 운영할 때 10대들과 함께 걸어도 된다.

겨울 지나면 봄이 오고 여름 지나면 가을이 올 테니 따사롭고 서늘한 계절에 가볍게 걸어야지, 그만큼 걸은 것으로도 감동이 큰데, 완주했다면 어땠을지 상상이 안 된다. 오래전부터 버킷리스트로 적어두었던 산티아고길 순례는 이제 '이순신길, 순티아고 순례길 완주'로 고쳐 적는다. 『난중일기』와 공책 두 권과 새로운 플레이리스트도 준비해야지. 공책 한 권은 필사를 위해, 또 한 권은 나의 일기를 위해.

10대에 꼭 한 번, 명량 챌린지

명량 10대, 501 명량 챌린지! 우리는 해냈다. 밤마다 홀로 앉아 쓴 그의 일기를 읽고, 그의 고뇌와 고독을 짐작하며 걸었다. 430여 년 전, 장수들과 의병들과 흰옷 입은 백성들의 발자국을 짚어 따라 걸었다. 남도 땅 국도와 마을 길, 강둑길과 해변을 걷고, 고개를 넘고 숲을 지나 벽파진 전첩비 앞에 왔다. 조선수군 재건길 여정은 여기까지다.

다행히 그를 주인공으로 한 소설과 영화가 있어 임진왜란, 정유재란의 상황을 상상하기는 어려운 일이 아니다. 장군은 말 타고 갔겠지만, 편안한 노정은 아니었으리라. 그를 따르는 의병과 백성들은 얼마나 고되고 힘들었을까.

조선수군 재건길을 걸으며 가까이에서 본 남도는 평화롭고 소박하고 자연 그대로의 모습이라서 아름다웠다. 자연이 있고 위대한 서사가 있는 길 걷기는 그대로 기적을 이루어낸다. 길에서 우리는 온전히 자기 자신이 되고 몸과 맘과 뇌가 신선하고 활기 있게 살아나는 경험을 한다.

도중에 비석과 정자와 사당에 새겨진 기록을 읽으며 공부도 했다.

우리 땅 곳곳에 길이 살아나고 있다. 풀숲에 묻혀 있던 길을 걷기 좋게 다듬고 정겨운 이름을 지어준다. 지리산 둘레길, 제주 올레길, 무등산 옛길, 해파랑길, 남파랑길, 서해랑길, 자전거길…. 많은 사람이 홀로 혹은 어울려 걷고 달리고 있다.

무릇 길이란 걷는 이가 없으면 풀이 무성해지고 흔적 없이 사라져 버린다. 내가 살아있음을 확인하며 걷고 앞으로 나아가자. 한 사람이 걷고, 두 사람 네 사람이 걷고, 열 명 스무 명이 걷고, 그래서 사라져가는 길을 살리자.

산티아고 길, 실크로드, 대륙의 횡단 트래킹 코스….

세계적으로 이름난 길이 많다. 걷기의 맛을 아는 이라면 추억으로 혹은 설렘으로 떠올릴 이름들이다. 지금 이 순간에도 많은 사람이 길 위에 있다. 배낭 메고 혹은 짐수레를 끌고, 갖가지 사연과 상처를 짊어지고 걷고 있으리라.

먼저 우리 길을 걷자. 꺼지지 않는 불꽃, 불멸의 이순신 장군과 동행하여 조선수군 재건길을 걷자. 기적 같은 승리를 거두고 마침내 노량해전에 이르러 그는 다른 길로 떠났다. 하지만 그는 정말 떠났는가. 남도 땅 곳곳에 그는 살아있다. 천 개의 바람이 되어 살아있고, 백 개의 깃발이 되어 우리 곁에 있다. 대지를 울리는 말발굽 소리와 호령 소리로 살아있다. 간디와 체 게바라와 넬슨 만델라와 마틴 루터 킹처럼 세계 속에 우리 곁에 살아있다.

세상을 헤쳐갈 나의 무기는 무엇인가. 나는 지금 몇 척의 배가 있는

가. 가진 것이 없는 듯해도 실망하지 말자. 이순신과 대장정을 완주한 우리는 133척의 적도 물리칠 수 있고, 마음 안에 출렁이는 동요도 이겨낼 수 있다. 지금 열두 척 배를 정비하자. 단단하고 아름다운 판옥선을 정비하여 내 앞에 펼쳐진 바다에 띄우자.

§ 정이의 라떼 일기 훔쳐보기

글을 쓰려니 엄두가 나지 않아 오래 머뭇거렸다. 길, 일기, 걷기, 독서와 글쓰기, 그것들이 우리 10대에게 매력적으로 여겨질지 염려되어서였다.

마침내 마감이 걱정될 즈음 얼개를 짜고 지난여름의 기억을 되살리며 쓰기 시작했다. 40여 년, 그러니까 나의 일생 동안 학교에서 만난 10대들, 그들의 얼굴을 떠올리자 두서없는 글이 마구마구 써졌다.

걷기와 여행은 독서와 통한다. 걷고 여행하면 글을 쓰게 된다. 일생에 해볼 만한 멋진 일이다. 10대에게는 더없이 좋은 큰 공부다. 그 길이 다름 아닌 이순신의 조선수군 재건길이다. 말해 무엇하겠는가.

뒤뚱뒤뚱 걸음마를 시작할 때부터 숲길 산책을 즐겨 하는 네 살 손주가 있다. 손주가 자라서 이 책을 손에 들고 친구들과 진주에서 진도까지, 순티아고 순례길을 걷는 날을 그려본다.

부록

◆ 알놀Q 뒤죽박죽 정답

오십이만 오천육백 분(525,600분), 600명(믿어지지 않으면 완독하기, 혹은 '토지' 인물 사전 찾아보기), 두 달(60일), 구례 현감 이원춘, 반딧불(螢)과 눈(雪 snow), 루드비히 반 베토벤, 船, 必/生, 격문, 若無湖南 是無國家, 키티, 산티아고, 증군자감정관밀양손공인필지비, 충무공이순신장군삼도수군통제사재수임사적지, 해와 달, 비

◆ 조선의 슈퍼스타 이순신, 그와 함께 걷다(2023년 여름)

장군님, 1597년 그해 여름도 이렇게 뜨거웠어요? 이 더위를 솜이불 속에 서리서리 접어 두었다가 눈보라 치는 동짓달에 펼쳐 쓸 수만 있다면 얼마나 좋을까요.

오늘 목적지는 하동 백사장, 섬진강 데크길을 걸어요. 어디선지 안내 방송이 들려요. "주민 여러분, 한낮에는 야외활동을 자제하시고, 수분을 충분히 섭취하셔야…" 올해 여름과는 싸워 이길 수 없을 것 같으니, 제가 여름이 되어볼게요. 길은 끝없이 길어서 길이라고 부르는 걸까요? 길

을 탓하지 말고, 저 자신이 길이 되어야겠어요. 주저앉지 않고 걷다 보면 이내 솔밭 그늘에 닿겠죠.

커다란 책 모양의 화강암 시비가 있어요. '길이 끝나는 곳에서도 길이 있다/ 길이 끝나는 곳에서도 길이 되는 사람이 있다…' 정호승 시인의 「봄길」이네요. 여기 하동은 그의 고향이에요.

길이 끝난 곳, 막다른 천 길 절벽에서 길이 되신 분, 바로 장군님이네요. 저는 이제 장군님을 따르는 수군 의병이에요. 장군님, 어찌 그럴 수 있었어요? 배 타고 조총 들고 해안으로 쳐들어오는 왜적을 쳐내기는 오히려 쉬웠죠. 깊은 궁궐에서 장군을 시험하고 음해하던 내부 세력을 탓하지 않고, 길 없는 곳에서 길이 되신 분, 어찌 그럴 수 있었어요?

장군님이 명량을 향해 지나가신 길, 백의종군로와 조선수군 재건길을 지금 많은 사람이 걷고 있어요. 올여름 이렇게 우리 교사들이 걸어보고 머지않아 제자들과 함께 걸을 거예요. 진주에서 진도까지 501㎞, 산길 들길 마을길 국도를 걸으며 장군님 음성을 듣고, 흔적과 기록을 찾아 공부할 거예요. 『난중일기』를 다시 읽고, 아이들과 일기를 써볼게요. 장군님의 고독과 고뇌, 단호한 지도력과 따뜻한 인간미를 배울 거예요. 누구든 여러 날 그만한 거리를 함께 걷고 나면 인생 친구가 되겠죠. 걷기에는 사람을 묶어주고 살게 하는 불가해한 힘이 있으니까요.

모든 길이 자동차를 위한 게 아닌가 걱정되어요. 보행자를 위한 길은 관광지나 산에 따로 만들고 있어요. 국도와 다리를 지날 때 우리에게 다가오는 자동차는 돌진해 오는 맹수처럼 무서웠어요. 저도 평소 운전할 때 바쁜 척 과속하며 여기저기 서둘러 다녔어요.

이대로는 안 될 것 같아요. 학생들과 이 길을 걷기 위해서는 길을 다듬어야겠어요. 찻길과 분리된 안전한 구간을 만들고, 푹신한 흙을 돋우고, 나무와 꽃을 심고, 예쁜 표지판에 '금신전선 상유십이', '생즉사 사즉생'… 장군님의 어록을 새기고, 기대어 쉬어갈 벤치도 세우고요. 아스팔트와 시멘트 포장도로보다는 질경이와 비단풀로 덮인 흙길을 만나면 반갑고, 가로수가 드리워 주는 그늘은 축복인 듯 고마웠어요.

구례는 좀 쓸쓸했어요. 현청이 있던 행정복지센터 거리는 사람들이 모두 피란을 떠나버린 듯 텅 비었고, 휴업 중인 가게 입구 바닥에는 일수(日收) 돈 대출을 광고하는 명함만 수북이 쌓여 있었어요. 전력 과부하로 정전된 화개의 식당에서 땀 흘리며 먹은 냉콩국수는 정말 맛있었어요.

길에서 잠깐 벗어나 뜻밖에 재미난 것도 만났어요. 하동의 오밀조밀 예쁜 카페, 화엄사 별밤 모기장 음악회, 캄캄한 어둠 속에서 허옇게 울부짖으며 낙하하는 천은사 계곡물, 완도타워에서 본 화려한 야경, 법정 스님의 검박한 마을도서관… 이 또한 장군님이 주신 선물이죠.

8월 3일 진주를 출발해 22일간 501㎞를 걷는 여정이었어요. 9월 8일 밤 명량대첩축제에 참여하고, 9일 진도 벽파진에서 해남 충무사까지 마지막 구간으로 걸어 마무리하고 보니, 대기는 어느새 서늘한 기운이 감돌고 논에는 푸르던 벼가 키도 자라고 노릇해졌네요. 군량미를 걱정하던 장군님의 음성이 들리네요. 이번에 저는 몇 구간만 걸었지만, 다음엔 더 많이 걸을게요.

◆ 감사의 말

세상에는 수천수만 갈래의 길이 있습니다. 여러 갈래의 길 중 이순신과 당시 우리 민족이 목숨 걸고 지켜낸 길, 조선수군 재건길이 바로 우리 곁에 있습니다.

이 책은 그 위대한 길의 방향을 일러주는 작은 깃발이나 화살표, 나뭇가지에 매단 리본 같은 것입니다. 이 책에는 여백이 많습니다. 10대 청소년 여러분이 읽고, 가족과 친구와 선생님과 함께 이 길을 걸으면서 내용을 채우기 바랍니다. 호기심과 탐구심으로 반짝반짝 빛나는 명랑 10대들이 재기와 우정으로 왁자지껄 아름답게 채우기를 기대합니다.

몸과 맘을 강건하게 세우고 길을 나서 봅시다. 가족과 이웃, 삶의 터전인 강토, 이 땅에 더불어 사는 사람들, 여러분을 둘러싸고 있는 모든 여건에 대한 뜨거운 사랑을 배우는 뜻깊은 여정이 될 것입니다.

조선수군 재건길, 그 거룩한 길을 좁은 식견과 박한 문장으로 더듬더듬 그렸습니다. 마무리를 앞두고 돌아보니 부족한 능력으로 열정을 절제하지 못한 듯 다소 산만하게 보여 걱정입니다. 부디 여기 담긴 의미가 명랑 10대들에게 오롯이 전해지기를 바랍니다.

진주에서 진도까지 조선수군 재건길 걷기에 동행한 선생님들 덕분에 많이 배웠습니다. 이 책은 선생님들과 함께 쓴 것입니다. 『난중일기』 내용과 이순신 장군의 행적을 상세히 검토하고, 인물과 유적지와 지리적 사실을 바로잡아주신 김홍렬 선생님과 이돈삼 선생님께 특별히 감사드립니다. 더위 이기며 편집과 디자인으로 이렇게 어엿하게 꼴을 만들어주신 송승호, 김경수 선생님과 살림터 가족 여러분, 고생 많으셨습니다.

◆ 참고 자료

국사편찬위원회, 『신편 한국사』

『한국민족문화대백과사전』

이순신, 노승석 역. 『쉽게 보는 난중일기 완역본』, 여해, 2022.

황현필, 『이순신의 바다』, 2021. 역바연.

이돈삼, 『남도 명량의 기억을 걷다』, 살림터, 2023.

전라남도 관광과, 『명량으로 가는 길(남도 이순신길 조선수군 재건로)』, 2015.

KBS, 〈역사추적—최강 수군의 비밀, 이순신의 사람들〉

EBS, 〈역사 채널e—판옥선〉